四川省"十二五"时期重点图书出版规划项目
四川省2014年度重点图书出版规划项目
2015年四川省重点出版项目资助
发展振兴四川出版重点图书规划（2017—2021年）重大出版工程规划项目（重大人文社科出版规划项目）
四川省2018—2019年度重点图书出版规划项目

西南财经大学马克思主义经济学研究院
西南财经大学经济学院

编

陈豹隐全集

第三卷

②

 西南财经大学出版社

图书在版编目(CIP)数据

陈豹隐全集.第三卷.2/西南财经大学马克思主义经济学研究院,西南财经大学经济学院编.—成都:西南财经大学出版社,2018.11
ISBN 978-7-5504-3799-9

Ⅰ.①陈… Ⅱ.①西…②西… Ⅲ.①陈豹隐(1886-1960)—全集
Ⅳ.①Z427

中国版本图书馆 CIP 数据核字(2018)第 253287 号

陈豹隐全集 第三卷 2
CHENBAOYIN QUANJI DISANJUAN 2
西南财经大学马克思主义经济学研究院
                                   编
西南财经大学经济学院

责任编辑:王艳
责任校对:涂洪波 陈拓
封面设计:杨红鹰 张姗姗
责任印制:朱曼丽

出版发行	西南财经大学出版社(四川省成都市光华村街55号)
网 址	http://www.bookcj.com
电子邮件	bookcj@foxmail.com
邮政编码	610074
电 话	028-87353785
照 排	四川胜翔数码印务设计有限公司
印 刷	四川五洲彩印有限责任公司
成品尺寸	165mm×235mm
印 张	20.25
插 页	2 页
字 数	235 千字
版 次	2018 年 11 月第 1 版
印 次	2018 年 11 月第 1 次印刷
书 号	ISBN 978-7-5504-3799-9
定 价	98.00 元

陈豹隐、唐惟淑［俶］结婚证书（证婚人胡适，介绍人江天铎、萧志仁）

孫中山先生逝世周年紀念

特刊

十五年三月十二日

目錄

自分殞落歲序云周
傷時感逝涕泗橫流
私門披猖求援賣國
列強鷹虎視吾側
安內攘外關鍵在民
全民崛起摧陷廓清
先覺已亡孰主宰是
火熱水深張皇特
舊染新升期年終過
布奠傾觴哀餘肅肅

中山先生週年紀念日哀誄

陳延齡謹撰

一

《国民新报》1926 年 3 月 12 日"孙中山先生逝世周年纪念特刊"(首篇为陈豹隐《如何才能完成中山的事业》一文)

出版说明

　　本册所收，始于 1925 年 7 月陈豹隐先生自苏联回国，止于 1927 年第一次国共合作破裂，先生流亡日本。这两个时间点，都是陈豹隐先生思想、人生的重要转折点。

　　这三年中，陈豹隐先生的主要身份是政论家、社会活动家和报人。如果说前期陈豹隐先生政治观的核心是"民主宪政"（参见《陈豹隐全集》第三卷第一册），那么受苏欧之行影响，这期陈豹隐先生的底色是左派知识分子。他回国不久，即在 1925 年底挑起了著名的联俄与仇俄之争，巴金、张奚若、徐志摩、刘勉己、李璜、江绍原、梁启超、陈瀚笙、钱端升、丁文江、陶孟和等先后卷入。后又参与领导关税自主运动等，并主持《国民新报副刊》甲刊，在上面发表了大量政论。1926 年 4 月，他与鲍罗廷、顾孟馀等前往蒙古库伦说服冯玉祥参加国民革命，后转道赴广州，担任黄埔军校政治教官、第六届广州农民运动讲习所教员、《广州民国日报》主笔等，并参与筹备中山大学。期间，他以《广州民国日报》为阵地，发表了至少 69 篇社论。1926 年底，他随国民党中央宣传部部长顾孟馀等北迁武汉，历任武汉新闻记者联合会总主席、武汉国民党中央政治会议秘书长、武汉《中央日报》总编辑等。后因国共合作破裂，他先是避难于程潜的第四路军的指挥部，后经上海流亡日本，改名"豹隐"，取"豹隐南山"之意，从事学术著译和文学创作。

殊为遗憾的是，限于条件，编者未能查访到武汉《中央日报》，只找到它的副刊——《中央副刊》。陈豹隐先生曾任武汉《中央日报》总编辑，当在上面有不少文章。只能待全集修订之日，再予增补。本册的主体内容是政论、时评，其间对某些人、事、物之评价，时代和政治烙印很强，然而，这也是它们的文献价值所在。

本册的编校和统稿，均由复旦大学历史系博士陈拓负责。

目录

中国人口的总数[①]

一

　　中国人口总数共有多少？这是谁也不能答复的问题，也是谁也愿意知道的问题。为什么不能答复？因为在中国，近几百年以来，既因未实行户籍法而无平时不断的人口记录，又因从未实行举办欧美各国所谓定期的人口调查（Census），所以不但没有一个稍有根据的人口总数目，而且就是一个可借以用人口统计上的推算方法，推测中国人口总数的，与人口总数有关的，比较确实的间接材料（例如户数、家屋数、纳税者人数及其他关于经济事实的数字）也没有。所有的关于中国人口总数的数目字，无论他是出于外国人之手，或是出于中国人之手，总是依稀彷佛，没有人口科学论上的充分的论据，所以这些数字非但难令别人首肯，即使著作者自己，也往往不敢自信所主张的数字是确实可信的。

　　① 署名陈启修，选自《国立北京大学社会科学季刊》1925 年 8 月第 3 卷第 4 号，第 539~555 页。陈豹隐曾在北京大学讲授统计学，他赴苏联后该门课程由郁达夫补缺。——编者

　　但是中国人口总数如何的认识的需要，并不因这个问题无人能确切答复而减少。最明显的，是从财政经济的观点而来的需要：在公经济方面，关于租税负担、经济设备及国富的分配等等，却感觉有知道人口总数的必要，自不待说；即在私经济方面，一般中国及外国工商业家的事业，与中国人口总数多少和中国人口分配状况如何，也是关系很深，而有知道实况如何的必要。在政治上如关于外交、选举、军事、社会等问题的解决，人口总数如何问题，也占一重要位置。例如在外交上，日本政治家往往对欧美人宣传：日本人口过密，中国人口则较稀，所以日本过剩的人口，应向中国找出路，所以日本应有向满洲、蒙古发展的权利。这些话，自然是一种侵略中国的托词，而不是合于事实的。因为只要是到日本各地方调查过农民生活状况的人，就立刻看得见：日本农村人口还不及中国的山东、江浙、四川、直隶等省乡下的村落和人家的繁密（城市人口有限，用不着比较）。然而这个托词，在欧美社会中，却很发生效力，因为日本能够把他的人口总数和人口密度明白表示出来，而我们中国则不能够确实明白地说明中国人口总数和人口密度，所以相形之下，日本的宣传，很会得欧美人相信。由此，我们可以知道人口总数如何与外交问题的关系的重要了（固然我们知道要防止日本侵略不是单靠有确实的人口总数的宣传可以达到的）。

二

　　中国人口总数有确实知道的需要，而事实上谁也不能说他能确实知道，所以这个问题，越发有研究的必要，至少在研究一些基础，以便有志研究者更进一步的考究一点上，有研究的必要。为达这个目的，应该先把从来中国人自己所主张的人口总数及外国人所观测的人口总数的价值，推敲推敲；其次根据人口统计学上的方法，尽量利用现有的不充分的材料，比照各国的实例，做一个有系统的推测。

中国人自己主张的人口总数，在近几十年间有很大的差池。

年份	人口数字
1885 年（中法战后）	377,636,000（十八省）
1894 年（中日战后）	421,000,000（十八省）
1902 年（庚子事件后）	417,735,271（十八省）
1902 年（庚子事件后）	439,947,271（全国）
1906 年（日俄战后）	438,214,000（全国）
1910 年（民政部调查美国特尼报告）	331,188,000（十八省）
1910 年（民政部调查美国特尼报告）	342,639,000（全国）
1910 年（邮政局调查）	438,425,000（十八省）
1910 年（民政部调查政府公布）	320,650,000（全国）
1912 年（国务院调查）	377,673,423（全国，除蒙古）
1918 年（海关调查）	439,405,000（全国）
1920 年（邮局调查）	427,679,214（廿一省）
1921 年（海关调查）	443,382,000（廿二省）
1922 年（邮政局调查）	447,154,953（廿二省）
1923 年（邮局调查）	436,094,953（廿一省）

根据上列数字，可知中国人口总数，在各年间相差很多，即在同一年间，亦因调查人的不同而有很大的差别，例如一九一〇年，

民政部的调查和邮政局的调查，几乎差到一万万。为什么有这样大的差池？因为二者都是出于估算，民政部是以当时调查得着的户数，按照每户五个半人计算求出的，邮政局是用所谓询问调查（Enquête），咨询各地方官吏及人民口碑观测而得的；两种推测的标准，都不一定是合乎实际，所以结果的数字自然不能相接近。这种差池当然不是只就上列数字的表面而言，单就表面说，自然不能明白真相，因为上述数字的单位不是一致的：有些是就十八省说，有些是就廿一省，有些是就廿二省说，有些是就全国说的。我们即把各省分开，一省一省、一地方一地方说，也是一样地可以发现其间的差池的。

　　这些数字，在学问上看来，是不可凭信、没有多大的价值的。民政部或国务院的调查，都是根据各省报告的户数或口数，而各省的报告，又是根据所属县厅的报告；但县厅的造报，完全是凭臆造，他们只晓得敷衍所谓公事，奉行故事，并不晓得人口数字的意义，所以他们造报时，能够根据各地方早已继存形式的保甲册而少加增减的，就算是顶好的，大多数的报告还是和中国历来相沿至今不变的造报销册的恶习一样，是凭空造出来的，是一两个录事的笔下的产物。邮政局调查，是用询问法得来的，他的结果是在各地方询其地方熟悉本地方事情的人的意见而得的，而不是凭空创造，所以多少比较可信一点。不过，中国一般人关于数字的推测多不正确，特别是关于乡村人口，难于推测，而且据闻被邮局询问的人，还是以地方官吏占多数，而地方官吏照例是不知民情的，所以邮局的调查，虽然有外国人在中指挥，还是难得好的结果。试看一看《中国年书》（*The China Year Book*）所载邮政局的一九二三年中国各县人口的推算数字，拿来和我们所知道的实情对比对比，就可以发现其推测的不充分了。海关的推算，是以经济上的数字为标准的，例如以农业物的棉、谷、麦，天产物的盐，工产物的布匹、砂糖，等等的消费量全体为本，用平均每一中国人消费量若干去除他，所得的数就作为人口总数。这种算法，在原则上是凡没有直接的人口统计时所应当采用的，是合乎科学的精神的，所以可以说海关的推算，应比民政部或国务院及邮政局的调查为可靠。但是这也有很大的缺点：第一，中国海关行政虽然比较妥善，他造的经济统计虽然比较可靠，然而因中国内地生活大部分还是在半自给半交换经济的时代，所以海关统计上所现的货物量，不必和在外国一样，足尽货物消费的实况。第二，中国地方太广，各地人民生活习惯及生活程度差得很远，所以以单纯的货物量为标准的推算，就假令这个货物量的数字可靠，也未必足以充分地推出近实的人口总数。

三

外国人对于中国人口所下的推测，大抵都是以上述中国方面的材料为基础，而稍加一点科学的推敲，所以他们的结论，纵然和中国方面的结论有一点不同，然而其不可靠却仍是一样。例如有名的美国人罗克希（Rockhill），把一九一〇年民政部调查的材料，加以整理，说中国总人口为三二五百万，并说这次调查，比从前哪一次调查都较有价值，所以不惜把他从一九〇四年以来所主张的"中国十八省人口总数不能超过二七〇百万"的说法却取消了。然而他这三二五百万说，到底如何呢？很明显的，他这新说，并逃不出前述民政部调查的根本的臆造性，他的三二五百万说和民政部的三二〇百万说，虽相差五百万，然而可信的程度恐怕未必增加罢。最可笑的，是外国人对于中国人口总数的研究，往往带有政治的意味。日本人想移民到中国来，所以极力主张中国人口并不算多（与土地面积比例），其最甚者，乃至主张中国人口仅有二五〇百万。美国在移民问题上，想禁止日人往美，所以助长日人的中国人口不多说。例如上述前美国驻北京公使罗克希，就曾主张过二七〇百万说。就一般说来，英美人书中，大体都主张三三〇百万以下说，这固然或者由于他们过于重视民政部调查，然而恐怕不无政治的意味在里面罢。其他各国，则大抵倾向邮政局及海关的推测者较多，恐怕也是他们对中国人口多寡的利害关系较浅的缘故罢。我们试看一九二四年度代表的各国文年书中的中国人口总数，所差之远颇为可笑：

英	*Statesman's Year Book*	320,650,000
法	*Annuaire général de la France et de l'étranger*	436,709,204
德	*Jahrbuch fur Wirtschaft, Politik and Arbeiterbewegung*	400,000,000 ~500,000,000
俄	*Viess mir* All the World	445,195,000

四

中国人口总数到底约莫有多少呢？要解决这个问题，应当尽量利用人口学上种种方法。在人口学上，遭遇无确实统计的时候，只有用推算和类比之法，用这些方法上研究所得的结果，虽不必十分近乎真实，然而究竟不是完全脱离近真的状况，所以这些方法，恒被采用。不过要注意的是尽量利用，不可只利用一部分而逸其一部分，前述邮政局及海关调查的不好，就是因为他们未能尽量利用。我以为中国人口总数问题的研究，可以用四种标准施行推算和类比：

（一）以土地面积的大小，倒推人口总数　人口是分布在土地面积上的，所以若知道面积数，又知道大约中国大部分地方，在每一定面积上，平均有多少人口，那末，中国人口总数的大概当然可以推测而得。中国土地面积有多少，固然也是一个问题，然而各说之间相远还不算多。试列表如下：

主张者	面积数（单位：平方哩）
中国政府	4,277,170
Krausee	4,070,451
Little	4,231,000
Keane	4,376,200
Philips	4,300,600
China Year Book	4,278,700

现在姑取最后一说（因他是最新近的欧洲人的主张，中国政府的主张实际也是采纳欧洲人的主张），则内分：

廿一省	1,896,500（内东三省363,700）
蒙古	1,367,953
新疆	550,579
西藏	463,320

其次中国人口密度即每一平方哩上，通常看来，平均有多少人？按照邮政局一九二三年的调查，廿一行省人口的密度如下：

安徽	362 人
浙江	601 人
直隶	295 人
福建	284 人
河南	454 人
湖南	341 人
湖北	380 人
甘肃	47 人
江西	352 人
江苏	875 人
广西	159 人
广东	372 人
贵州	167 人
陕西	134 人
山东	552 人
山西	125 人
四川	228 人
云南	67 人
东三省	61 人
平均	238 人

邮政局这种计算可靠不可靠呢？邮政局调查是由询问调查来的，非纯然臆造者可比，所以他有相当的价值。然而依前面说的，邮政局咨询调查，也有短处，所以我们不可轻信。

我们要知道他计算的对不对，我们可用类比法，拿有明确统计的国家作比。欧洲的德国人口密度是三二三，亚洲的日本人口密度是三九〇，请问到过日德二国并且到德日各地乡间去过的人，若把日德二国乡间人口状况和安徽、广东、湖南的乡村状况比较比较，到底如何。我自己感觉并且我问了许多朋友，他们也感觉这几省人口比德日二国，表现得格外繁密。所以我们可以说：邮政局调查，把中国人口密度太算少了，中国廿一省（我走了十五省）人口无论如何，平均总可以和德日人口密度相等，就退一步，把甘肃和东三省等人烟稀少省份，扯平起来说，至少每平方哩平均人口应有三〇〇人。拿这标准计算，以三〇〇乘一，八九六，五〇〇，得五六八，九五〇，〇〇〇，加上廿一行省以外人口约一千万，则人口总数为五七八，九五〇，〇〇〇。

（二）以县数推算人口总数　中国每县面积很不平均，而各县天产和富力也不相同，所以拿县做单位去推测人口总数，是很不妥的事。但是一般中国人对于本县的智识比较充分，特别是近年来办过选举或团练的人，很知道本县的人口事情，所以若能把中国各县的这种人聚在一处，来行一种询问调查，这倒是很有价值的。以我自己个人的询问结果说，我问了几百个人的意见，他们都说他们县的人口总在三四十万以上，并且往往能举出某乡某镇及某城各有多少人。把他们的话，拿来和邮局的调查对照，大抵他们认为多的，邮局调查上的数目果然也较多，他们认为少的，邮局调查上的数目果然也较少；这个足以证明他们不是随口乱说的。他们是代表人民口碑的，与官吏无关系，所以比邮局调查尤为可信。所以我想取他们所主张的起码数目三十万为标准，去乘中国全国县数一，八一九，应得五四五，七〇〇，〇〇〇人，加上廿一行省外的一千万，共五五五，七〇〇，〇〇〇人。

（三）以一般人口增加率推算人口总数　我们若知道某一年的比较可靠的数字，又知一般人口增加率的大概，那末，关于现在人口多少，可以推算而得一个近真数。关于中国人口的数字，比较可靠的，还是一九一〇年的民政部户数调查，因为那时正预备立宪，施行新政，曾经支出巨款，而且户数的调查，因保甲的关系，的确是比人数调查为可凭信。所以，虽然我承认这个户数调查含有许多的臆造性，然而觉得还是好一点的，在无可如何之中，要想拣一个比较可靠的数字，做推算的标准，还是以这个户数调查为相宜。这次调查的总户数，全国共六二，四八四，二六五户。但是中国一户应当有多少人呢？当时民政部，在原则上，作为每户五个半人计算，这未免太少，因为日本与中国同是农业国，而且实行长子继承家产制，其结果一切次子都很早地独立门户，所以每户人口，应当较少，然而在日本，每户犹有五六七人；中国比日本还少，岂不是笑话？中国有八口之家的话，这姑且不说。据我们大家自己的经验，觉得一家纵没有八口，至少也有七口，因为中国的分家，照例是娶妻生子之后才实行，所以每家中的人口，应比较多。一家七口的话，自然是就乡村说，若现今的智识分子及城市人，则因结婚较迟和排斥大家庭的倾向，当然要较远于事实些。照一家七口说，则中国人口在一九一〇年，应有四三七，三八九，九五五人。一九一〇年距现在，已十五年了，这个数目到底增加了多少？这又是一件极难解决的事。照罗克希的计算，自一八四二年以来，增加率最大的达到千分之二一，减少率最大的达到千分之三十，这自然不可凭，因为他所根据的户部的档案，根本上就是臆造的报销。这里又用得着日德二国做类比，日本近几十年人口增加率为千分之十一，德国为千分之十三，所以这两国中到处看见许多小孩子。但是拿来和中国比较，我觉得还是他们小巫见大巫，中国的小孩比他们更多。

这自然可以拿中国重子嗣、爱早婚、行大家族制种种理由，加以说明的。或有人说，中国贫穷人多，小孩恐怕比日德二国少。然而这在人口统计学上，恰是相反，因为统计学上证明越是穷，越是多生小孩。又有人说，中国人或许生的较多，然而因医药不精，恐怕死的也较多，所以中国人口增加率未必赶得上日德人。但是中国女子及小孩抵抗力比日本人还强，是许多中日医学家公认的话，所以医术不精，不必一定就使增加率减少。总之，我觉得中国增加率就使不比日德二国大，也一定可以和他们相等，所以我想把中国人口增加率，作为这两国增加率的平均即千分之十二，照复利的公式计算，则一九一〇年是四三七，三八九，八五五人，在十五年间，每年增加千分之十二，到现今，中国人口总数，应当是五一二，一八三，五二〇人。

（四）以中国食盐的消费量为标准，推算人口总数　每一个人每年消费的盐，是有一定量的，这量固然可以随嗜好、气候等关系而有变动，然而终竟有一个限度，所以假若知道一国食盐消费量，则可推算出人口总数。中国食盐量，因自民国以来，以盐税担保外债的关系，私盐大减，中饱也没有从前那样多，所以可以得一个比较可信的数目。中国盐在盐税上可以看见的，约有四二，五〇〇，〇〇〇担，免税盐（工业及渔业用盐）及私盐约占有税盐四分之一，即一〇，六二五，〇〇〇担，共计五，三一二，五〇〇，〇〇〇斤。

中国人每人一年吃多少盐呢？这很难决，因为在海边的人，往往吃得清淡，在山中的人，往往吃得咸，甚不一致。据我所考察，依各地知道乡间家计的人所述，可得下述简单的材料：

省份	每人每年平均（斤）
吉林	15
四川	15
湖南	12
贵州	12
江西	12
广东	2
琼州	4~5
保定	7
江苏	8
浙江	8

这个材料当然不充分，然而从大体说来，每人消费的食盐每年平均总在十斤上下，广东人特别吃得少，大概他们间接用盐的地方太多，例如爱吃咸鱼、酱油、虾米的关系。拿每人十斤做标准，推算人口，中国人口总数，应当是五三一，三五〇，〇〇〇人，加上新疆、蒙古、西藏等处人一千万（因这些地方的盐不属于盐务稽核所的范围，所以不在上数之内），共计五四一，二五〇，〇〇〇人。

以上四种推算是比较合理的推算，所以在现在没有正式人口调查的时候，应当把他们合起来，求一个平均，把这个平均认作比较近实的中国人口总数。即是：

（一）　五七八，九五〇，〇〇〇

（二）　五五五，七〇〇，〇〇〇

（三）　五一二，一八三，五二〇

（四）　五四一，二五〇，〇〇〇

共计　二，一八八，〇八三，五二〇

以四除之得：

五四七，〇二〇，八八〇

即中国人口总数大概为五四七，〇〇〇，〇〇〇人。这数的内容，在男女、职业、语言、民族、年龄、地方分布种种关系上，如何构成？这当然也是与人口总数问题相关联，应当详细研究的重要问题，以后当作专篇讨论他。

劳农俄国之实地观察①

北大教授陈启修先生，于一九二三年九月西行游欧，专志考察政治，循西比利亚铁道入俄，居莫斯科五月有奇；复之德之法，旁游荷比诸邦，各小住三至数月不等，于政况民生，俱亲切探研；继仍由法而德，以返俄京，又勾留八阅月，凡劳农俄国之政治内容、社会情象，历索尤详。一星期前，陈先生方归抵北京，记者因往专访，叩以两岁间考察之所得，蒙面为讲述者两小时，于俄法德三国情况，均有真知确见，并许拾缀成篇，公诸社会。因俄事为国人方今所至足注目也，为先志劳农俄国之实地观察如后，德法情形，俟布诸本报下期。　　　　　　　　　　　　　　　　　记者识

俄罗斯因旧帝国政府横奢专制，平民剧遭压迫，政治上固无权参问，生计上亦无地自容，压力高者反动亦强，无产阶级遂崛起革命，共产党经四十余年之奋斗酝酿，迄能揭竿而起，推翻贵族之专横，建设苏俄联邦政府。顿时国内景象，视前适得其反，昔之呻吟于专制威权足下者，今竟实握共和政府发号施令之大权，次焉者亦

---

　　① 陈启修讲，伯韬笔述，选自《国闻周报》1925 年 9 月 20 日第 2 卷第 36 期，第 5~9 版。原文有断句无标点，标点为编者酌加。相关争鸣，可参见李芾甘（巴金）：《评陈启修教授之〈劳农俄之实地考察〉》，《学灯》1925 年 10 月 22~24 日第 22~24 号"书评"。此文《巴金全集》失收。——编者

得增高其社会上之地位，吐气扬眉，享有前此未及之种种利权；而前之安富尊荣，睥睨细民者，今遽沦为赤贫至贱，几所至而无可得食，公私权利，更无论矣。如此景象，固为自来各国革命以后所未必有。而无产阶级柄政之后，凡所措施，亦为自来政策推衍之所无，即其破坏后之建设迅捷，谋虑深远，更属世界从来革命运动所不及。综其大端，如政治、经济、教育诸实际状况，与夫共产党对内对外之真相，国际间运用主义之精意，均可析言，抑且于我中华国民关系至巨，殊未容忽视也，请分言之。

▲劳农俄国之政治实况　革命后苏俄政府一切政权，悉操诸一般劳动者之工人手中，盖工人本有坚强之组织，具改革之脑腕，旧俄时之切身感受压迫，亦以工人为最烈，忍耐痛楚，久而积愤最深，挺而走险，终克打倒贵族，取而代之者，当然舍此辈莫属。统全俄各种工人，总数不过一千五百余万众，比较并不为多，然平素既有组织系统，联络团结收功自不甚难，众志成城，因一跃而为新俄之执政阶级，而为其主干者，即共产党是。及今苏俄联邦政府政治舞台之上，上自最高行政委员，下至举凡庶政执行机关，所有重要分子，主脑位置，殆莫非共产党员也。共产党员之从前身分，多属工人，是故今日之执俄政者，表面固为工人，底里实共产党员。不过共产党与苏联政府之界限，固仍划分甚清，共产党虽能左右政府，却并不容直接干与政事，致显露彰著之迹象，取其神而略其形，乃共产党主持俄政之妙用也。若夫一般劳动农民，则虽有九千万以上之人数，然因历史上并无组织，散处各地，又不易联结，在先帝政时代，所受压迫亦较轻，原非革命之主动；惟帝政时固惠不至农民，农民自无忠于贵族之可能，工与农同属劳动阶级中人，接

近较易，得共产党之主持，于是工用其宣传，农受其薰染，义旗既举，农民声应以和，工出其力，农出其赀，居然克奏肤功。比事既成，工执国政，农则仍其为农，执政之工，乃酬农民以社会上各种实际之利益，使一般农民生活稍舒，声位较优，农民拜嘉乐业，自亦安于为工者友，不作其他奢望野心，以言实际，则注力于稼穑生产，固国本而任国干者。帝政旧俄时农也，苏联新俄时犹是农也，劳农俄国，名实似相副，但就政府观察，则代贵族而专政者工人也，现俄政府之成分，固纯粹为工人，是实又劳工政府而非劳农矣。至于政治之内部现象，农工既通力合作，已占全俄人口之大多数，忠于贵族及因革命而大受牺牲之中产阶级，虽欲联结白党以图复燃，亦已有无力可拥、无兵可征之势，劳工政府之基业，可谓已甚巩固。政府复令出必行，惟主义是循，勿论事理当否，法在无能或抗，凡历史上与旧帝政政府有关，以及与新俄政府气味不类之非劳动阶级，均无选举公权，社会上可谓无其地位，有诉讼，例必败，形势至此，共产政府可云已届成功也。不过政治上之腐败情状，亦在所难免，缘方今执政者虽属劳工，而施政万端，多非所习，分任办事实责者，仍不能不用旧俄遗留之官僚，积弊相沿未能尽改；即劳工之膺官守者，亦颇有一朝得志百事皆非之概，法律不可尽范，威力无妨略展，越规逾分之举，亦时可闻见，是又殆在小德出入之列也矣。

　　▲劳农我国之经济情形　自新经济政策确立以还，说者每谓商业上个人资本，已可与国家资本同样活动，苏俄之私产制度，行将复兴，严格之国家资本主义，所谓共产政策，将终于打破，但征诸实际，似未必然。缘当初因纯粹之国家资本主义实行之后，个人营

业，毫无生存余地，无利益即无竞争，一般消费量亦遂减缩，压迫过甚，恐生他变，于是有新经济政策之实现，容许个人投资经营，即所以奖诱个人资本之活动流用于社会，与国家经营并增其生产率，协作社等，于焉林立。但一方面对于个人营业所征之所得税率，非常繁重，质言之，即许个人以资本经营图利，却量其收益之厚薄，尽量由国家以所得税名义取其十之七八，留其二三，归诸个人享有，使有利而微，不得观成巨富，亦即虽微仍利，使不忍遽弃鸡肋，此系一种名是实非之策略。其若对外贸易及诸大企业，依法非个人所能经营，仍操诸国家掌握，所谓共产政策国家资本主义，犹是天经地义未尝更变。至一般社会之经济状况，却颇安定，生活程度，较欧洲他国为低，东俄尤较西部为低，人必工作，方取得政治上、社会上之各项利权，否则随处异其待遇，所得工资，尚能适应其所耗之必要程度，大约月可得六十元以至百二十元之数；劳工官吏，大率同此而无甚等差；农民则又为生产分子，菓其庄稼，处收益地位，自不虞饥寒。据最近统计俄国之工业，视战前已恢复达百分之七十八乃至八十，农业且达百分之九十，对外贸易单以对英论，据今岁上期决算，输出额已超过输入八百万元，业能有盈无绌，贸易品之大宗，则输往他国者为麦粮，需要购入者乃工业机器云。

▲苏俄政治教育之效用　俄政府为维系其主义政策计，于各级教育之中，无时不宣传其主义，运用其政策，详晓以贵族专制时所受国家待遇，如何楚苦，法律何等黑暗，压迫何等严酷；今革命共和，平民已取得自由，政治上已享优越实权，生活上亦感愉快安全，务使国民心目之中，人人以为已出幽域而登明路。学生既浸渍

于如斯讲演之中，视现状自若异数，对政府当然满意，各返家庭，即以所得诸学校者布之父母兄弟，无形中即代政府效宣传。大多数之农民，于是坦然满足，劳工政府，益安健无处。即军队之中，教练之主旨亦犹是，学生不知叫嚣，兵士一例驯服，殊不能不佩劳工政府手腕之敏巧。此政治教育之大较也，一般教育，兹略而不及。

　　▲俄共产党之内部真相　共产党既为俄之革命元勋复作苏俄政府之柱石如上述，是其为方今俄国政治圈内，唯一无二之强有力多数党，自不待言，党徽尚赤，因有赤党之称。其首要主义，即在反对个人资本家之存在，财富归诸国家，人民在国家资本之下，各视其力之所能，从事相当均平之工作，以易其衣食住行。而其标榜之主义，复无国界之分，凡属政治状态、社会组织，未脱乎有产阶级之主持，资本主义所笼罩者，殆均在应予改革之列。俄经彻底革新，共产党之主义，贯达成功矣，其他各国，或在酝酿之中。论俄共产党之内容，则发端者全属工人，现仍以工人党员为多，类具强干之体魄，有奋斗之精神，耐劳任苦，勇往敢前，办事尚简而捷，戒律肃峻以严。稽其党籍员数，则举俄境仅四十余万众，以与全俄人口率比例，占成乃并不多。今之参问苏俄政柄，循奉政府令教者，实际非尽共产党党员，亦或未必已共产化也，然而此工人主脑之共产党人，竟能默运神通，以少制多，使全俄遵其治，举世震其威，健锐若斯，诚不得不令人叹服。方共产党在革命之前，党员犹不止四十万数；及革命军兴，党籍增厚，约在五十万人以上；革命甫成其功，党员之数又骤加，年余之内，递增达七十余万人而强。主党政者，见徒众大增，虽声势有加，而入党者质类不齐，作为时有乖违，积非成是，不免致该党于恶化，于是整顿党务，刷汰党

员。凡言动越乎党范，情迹危败于党事者，严别而厉革之；更复约法三章，悬信条共相矢守，一绝对服从党义党令，二确实量能作工，三尽力于党旨之宣传，稍见背缪，立即革除党籍不贷。而入党之规程，确又秉宁阙勿滥之意，制限綦严，信党纲而愿入籍者，须经具五年以上资格党员五人负责绍介始获收纳，故在俄国境域之内，共产党之真实党员，固去者多而来者少，即或革籍者无其人，亦所增无几。是盖已深知夫党会威权之隆替不在党员之众，而在分子之纯，更知彼操握政柄左右风云之道，又无须乎群众之多，而端赖于骨干之精练齐一也软。

▲共产主义宣传与中国　俄共产党所抱之主义，既无所谓国别之界限，其宣传又极尽力，故近年可谓已遍全球，恶之者疾为洪水猛兽，赞之者引为大同福音。欧美东亚诸大邦中，共产党之组织，或明揭旗帜，或密在进行，远测将来，世界或因是引起绝大风波。我中国西北与俄为毗邻，其为俄共产党主义宣传之一重大区域，固无可幸免亦无可讳言。苏联远东宣传之声，洋洋盈耳，究本推原，则方今情状，已届何若，来日形势，竟将奚如，而苏联之所以注力于我，其真意又属何居，此乃国人之所亟应审察推敲者也。就一般之风传以观，神经透敏者，佥云群众运动之中，共产党之活跃每寄焉，工潮迭起，学风崩坏，不平之呼声纷作，激越之议调杂陈，过激主义之端倪，已大暴矣。资产阶级惧而防之，政府当局明令禁之，可资取证之处，俯拾即是。行见宵小假借以为非，谲诡利用以运私，中国赤化，于是形成，其结果，却徒见良善者无辜牺牲，大多数之无产阶级，固终不能如今之苏俄工农，能享益食福也。此说也，似当于事理，而或未遍察乎情势，何则？中国一般所称资本阶

级，尚具体而微，犹未有逮及欧美大资本家之二三者，其经济能力，尚未达可以垄断社会之境，所有举措，亦绝少骄横淫暴之点，无产阶级所受压迫，不过几微，势未必生剧烈之反动。有之，惟对彼少数削国剥民之军阀，普表愤怒，此固看人所不满，非仅无产阶级为然；其次国内实业，方在萌芽，工制之事，至不发达，所可称为实业区域者，不过沪汉津沽等寥寥数地，尚系外资经营者居大半，工人数既无多，复散处各方，虽粗有组织，亦不易联合而成大举，所受待遇，又非逾分苛虐，即有鼓动，仍可毋虑其一溃至不可收拾；再次学生一流，行动多出于感情，青年意气，暂而非久，更就中国历史沿革及一般国民性质观察，亦非易于动摇，倘非情状剧变，增出肇乱之机，则中国赤化，殆不可能。即或时势推移，共产主义之实现发端，则私测当其冲者，或为少数专横恣肆而已有资格之军阀官僚，与多数善良无患，无足惜，抑亦不足虞也。至于苏俄政府之远东宣传，寻其本意，乃系一种国家外交之必要手段，实并非推行赤化主义之宣传。当俄国革命之秋，革党口号，除用打倒贵族资本家以对内而外，复呼打倒帝国主义以对外，末由亲洽者，鸣鼓攻之，可资利用者，握手亲之，亲德法以抗英，亲华韩以拒日，所亲者果行国家资本主义，则国际贸易利益增多，物质交换可达目的，国民好感无形获得，精神联络先已收功，赤化与否，非其所必问也。今德法对俄之亲善，已拒谢不敏，苏俄在欧土之远攻近交策略，已归失败；韩则日人之戒备严密，俄亦徒劳心力，施其技而未成；我大好华夏，却与之邦交称敦，其第一步外交手段，已占胜利。今以宣传主义之法，亲我一部分国民，国民果不乏欢承教益者，华人弱点，彼又洞悉无遗，投其所好，发皆中的。举中国之大，英美法德日本诸邦，谁非据有相当特殊利权，俄之如斯表演，是英美法德，皆在对抗之列，且浸浸乎告厥成功矣。耽耽列强，吼声乃火起，焦急之情，视被宰割者尤甚，赤化之罪，益见坐实。实则苏俄因外交上之角抗侵略，乃出以对华宣传主义之手段，国人所首应注意者，殊在外交上避就操纵之一点，赤化与否，尚属第二问题，况乎情势上未必可能哉。虽然，华会条约，近已生效，关税会议，行将开幕，税则改定之后，中国为远东唯一之贸易场，各国势必竞相投资，国内实业，将于外人管辖之下，陡见激增，届时或者局势改观，反因是而促成中国境内共产主义之实行，亦难预料耳。

德法之实地观察①

北大教授陈启修先生，为记者所谈劳农俄国之政治社会现状，业缀载本报二卷第三十六期，其关于德法两邦之情象，亦曾许续行刊布，兹篇所述，即德法之实际景况也。行文所至，容或视陈教授原意有纰缪处，是记者之过也，文责自由记者负之。　　　记者附志

（一）德国　德意志为欧洲大战之战败国，战前战时之景象，人都知之，迨夫战争既终，屈伏于与协约国所订条约之下，其国家政治社会状况、人民情境，乃大异昔时，形势使然，亦世所共晓。惟其情事迁变之由，前尘递化之迹，以及方来趋势之所届，仍足供吾人之寻求研究。若徒观察其地政治表现、社会皮相者，每或适得其反，只惊德人建设恢复之具有特能，有时且令人无从索解其究竟。余经详探细察之余，乃知外表形象，非可凭以论实际，德国精神骨髓之伤痕，固迄未回复，而其前途危运，亦未易言脱除也，何则？盖德既处战败屈服之地位，受和会条约之缚束，对协约各邦，负有巨额之赔偿债务，除钢铁、煤矿等物质赔偿，自应割弃以随时提供他人而外，款项赔偿之债务，照数须三十余年方能偿清。以从

---

①　陈启修讲，伯韬笔述，选自《国闻周报》1925 年 10 月 4 日第 2 卷第 38 期，第 5~7 版。原文有断句无标点，标点为编者酌加。——编者

未经伤创之国家，犹难乎为力，何况德于大战数载征役之后，财用空竭，实业凋疲，举敲精吸髓之所得，用以偿债仍不足。故不数年后，即宣告无力任此赔偿，拔债之举遂归停顿，千万工人，于是罢业以表示抵抗，国家因筹所以维系罢工持久之方，计惟尽量加发马克纸币，维持罢工者生活五阅月之时间。纸币愈多，价格愈贱，币价愈落，增发愈巨，驯致无量数之马克纸钞，充斥于德国全境。德国人民，素自奉俭约而富贮蓄天性，故在昔德国极鲜外债之负担，而政府所负之内债则极多，大部中产阶级，类以铢积寸累之所余，购入本国政府之公债票，以坐食其相当息益。方政府于纸币价格极贱至低之秋，按额计数，见所负内债，实已所值无几，彼本拥有数万、数十万债票之人民，实际已顿成赤贫，遂以纸钞将债票悉数收回，政府之内债清，而中产阶级亦同时沦胥以尽，无所为生矣。至少数大资本工业家，则恃其资本之运用，工业出品之取值，可随马克纸钞市价之涨落以升降，马克低落百倍，物价即增贵百倍之马克票数以适应之，兼有挟英美外资以操纵国际市场，其能获利增其财货也如故。下之一般工人农民，则劳力之所得庄稼之所易，亦均可随马克而增减，且系随时取与，受害亦较浅，而生活勉可仍旧。然人民之一般观念，金以币价波动如是其烈，今日之所得，初不知至明日已值几何，与其积存而无端多忽化少，有忽变无，毋宁尽数以供即时之消费，尚可博眼前享用及一日之欢，因是人民之购买消耗力率，反焉增强。人尽见柏林市上之繁华喧嚣，不减昔时，商肆业隆，酒场客满，借投机纸币获利之新暴富翁有之，普通工农亦有之，殊不知孤注之掷，外充内虚，非可乐观之好现象也，德民节俭居积之美德，盖从此丧失矣。

虽然，事势至此，德国人民，犹未自甘其从此失败，因遂灰心丧气也，其迷信武力万能，德意志民族可征服世界之观念，依然存在。及美国以自身利益关系，见德国之赔偿中止，英法各国均无所得，美之于英法，何莫不有债权之存寄，即对德之债权，亦无由取偿，间接直接，美且受影响最巨，于是道威斯计划出焉：除照约所有物质赔偿，须由德仍源源输出之外，举凡德国之出入税则、工业、铁道诸端，悉由列国共管，公同相机而运用之，取其所余，尽数移供赔偿之用，而美人实为其委员会长，从而操纵经营之，发行金马克新票，以救济之马克意外波动之纷状，市面金融，遂以稳定。德国政府社会，处此管束压迫之下，幸入安定之轨道，而一般工人，遂亦至不得不力作图存之境地。因欲求出品之成本低廉，方可在被束缚之环境内牟利偿债也，于是不得不出于减少工资及增加工作时间之二途：工资减少，则最低限度之生活，将不能维持救济之道，惟有增加工时，于是昔之日作工八九小时乃至十小时者，今不得已而增至十二三小时以至十五小时之苦作，德人至此，方晓然已入求生不乐、求死不得之绝境，真未易言恢复矣。故前述打破其俭德以图眼前欢乐享用之德人，遂无复再能出入于柏林市上之热闹场所，一九二三年之十二月，汽车络绎于道中，酒肆林立于通衢；及一九二四年之五月，便已景象大异，迥见万肃，歌场舞台之顾客，见尽属诸非德国人士，滋可慨也。但别一方面，则英国亦颇受德人增加工时之影响，因国际贸易竞赛之结果，英国工厂，亦不得不使其工人增加工时以减轻成本，此则为贵族性之英国工人所不能堪，遂致年来英国罢工之举，时有所闻。据统计一年前英之罢工人数，约千二百万强，迄于今岁，则已年增至二千五百万人左右云。

（二）法国　法兰西虽为欧战之战胜国，然境内经历岁之恶斗，遍地疮痍，受祸甚烈，国家之财用不足，人民之生活艰窘，虽表面上之繁华景象，似不减曩昔，实际多系他国人利法郎价格之低落，前往挥霍于一时，与法人本身无与。法本非工业国，所有各殖民地，亦只可供观瞻而不能如英国各处属地，可为行销商品，搜刮取利之所。虽战后和约订定，法国由德取得割让之爱尔隆斯、劳兰及兰因河左岸一带，钢铁工业发达，煤矿充当之区，而所享利益，仍不敷所有支出。因急于谋划恢复战时损失，为兵灾善后之计进行改造工事，所费至巨，国民既素不习于普遍之生利工作，故终得不应失，国家所负外债又至多，虽有德国之赔偿而仍无以相抵。于是耗费既巨，市面货币之法郎价格因之跌落，政府为维持法郎价格之不致大跌起见，惟有乞灵于外资，每月之内，总须借入三百万左右美国金元之外债，以充维系现状之用，将利叠本，债台乃见高筑而无法减轻。坐享其利者，仅一部分拥有巨资，可运用以投机图利之大工业家；其中产阶级以下，专恃若干存款息益以生活者，遂亦如德人当时受马克跌落之痛苦，因法郎价落而渐见丧失其资产；一般平民之流离失所，更无论已。是故法之政治家、经济家，无日不在谋有以扫清债务之方法中，而苦于不获善术。巴黎大学教授周士Yeze 氏，曾谓欲图整于法国之财政，及解除法国对外债务之负担，仅有两道：其一效法德国之先例，将法郎纸要尽量滥发，以至无所限制，使国内以存款放债为生之中产阶级，竟归消灭，惟不顾此辈之利害，始无所谓救济，如此乃可减少耗费，而国家度支庶可与预算适合，财政乃有复起之望。此议盖以为国内无中产阶级，并无大碍也，然而法国现政府之当局，执政柄者多系中产阶级人物，必不愿实施此种办法，取自身之不利，且是法必引起社会上绝大纠纷，难免发生意外之危险，在势亦有所不能行也；其二为国际间抵销债权债务之方策，其法严责德国以赔偿债额之偿付，用以抵偿法国所负美英各国之外债，即欧洲各小国有负法国债务者，亦以同样之方法移转抵债，德不偿法，法亦不偿美英，进言之，即令美英等对法之债权，直接取偿于德国等对法有债务之国家，两相抵销，法国或可脱然无累，庶扫清负债而可以内顾整理。此法也，无异抵赖债项，既为道威斯计划所不容，复与少数大资本工业家利益有冲损，亦未必可行。故近法国财长，特驰赴英伦，专与英政府当局面商英法间债权债务之偿算问题，据一部分人观察，法日逼处此，将来或受道威斯计划之支配，亦未可知，其不安定现象，固较德国为尤甚也。（法国社会民生之疾苦状况，陈氏又有述及，惟本报二卷第十四期中，曾译载英人纪卜斐里（Sir Gibbs Philip）所著《法国民生之写照》一篇①，所言颇详尽真确，故不复赘）

---

① 参见 Sir Philip Gibbs 著，隐之译：《法国民生之写照》，《国闻周报》1925 年 4 月 19 日第 2 卷第 14 期，第 10～14 版。——编者

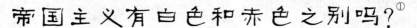

帝国主义有白色和赤色之别吗?①

一

　　帝国主义这个字的意义，纷歧得很，关于这种纷歧的意义，说得非常详细明瞭的，要算宰叶（Seillere）的《帝国主义的哲学》（*La Philosophie de I'imperialisme*）一书。照他的意思，帝国主义含有哲学的、政治的及经济的三种不同的意义。从哲学的意义说，帝国主义就是向外发展的努力，这种努力，依努力人的地位和目的的不同面可分为种种，所以帝国主义也可分为种种。例如主张种族向外发展的戈比诺（Gobineau）有他的种族的帝国主义；主张伤人的、英雄的向外发展的尼采（Nietzsche）有他的超人的帝国主义；主张平民的向外发展，而欲推翻旧来贵族、僧侣等级的卢梭，有他的等级的帝国主义；主张阶级斗争的马克司，有他的阶级的帝国主义。从政治的意义说，帝国主义就是政治的侵略和领土的扩张，例

---

　　①　署名陈启修，选自《晨报副镌·社会》1925 年 10 月 6 日第 1 号，第 1~2 版。收入章进编：《联俄与仇俄问题讨论集》（相关争鸣，可参见此书），北新书局，1927 年，第 1~6 页。1925 年 10 月 4 日作于北京。——编者

如在古代有雅典、斯巴达及罗马的帝国主义，后来有该撒的帝国主义，到近代有拿破仑的帝国主义。从经济的意义说，帝国主义是资本主义发达到最高点的时候的一种经济的侵略，这种侵略有时也许兼着政治的侵略，在表面上仿佛会和政治的帝国主义相混，实则政治的帝国主义是与资本主义无关系的，是以领土侵略本身为目的的，而经济的帝国主义却是伴着资本主义的发达而生的，是为救济资本主义在一国内的破灭（因国内利润渐减及国内阶级斗争而来的破灭）的，是以经济的利益为主要目的的，所以二者并不相同。

二

　　现代所谓帝国主义都是用于经济的意义，不消说，哲学的意义，是没有人用的了，就是政治的意义，除了有些漠漠历史家著书以《罗马的帝国主义》为书名外，也就罕见了。

　　经济的帝国主义的名称，最初见于一八八一至一八八五年间欧洲列强分割亚非利加的时候，但其成为世界流行语，却在一八九九至一九〇一年英杜战争[①]以后，所以现代帝国主义这句话和张伯伦（Chamberlain）及塞西尔（Cecil）等大名相伴而来的。经济的帝国主义虽然发生于大英帝国，和大英帝国的资本主义的发展有关，然而大英帝国的经济学者和政治学者却并没有一本关于经济的帝国主义的有统系的著述。这也不足为怪，因为帝国主义的发展，本来是

————————

① 指第二次布尔战争。——编者

救济一国内资本主义发达到渐盛时的利润低落和阶级斗争加剧的秘策，资本主义的国家及拥护资本主义的学者当然不能够把维持自己繁荣的秘密向人宣传。最初揭破此种秘策，述说经济的帝国主义的理论的，是当时开始和英国人竞争殖民地的德国人，尤其是当时为世界社会主义运动的中心的德国社会主义的学者。而最后看清经济的帝国主义的全体统系，预言他的必然的自裂自灭，规画一种促进他的灭裂的方案的，却是在欧洲各国中受经济的帝国主义压迫最大的俄国人，是俄国被压迫人的代表者列宁。关于经济的帝国主义的理论的发展，说得最好的，是巴弗罗威齐（Boflowich）的《帝国主义》一书。照他的研究，经济帝国主义的理论，主要的有三说：第一，考茨基说。主张帝国主义是工业十分发达的国家，侵略征服及合并农业国的一种努力。这个说法不是完全对的，因为帝国主义的要求不单是征服农业国而且还要吞并工业国，例如德国想吞并比利时，法国想扩张领土到莱茵河左岸，他们想吞并的并不是农业国而是欧洲大陆工业最发达的地方。第二，喜勒费丁（Hilferding）说。主张帝国主义是财政资本发达时代的必然的政策，因为财政资本要尽可能地扩张他的消场，尽可能驱逐外国商品，才能够维持他的利率、提高本国劳工工资和继续财政资本的统治，这个说法也不充分。因为他只看见帝国主义是维持资本主义的方法，而没有看见他同时还是推翻资本主义的原因，换句话说，没有看清帝国主义的矛盾的发展。第三，列宁说。主张帝国主义是资本主义的最盛的及最后的濒死的一个阶级。何以帝国主义是最盛的资本主义？因为在帝国主义时代不但资本主义在国内已经由自由竞争变为专利垄断，而且在国际间也有分割世界的消场及原料场的国际联合（如德美电器公司的联合、英美煤油公司的联合），其规模之大为从来所未有，因为他不但输出商品而且输出资本，其剥削国内外民众之烈，及其所护利润之大，为前时代所难见；因为资本家不但在经济上享有很大的势力，而且在政治上也是以两三个财政资本家操纵国会，把持政权，其专恣横暴肆无忌惮，更为有资本主义以来所未有。何以帝国主义是最后的濒死的资本主义呢？因为这样庞大、充实、专横的资本主义转瞬有把世界消场和原料场瓜分罄尽，势不得不为重分殖民地而发生冲突，极力扩张军备从事战争；因为这样的扩张军备和从事战争，足以使本国民众多纳租税，当肉弹和其他种种的负担而引起剧烈的阶级斗争；因为资本家为消弭阶级斗争，只得加倍地剥削殖民地及半殖民地民众，其结果必使殖民地或半殖民地人民因实际不能生存而起来反抗；因为这样的帝国主义者的战争、帝国主义者国内的斗争及殖民地半殖民地的人民的反抗足以使资本主义自己宣告自己的死刑。这个死刑宣告的前例就是威廉二世的德意志和尼哥拉二世的俄罗斯，他的目前的榜样，就是大英帝国的老牌帝国主义。

三

经济的帝国主义侵略世界，瓜分世界及重分世界的事实，从列强分割非洲之日起，到现在止，可以说还彰彰在人耳目，现在为节省篇幅起见，不必列举出来。若有热心研究的，可以参看：（1）Achille Viallate 的 *L'Imperialisme Economique*，（2）Friedjung 的 *der Im-*

perialismus 和（3）Eaton（？我记不清了，因为我看见的，只是 Ashkroft 俄文译本）的 *Contempory Imperialism* 三者之一便够了。照他们的说法，世界帝国主义的国家，是依英、法、德、俄、日、美、意的顺序而长成的，他们的灭亡，现在已经知道的是俄、德，可以推测的是英、日的顺序。

四

　　照上面所述我们已经知道什么是帝国主义了，并且知道现代的帝国主义，在他本质上只有一个，虽然有某某国帝国主义的称呼，而白色赤色的区别，却是不应该有的。但是在事实上赤色帝国主义的名称是存在的；这个名称据说是邻近苏联的几个介在两大间的小国如波兰、罗马尼亚、芬兰等喊出来的。这些小国，本来是当作帝国主义者缓冲国，由帝国主义国家扶植出来的，所以他们一方面受帝国主义者的严重压迫，而仍要感恩；一方面虽不感苏联的经济的帝国主义的侵略，而仍不得不呐喊，赤色帝国主义的名称就是在这种呐喊声中出现的。既有了赤色帝国主义的名称所以原来的帝国主义就变成白色帝国主义了。但这种区别的用法，实只限于这种缓冲的小国，因为帝国主义一语到底是有特殊的意义的，所以其他非缓冲的国便没有赤白色帝国主义的区别。在理论上赤色帝国主义一语是否可以成立，是要看苏联是否是一个财政资本的国家，是否是一个扩张殖民地的国家而定。我们若知道苏联前身的俄帝国的财政资本完全是英、法、比的财政资本，所以苏联否认沙皇时代债务，和英、法、比的资本家断绝关系后，苏联便无财政资本的存在；我们若知道苏联是工人阶级专政，是想联合世界殖民地及半殖民地人民去行世界的赤色革命的；我们若知道苏联资本非常缺乏，是要待外国资本输入，苏联工业比起西欧还很幼稚，只能输出原料，决无力量用资本或商品侵略他国的可能；那末，指赤色的苏联为赤色的帝国主义，简直可以说牛头不对马嘴了。苏联用尽他的力量，到世界上各国去宣传共产主义，到各被压迫民族中去宣传反帝国主义，这是事实。这种事实是根据他们的信仰和他们无产阶级专政国家自己利害打算而来的，是他们自卫手段，是他们的生存策略。我们假如信仰不同，利害迥异，那末我们尽可反对他，称他为赤色革命主义或赤色共产主义。但是决不能称为赤色帝国主义。何以呢？因为帝国主义是我们的敌人，我们即或不认苏联为友，也不应该因为不认其为友而失掉了我们真正的敌人。假如认苏联为赤色帝国主义，那就恰恰中了帝国主义者移转目标之计，真和当我们提倡国货、排斥日货的时候，日本商人也在铺门口贴起真正国货、拒绝敌人的条子一样，会被我们的敌人的欺骗了去！

一四，十，四　北京

张奚若先生是我们"智识寡浅的学者"的朋友吗?[①]

昨天拜读张奚若先生的《苏俄究竟是不是我们的朋友?》一文,心里觉得失望的很,因为一则当我提笔写《帝国主义有白色和赤色之别吗?》那篇文章的时候,本来是期望和国内能够平心静气讨论问题的人作一个学术的讨论;二则我接到昨天的副刊,看见我平常听信别人的说话,认为富于理性的学者且系硬骨汉子的张先生的大名的时候,以为果然获着一个可以为他山之错的平心静气的讨论,而事实上读了张先生大作之后恰与预期相反,所以不得不失望。张先生说还有一篇《帝国主义果无赤色和白色之别吗?》一文,我期望在那里副我的希望,所以等了一天,没有即刻答复张先生。现在张先生既还不肯发表这篇文章,我不能久待,虽然张先生的话没有动摇着我那篇文章的主意,我不能有关于讨论的答复,然而至少我对于张先生,不得不作一个防御的答复。

---

① 署名陈启修,选自《晨报副镌·社会》1925 年 10 月 13 日第 2 号,第 8 版。收入章进编:《联俄与仇俄问题讨论集》,北新书局,1927 年,第 11~14 页。1925 年 10 月 9 日作于北京。

张奚若(1889—1973),政治学家。他毕业于美国哥伦比亚大学,于 1925 年初回国,与胡适过从甚密,政治主张也与之相近。他曾在清华大学等任教,建国后官至教育部部长。张奚若文参见 1925 年 10 月 8 日《晨报副镌》。——编者张先生原文是一篇杂零的攻击文，所以我的答复，也难有一个统系，只好针对张先生的攻击点，分成下面几层说说。

第一　张先生申饬《晨报》主人以下的一段话，虽然明白是"大人"骂"小的"的话，用不着我来答复，但是其中有一两点我应当解释解释。张先生说"不但要在正张的新闻栏留心，也要在副张的论说上加意，不要使敌人的宣传品乘机混入"，一面加《晨报》主人以一种教训，一面加我一个偷入敌人营地的罪名。我明告张先生："《晨报》记者要我做文章，不但在副刊上登载，而且还指名可以登载第一二版时论栏，我因事忙，还未曾做，只做了登副刊的文章哩！"《晨报》之所以为社会的《晨报》，也就在他主人以下是一伙不怕官威势压的硬骨汉，能容纳平心静气的讨论的文章，张先生的声色俱厉的申饬，恐怕找错了人罢。

第二　张先生是久负盛名的政治学者所以……（对不起陈先生以下二十一字被我擅行略去　勉己①）张先生能够在我那篇文里，找出"陈先生乃是要告诉我们苏联毕竟是我们的朋友，我们不应该反对他"，找出敌人宣传品和替苏俄宣传的证据，找出"我的意思是说，我们的敌人只有一种，就是帝国主义者，一个人或一个国家若不是帝国主义者，他便不是我们的敌人，他竟许是我们的朋友"，真正高明得很。但是我要忠告张先生……（对不起陈先生以下九十七字被我略去　勉己）

第三　张先生自命是大学者（我还不面识张先生，但闻张先生

---

①　即刘勉己，时任《晨报》代理总编辑，他本人也卷入这场联俄与仇俄之争中，参见章进编《联俄与仇俄问题讨论集》。——编者

曾公言现在国立大学教授，抵不上西欧的中学教员，所以不愿当现在国立大学的教授，着与脍伍），人亦以大学者许之。但是大学者的理论，竟有浅陋下愚不能了解的地方，殊出意表。请问张先生，为什么不可能说"你尽可叫他为流氓，却不可唤他做强盗"？强盗与流氓，难道是同一的东西么？正张和副刊是一样的东西吗？张先生做"副刊殃"何以不说"正张殃"呢？张先生又说"陈先生不许我们认苏联为敌人"，不知张先生是根据我原文哪一点立说的。我原文中"我们即不认苏联为友，也不应该因为不认其为友而失掉了我们真正的敌人"，怎么是不许张先生认苏联为敌人呢？处在现在的地位的张先生难道把帝国主义者为我们真正的敌人一事也否认了么？假如还未否认，那末，把流氓和强盗混在一起，不是减轻对强盗的指摘，中了敌人移转目标之计吗？不把流氓和强盗混在一起，就是不许张先生承认强盗和流氓都是社会上的蠹贼吗？……（对不起陈先生，以下又被我略去三十三字　勉己）张先生说的一问完全是根据"我不许张先生认苏联为敌人"一点来的，这一点既不成立，所以我在这里不感答辩的必要。

至于张先生在驳我以外的主张，即苏联是我们的敌人是更利害的敌人的主张，我以为有过于轻率论断的弊病。苏联是不是我们的敌人的问题，很复杂，很纤柔，不是几句话可以说了的，我改日要做一篇文章专论此问题①，且待那时再把张先生的轻率论断指出来罢。为什么现在不即刻做出来向张先生请教？因为我做了一篇《苏联事情的研究与对苏联政策之研究》，交给《现代评论》记者，大

---

①　指本册所收陈豹隐《中国对苏联政策应当如何？》一文。——编者

致可望登出来，这篇文章和"苏联是不是我们的敌人"问题的研究法有关，我为免除写重复的话，所以要等一等。

末了，我要向《晨报》记者道歉，因为写这篇答辩，把记者向我要求，我对记者应允了的关于苏俄事情的一文耽搁了，不曾写出。因为张先生……（对不起陈先生，以下又被我略去二十字　勉己）的武断太利害，所以我不能缄默，不能不问一问张先生究竟是不是我们的朋友。

十月九日　北京

苏联事情之研究与对苏联政策之研究①

新从俄国回来的我，最感觉痛苦的，是见天要说许多同样的话，关于苏联事情的话，因为我的朋友知道我是在俄国一年专门研究苏联政治经济的事情，因为他们知道我比别人多一点研究的工具，因为他们在现在的反帝国主义空气和反苏联空气互相摩荡，两方的主张者都尽量丑诋毒骂几乎离开本题，专作人身的攻击的时候，感觉得有根本研究苏联实情的必要，所以他们见着我必定要问，我遇问，在友谊上必定要答。这样的问答在我不但消耗了许多时间，而且感觉得许多重复说话的痛苦。在这里，《现代评论》的记者和《晨报》记者都劝我把这些事情写出来，他们替我发表，使朋友大家共看，免得说重复话。我想这倒是很好的方法，不过做文章也是件苦事，而且千头万绪不知从何说起，所以虽然答应他们，一直偷懒到今天，才动手写。所写的或在《现代评论》发表，或在《晨报》发表，看临时我会着哪一边记者，就送给哪一方面。好在我每次写的，都是总问题中一个单独的问题，本来是不妨载在二种报的。我今天写的，就是这种问题的第一个问题，是这种问题的一

① 署名陈启修，选自《现代评论》1925 年 10 月 17 日第 2 卷第 45 期，第 12~14 页。——编者

个楔子。因为苏联事情这问题，在现在的空气之下，最容易使人离开客观的观点而动主观的感情，所以这个楔子是必要的。

苏联事情之研究和对苏联政策之研究很明显地是以不同的东西为研究对象的。固然对苏联政策的研究有时不能不依苏联本身情状如何而有变动，然而究竟他的对象的主要部分不乎此（详见后）。不但在研究本身理论上这两种研究可以分开，而且从研究的目的上说也应该分开。因为在研究苏联事情的时候，若夹杂对苏联政策的研究在里面，就难免因利害及爱憎之念蒙蔽了观察的确实；同样在研究对苏联政策的时候，若夹杂苏联事情的研究在里面，也难免因某一部分或好或坏的情状而不能真正明白利害的全体，而爱憎也就随之不得其正。还有一层，这两种研究对象的划分，在现在凡说苏联状况好者每被指为亲俄派，凡说苏联状况坏者每被指为反革命派的一般空气中，也是免除所谓的枝节的辩论之一法。因为这样才可以免得论旨不明之弊，才可以明白苏联状况好也不必归结到亲俄政策，苏联状况坏也不定要排俄的道理。

苏联事情的研究应当如何呢？第一应当照一般社会事象观察法观察全体不观察部分，若不能直接观察，则间接的观察材料的出处，一定要是普遍的，或至少是关系大部分的，然后才可下概括的结论而不误。这个道理是很明显的，可是曾被人忽视。举例说，如英人罗顿的《黑暗地狱里的俄罗斯》（据《晨报》）里面所说就是拿俄国一部的莫斯科，莫斯科的一部的被压迫阶级（指在俄罗斯不属于工农阶级的阶级），被压迫阶级中一部分的某某人的生活状况或其所述，来概括全体，那是不正确的。

此外，许多英德法文著述里面的俄罗斯也十分之九是寄居德法的一部分人的一部分的一部分的①俄罗斯旧支配阶级新被压迫阶级所说的。研究者若据以为真相，那就是违背一般社会观察的原理了。第二应该明白时间关系。这个可分两点：其一要明白某种现象的历史的经过，必如此才可以知道他的真意义。例如许多从俄国经过的人看见俄国乞丐非常之多，便引为革命失败之征，这是对的么？不对，因为在帝政时乞丐更多，俄罗斯农民的三分一在当时皇帝和地主双重剥削之下，是每年从秋末起就不得不变成所谓季节乞丐，靠乞丐所得维持生命到第二年开春再从事耕种的。所以单拿乞丐多和革命关联起来说，事实恰是相反，是革命成功之征！其二明白某现象是一时的或继续的。例如许多关于俄国的记载都是革命当时或受外国干涉，实行所谓军事共产主义（国人不明瞭军事共产主义内容者非常之多，因而发生许多不正确的推论，以后当用专篇指出）时代的现象，若把当作现在的现象看，那就无异乎以法兰西大革命时代的叙述断定法国现在状况，以小脚及辫子为中国人之象征（事实上欧洲大陆现在还如此）了！其三应该明白俄国的在经济上的特殊地位。这一点不明白，而拿通常的眼光去观察，就难免获得不正确的结论。俄国经济在国内是实行国家资本的经济政策，在国际是处于受列强的经济封锁的地位，而且俄国是根本上物质文明远逊西欧的国家。因为实行国家资本主义的政策，所以国家事业之压倒私人事业，和商人阶级之特负加重的租税等都是他们求仁得仁的。因为处于受列强的经济封锁的地位，所以俄国对外汇兑的决定是凭国权定位的，不是依普通经济原理定位的，所以外国人拿外国

① 原文如此，当是为了强调。——编者

货币在俄国使用是要感觉物价特别的高。但是若因感觉物价高就说俄国人民生活苦，那就错了，这个错和因法国对外币兑汇率非常低落外人在法感觉法国物价很贱生活很易过，而说法国人民生活安逸，是一样的大错。因为俄国本是比西欧经济落后的国家，所以若因俄国文明的设备和社会表面的奢侈远不及西欧，就说俄国快完了，不值得中国人研究，那又是错了。其四要懂得俄国政治特况。俄国在名义上是农工阶级专政，实际上是工人阶级专政。专政自然是和德模克拉西相反的，所以在俄国由政治上说有两件事最奇特：一是找不到普通民治国家里面所谓一般的自由权利如言论出版、集会自由权等；二是找不出普通的选举权，他们的选举的内容是每选举产业区域内选举人团体如工会、农会或共产党拟定当选候补人，然后开大会讨论，指名询大众某人是否可以通过，通过者就算当选。这两件事完全是由农工专政而来的当然的结论。然而有许多人因为不明白俄国特殊政情，就被他吓倒了。其实法西斯特意国的无自由和只选党不选人的德意志新选举法也同样是救正民治政治的弊病之试验的方法，欧战以来，政治上的新怪物多着哩！

其次，对苏联政策的研究应如何呢？对苏联政策是国际上的外交政策，所以第一应当研究的，就是国际政治形势，政策的决定要看这形势如何。英国在法国用武力占据罗尔，法国势力席卷欧大陆的时候，首先和苏联恢复外交关系；法国在道威斯计划决定，英美势力倾动欧洲的时候，反而承认苏联，都是一些好例。第二，当看本国在国际上的地位。日本对美国，十年以来无论国际政治形势如何，总是处于被美国威吓的地位，所以为对美计，为收买重油和巩固背后大陆方面的接济起见，不得不与苏俄修好。第三，要看本国经济情状。英国一面需要苏联廉价的食粮，一面要想向工业不发达的俄国，输出工业品；日本一面需要俄国的煤油和木材，一面要把自己不大精致的工业品销到文化程度比中国还低的西伯利亚去；所以英日二国，不得不拉拢苏联。第四，才讲到对手国的政治情状，看对手国政治是否安定，他的政治上的主义，是否于我有碍。以上四点是研究对苏联政策时通通要顾到的，对苏联政策的决定要看在这四种观点上利害的多少，因为外交政策原是以利害为标准的，说不上什么"利害"二字以外的好感或恶感的。拿这四种观点，研究中国对苏联政策，应当得出如何的结论？这个问题很复杂很纤柔，以后当作专篇讨论①，此处我敢断言的，就是中国人讨论中国对苏联政策的，从来都不能兼顾着以上四点，所以他们的结论，无论是排俄或亲俄，都是没有充分的根据的。

　　总结起来，说下面几句话，作为这个楔子的结论：苏联事情的研究和对苏联政策的研究应当严密地分开，前者应该顾到全部性、时间性经济状况及政策特况，后者应该兼顾着国际政治形势、本国国际地位、本国经济情形和苏联政治状况。

---

　　① 参见本册所收陈豹隐《中国对苏联政策应当如何？》一文。——编者

苏俄的现状①

　　"苏俄的现状"这个题目讲起来很有趣，因为自旧俄帝国推翻，新俄政府建设以来，俄国的全部，换了一番新气象，所以我们很想明白他们的形状。又因为中俄邻邦的缘故，我们中国人，对于苏俄尤想加以精密的观察。自五卅沪案发生以来，中国联络俄国，俄国也联络中国，两方的关系更进一层，因此，国内发生联俄及反俄的两个潮流，正相冲击，有许多人都愿知道俄国状况。所以我现在把苏俄的现状说一说；可是这个题目的范围这样广，在二小时以内，很难说完，漏落的地方定是很多，诸位如果有疑问，将来尽可写信来问我，我当一一答复你们。

　　苏俄的现状可分为六大段：

第一段，苏俄的现状应该怎样研究?

　　这就是对于苏俄的现状，应该怎样说，怎样听？换句话说，就

---

　　① 陈启修讲，马志振笔记，选自《京报副刊》1925 年 10 月 19 日第 302 号，第 1～5 版。——编者

是应该怎样叙述，怎样容纳？关于这一点有三个要点，先要明白，如果不明白，那末讲的人，不容易平心静气的讲，听的人也不能够平心静气的听，到后来，必致发生误会。近几日《晨报副刊》上闹成一个问题，就是这误会的缘故。这三个要点是什么呢？第一个要点，我们对苏俄的政策如何，我们绝对不管，就是我们研究苏俄现状的时候，不可能存在一个"我对于苏俄"的成见。我们对于苏俄好歹统要说，不可因为不赞成苏俄而专说他们的歹处，不说好处；也不可因为赞成苏俄而专说他们的好处，隐瞒歹处。新近我回国来，觉得中国人对于苏俄的观察，大多数不认清此点。至于我们中国对于俄国究竟应该怎样对付，那要照外交政策去决定，这是出于我们讲他们的现状以外的问题，不能单据苏联现状去断定的。例如日本是个帝国，与共产主义显然立于敌对的地位，然而他们因为外交上军事上种种事实上的关系，还是要联俄。所以苏俄现状上政治主义的同不同与联俄不联俄，完全是两个问题。总之我们研究苏俄的真相，应当以现状为主体，不应掺加私人的成见。第二个要点，俄国对中国的政策如何，我们也不管，就是我们研究苏俄现状的时候，不可存着一个"苏俄对我们"的成见：比如苏俄怎样要到中国来宣传共产主义；苏俄是否要我们中国完全实行他们的政策；他们对于我们究竟是诚意的亲善，还是利用的手段等等。第三个要点，我们在研究俄国的现状，应该注重于一般社会问题的研究方法。对一般社会问题的观察，不是限于一部分、一地方、一时候的而是要平心静气的去观察的。这种一般社会问题观察的要点有四：（1）取其大体，去其小部分。我们考查无论何事，总应该依大多数为准，不应该以一小部分或特殊的，桩事实而代表其全部。因为在一部分或特殊的一点上着眼，必多误解。如前几天《晨报》上登载了一篇英国人著的《黑暗地狱里的苏联》一文，就是仅仅限于俄国莫斯科一部分地方，并且是中产阶级传出来的，是被压迫者的话，那可以代表全俄的情况呢？（2）时间问题。对于时间观念也是这样，不可专注在一点，须考其全部。我们不可以只说霎时间的现在的俄国，我们尤不可以用俄国黑面包时代来代表全俄；应该照其全时代的经过，看其时代的倾向和全部的趋势。有许多人说，俄国乞丐很多，不错，的确很多，可是我们也须知道俄国革命以前的情况怎样？其实俄国革命以前叫花子还要多，现在已经进步了。（3）要知道俄国的特殊的政治形式。现在俄国因为是无产阶级专政，所以他们的所谓一般的选举，也不过是无产阶级的选举，是国民一部分人举行的，当然并无真正的民众选举。他们的选举法，是由各团体或各工厂里面，举出一个候补代表来，这个候补代表如果没有人反对，就可以当作正式代表了。所以干脆点说，他们不是民众选举，仅是无产阶级专政下的选举。我们若拿这一点来说俄国革命失败，那是一个错误。（4）看他们的特殊的经济组织。这种首先要看清的就是俄国也是有资本主义的，不是绝对的共产而无资本的。不过他们是国家资本主义的经济组织，不是个人资本主义的经济组织。他们现在正注重在集中资本于国家，因为他们受各国封锁政策的影响，外资不能借，国家立于孤独的地位，事实上不得不把经济集中，自己靠自己，实行国家资本主义。所以俄国不是无资本。若因他们有资本，就说革命失败，那我们又误会了。

第二段，苏俄的政治组织

苏俄的政治组织，诸位大家明白，且把他简略一说：大家知道苏俄是一个工农阶级专政的国家。工农阶级专政的意义到底是怎样呢？现在俄国的贵族商人资本家，皆在被压迫的地位，既没有义务，也没有权利。有权利有义务的，就是工人、农人及知识阶级。知识阶级在旧俄时代很得势，所以他们本来是旧俄一方面的人。但是他们肯站在现俄政府方面的，与新知识阶级享受同等的待遇，有权利，亦有义务。但不肯服从现政府，或与旧俄仍有关系的，那末统在被压迫之列。所以他们专政的阶级，都有在法律范围以内的充分自由，而在商人等被压迫方面，简直毫无自由。总之，他们压迫者有自由，被压迫者无自由，专政的意义就是这样。但事实上，农人虽有权利而没有能力干与政治，知识阶级虽有能力，而在经济上没有可能。因俄国农人不识字的有百分之八十之多，干政的能力太差，故俄国名义上虽叫农工专政，其实是工人阶级专政。工人阶级的知识，虽比较的高，而一般的工人，也不够干与政治，所以工人阶级专政，事实上是共产党专政。而共产党对于工人、农民保护得很周到，处处给工农以优越的地位，处处与工人、农民妥协，所以他们一切事情肯托共产党去办。至于办不到的地方，彼工农也很谅解；他们自信，即使给他们自己去专起政治来，也不过如此而已。这就是因为俄国的工农信仰共产党，而共产党因此专政，并且维持到很长久的原因。（关于俄国的政治法制方面，诸位大概已明白，

并且我在北大将印有讲义①，说得很详，现在不说）

第三段，苏俄经济组织的大纲

对于俄国的经济组织，大部分人以为俄国是实行共产主义，不应该有所谓资本主义不资本主义，听到"资本"二字，必大为惊奇。还有一部分人，以为现代俄国仍是老样的一个资本主义的国家，其经济组织完全与其他各国相同的。这两种统错误了。俄国现代确是一个资本主义的国家。不过像上面所说过的，他们是一种国家资本主义，不是个人资本主义。国家资本主义这个称号，俄国人自己不肯承认，他们自称是国家社会主义。国家资本主义与国家社会主义有否分别，是一个问题，可是我看他们所谓国家社会主义，实即国家资本主义。此国家资本主义或者可以说是间乎个人资本主义与社会主义（共产主义）二者之间一种过度时代的产儿，他们因为处在现代恶环境之下，不能不把全国的资本集中，以国家为本位，来开发利源，企图国家工艺及交通事业，故此与平常所谓一般的资本主义不同。一般的资本主义，是专为自己的私利的，比如有一新发明，即收为专利，别人不得同享的。如美国人常把各处有矿产的地方买进去，然而不就开采，因为他们怕矿产给别人开采去，不能专利。又如商务印书馆，往往把外边的著作收买进去，然而一二年后，还不出版。考其原委，是为要等所有的旧教科书卖完后，

---

① 未见。——编者

再出版。这也是为专利。故这些统为增进自己的利益，而不使他发展经济使人家得同等的利益的色彩。至于俄国的办法，那就不然了。俄国的普通经济政策，大体与法德等国相同；所不同者，是商品交换的主要利器，须归国家管理。如货币因是一切流通的利器，买卖的总关键，其权归国家操纵。倘若有人私造，就要枪毙。交通机关和对外贸易，亦由政府管理；其次如大工业，如开采铁矿等；其次如限制商人的小资本等，统归政府治理。照此可知俄国的经济政策，全以国家为主，同时亦利用小商人的营业，以帮助其国家的经济财富。

第四段，苏俄的社会生活

上两段所讲的，都是预备来讲这一段的。俄国在上述的政治组织和经济组织下的社会主义生活究竟怎样？他们究竟可以这样维持下去吗？此等问题统很重要，但是俄国现在的社会生活，很难简单说明。从全部说，因为各处受革命时的影响不同，有的不受什么大影响，有的受了影响，而还没有完全恢复。如工艺一项，现在还没有恢复到革命前百分之八十，农产品也没有完全恢复，故把全部的俄国财富来说，现代还不如战前。但是从部分说，则从前的富的贵族、商人、资本家，现在转而为贫了，现在的工人和农民的财富，反较从前为优裕了，两者适成一个反比例。

更详细的说，近来俄国工人阶级的权利非常大：从前工人不准自由结社，或聚集；要入校读书，很不容易。现在凡学校首先许工人进去，然后农人，然后其他各阶级。进去先后的次序，统有差别。医院里亦是这样，先工人而后其他。在经济方面，则工人对于国家商店买货可以有折扣。所以俄国工人阶级，各方面都占优先权，工资亦增加的很高。总之政府对于工人方面，凡可以保护之、优惠之者，无不尽力为之。故工人也不起来反对共产党。

农人阶级的权利比不上工人那样好，可是他们的地位，比起改革以前来，高得多了。从前农人，专为他们的地主种植，自己有土地的很少很少。他们统统处在事实的农奴的地位。等到革命时，农人各占有土地，但那时的土地，并非经过平均分配。到革命定后，本想重新分配，后因国内又起了战争，没有实行，直到现在还是那样。所以现在农人有大农、中农、小农的分别，土地不是绝对平均的。他们农人在革命的时候，曾帮助共产政府，打倒旧俄皇帝，近来因农人进一步要求更较优惠的权利，各地方有时未免有小小的暴动。他们农人像中国的农人一样，统希望可以置私产，增加私人的权利，所以到后来往往与工人的利益冲突，同时也未免不满意于政府。那时俄政府于国中内乱平定之后，曾想再去打波兰并征服巴尔干半岛诸国。奈农人不肯帮助，不赞成，就不果行。所以那时政府不得已，遂于一九二一年改变军事共产主义（其实非真正的共产主义，而只是欧战时各国都有过的经济军事管理）而行新经济政策。新经济政策在相当情况之下，也可以置私产。故农人权利因此加多，就不反对政府了。

再讲知识阶级。他们的知识阶级，在旧俄时代，权利不小，凡教师做过一定年数之后，就可以不再教书，一径领国家的薪金。如果著出一本书，可以终身有专利权。故当旧俄时代，知识阶级，常和俄国的王公贵族接近，站在优越的地位。因此到革命后他们不得不极力反对新俄政府，不与新政府合作。后来看见新政府稳固，才和新政府妥协。由政府于一九二二年召集开第一次全国教职员大会，一九二三年又召集大会并决议加薪，因此渐渐与政府妥协成功，及到去年知识阶级与政府全部妥协，所以全俄科学院二百年纪念会，得以开成。不过他们的知识阶级，生活状况，究竟不像从前那样满意，但他们不与政府合作，也是没法。因为近来新知识阶级出来了，新知识阶级，就是工人及共产党的知识界，新知识界渐渐增多，那末旧知识界，虽不与政府合作，而有人可以代替。所以旧知识阶级如不与共产政府妥协，适足以自危自杀，所以不得不妥协。

商人与旧资本家，虽同在被压迫的地位，而不满意于现政府，而现政府对之亦有相当的宽容和办法，不至于使他们不能生存，而他们根本又没有革命性，所以他们不能起来革命。

第五段，苏俄的计划和政策

说来也奇怪，我们普通总说现在的苏俄是行共产主义的，他们通要各国变成共产化。然而他们目前不但不肯说自己是行共产主义，并且讥笑他人说他们是共产主义、是空想家。他们自称为科学的社会主义就是根据马克斯主义的，因为他们很明白目前共产主义很难实现，与建设共产的时期差得很远。他们明白要建筑经济的基础。他们现在最要紧的，就是用政府的力量来开发利源，增加生产力，建筑工厂，便利交通。但要经营这事业，非发展资本不可，所以暂时实施国家资本主义。但是资本主义必有流弊，所以他们不得不设法防弊。其次，他们重视的就是共产主义的教育。

教育一项，他们认为很重要，可大别为五种。第一种是普通教育。亦分大中小学校。小学教育人人须受而且最注重于劳动教育。劳动教育分两期，其科目多切于实用方面，施行实验教育，预备使学生出校后，人人有谋生的本事，人人可以得到职业。普通的大学教育里面亦分工科、农科等等。但是大学里出来的人才很少，因为他们主张在工厂里面产生出切实用的技师来而不注重在学校中造就出理论的人才来。这因为他们现时需要实用的人才的缘故。第二种是社会教育。把音乐、美术、文学、戏剧等，都收归国家管理。此等教育在城镇上很发达，而乡下则不多了。第三种是政治教育。此等学校的名称很多，如列宁大学、马克斯大学、东方大学……亦可说是党校，皆造就政治人才，出来到党里去干事。对于党之组织、宣传和施行等，此等人才统很适合。第四种是农人教育。俄国的农人教育，是照军队办法的，因为他们人人皆须当兵，所以在兵役时期内乘机施行教育很方便。在军队中所施的教育，政治教育要占三分之二。其所以要注重政治教育有两个意义：一个是为要使兵士的心倾向于政府；一个是为服役的兵士都是年轻人，很有朝气的，希望他们军队里出来后回去办教育及办其他事项。所以俄国的农人教育，是由军队里出来的。第五种是学院式的高等教育。如科学院等即其代表。但是他们国中对于哲学、文学等高等教育，不很看重，以为现在尚不需要。故除莫斯科大学以外，其余各大学，皆注重于教育科、工科等科。

除上面已讲过俄国的经济和教育以外，还有军事，因时间有限，只好很简略的一说。在现俄的地位，军事还很重要。在俄国最多的是红军，地位很重要，其组织与普通军队同。还有一种国民兵，到处都有，期限很短。这种国民兵的军事教育，皆由少年共产党员至农村里去办的。所以苏俄的兵数很多，军心很一致，可是军器不好，他们现在所用的还是战前的旧东西，俄人自己也常说，他们的军士教育和军事组织，可说已经完善了，而军械的不良很可忧虑。

第六段，对俄将来的推测

俄国在现状之下，究竟是否可以维持下去？还是就要分崩了失败了？照我看来，他们对内，经济、教育都很完善，内部工农各阶级也全都妥协，至少十年内自己必不至发生问题；对外，因为俄国在欧战以前已积欠外债至一千多万万镑，如果俄国一天不承认此债，即一天有被索债之危，这是他们外交上已处于很不利的地位。进一层说，俄国的军教虽多，军心虽一致，而军械不好，故对外说，俄国十年内，很难保其不战，一战则胜负之数，还不可定呵！近来俄人自己也明白此点，对于外交上也竭力用联络手段，如联日联德，都是他们的自卫政策。

今天所讲的，自苏俄的政治组织起，到外交政策止，苏俄全部的现状，大概可以看出来了，可是疏漏的地方还是很多！

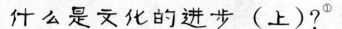

什么是文化的进步（上）？[①]

——绍介东欧的新农工业的文化

一

什么是文化？这个问题，似乎现在不应该还去讨论，因为文化运动已经成为中国最近世史上的名词，因为"文化"二字已成了社会一般的通用语，已经约定俗成，似乎无须考究了。但就新旧文化之辩及东西洋文化优劣论还徘徊于中国言论界的事实，观察起来，我觉得国人对于文化的观念毕竟还未彻底，至少还未的确地认识文化发生的基础和文化进步的阶级，所以我以为现在还很值得研究一下。我在"什么是文化的进步"这个题目之下，写上两篇小文章：上篇说东欧的新农工业的文化，下篇批评所谓东方文化与西方文化及新文化与旧文化。

文化的观念是和自然状况的观念相对待的。人类在自然的状况中，是一个自然的动物，只受自然律的支配而行饥思食，渴思饮，

---

① 署名陈启修，选自《猛进》1925 年 10 月 23 日第 34 期"时事短评"，第 3～5 版。1925 年 10 月 19 日作于北京。未见续作。——编者

寒思温暖等反射的动作。当这个时候，不消说是没有文化的。文化的起点，在人类粗粗了解自然律，顺应着他，积极地去抵抗自然力、利用自然力。这种抵抗和利用的程度逐渐增加，文化的程度也随着增加。这种抵抗和利用，最初只限于人类对自然如用火、用石器等关系上，后来随着程度的增加，扩张到人类对人类如合力、群居等关系上，所以文化不但在人类对自然的关系〔上〕，一天一天地离开自然的状况，而且在人类对人类的关系上，也日益离开自然状况，即兽的相互生活。所以一切文化都可以有两方面：对自然的方面和对人类本身的方面。例如：农业的文化，一方面包含耕种术、宗教、宗教的艺术等对自然的文化，另一方面又含有农业的道德（忠信）、宗法等人类对人类的方面。文化的这两方面，随着时代的进步向前进行，形成现代的文化。

二

人类在他的进行上可以分作几个阶段？应该拿什么做划分阶段的标准？文化本来是在人类对自然的关系上（如用火、用石器）发生出来的，所以文化的基础本来就在人类的经济行为上面。而且人类对人类的方面的文化如宗法、国家等等也是为增进或保障人类的经济的利益而发生的，所以一切文化的基础都在乎经济。因此我们要划分文化进行的阶段，最好是拿他的发生基础作为标准，即是说拿人类经济发达的状况作为标准。人类经济发展时代的分类，比较妥当的，还是拿人类对自然的关系为标准的那个老分类。照这个分类，人类经济发展可分为渔猎、畜牧、农业、农工业及农工商业五个时代。这五个时代的分类法，比较甚好，但农工业时代不大妥帖，不能采用，应当除去，农工商业时代也只应叫做工商业时代（指欧西资本主义发展以来到欧战止的时代）。所以人类文化到欧战止应当经过了四个阶级。但渔猎时代和畜牧时代文化程度太低，值不得我们讨论，可以放置，又欧战后东欧经济组织渐变，形成一种新农工业，且此种组织有逐渐侵入欧美先进国、代行旧组织的趋势，所以可加上一个新农工业时代，共成为农业的文化、工商业的文化及新农工业的文化三个阶段。

三

　　农业的文化是如何的文化呢？文化的基础虽只有经济，而其发现，则关于人类对自然的方面及人类对人类的方面，俱有许多的种类，不容易一一列举出来。但文化的种种现象之中，仔细考察时，可以发现文化的心核和文化的表皮的区别。前者为数不多，然可以包藏于各种文化现象之中，后者为数虽极多，然其中皆不能不包含前者。例如"自由"是工商业的文化的心核之一，近代政治、文学、美术等是工商业的文化的表皮，这些东西当中都含有"自由"这个心核。所以我们要说某时代的文化如何，顶好的方法是举出那时代文化的心核。这些心核大概有五个：（一）经济单位；（二）社会制驭的方法；（三）对人关系的标准；（四）律己的准则；（五）对自然的关系。把五种心核，对准农业的文化看看，我们知道

（一）是大家族制。这是农业的文化的顶大的特色；因为农业的生业方法需用多大的人力，所以不但要奴隶和农奴耕种，而且必须扩张家族的人员。（二）是拿道德制驭社会。这是根据大家族制而来的；因为根本是大家族制，所以国家也是族长国或家长国（假定王为家长，人民为家族内人），所以不发生人民与人民为约的近代法律观念，而只有与道德相等的王法观念。（三）是忠信。这又是根据宗法式的道德来的；因为这种道德自然会要求绝对的服从和坚贞。（四）是助人。即孔教的仁；这更不消得，是依上几个心核关联而生的。（五）是宗教。因为农业的生产的结果的良不良，完全要靠自然，所以由不可解而生恐怖，由恐怖而变成崇信。世界顶大的宗教都发生于农业国中实在不是偶然的事。

四

依同样的方法，可以极简单地说明工商业的文化。工商业的文化的心核：（一）是小家族制。因为工商业时代的生产方法，在最初就是不靠多数的劳力而靠有技巧的劳力，到后大工场发生，虽然也靠多数的劳力，然而所靠的不是固定的在家族内的劳力而是靠可以招之即来挥之即去的所谓劳动预备军的劳力，所以大家族制，在生产上根本就没有必要了。小家族制之所以成立，一方面是因为工商业时代生产方法所要求的是自由劳动者，所以由奴隶及农奴的解放发生许多小小的自由家庭；一方面又因为那时自由劳工的被剥削程度尚浅，所以经济上也还能够维持小家庭。（二）是法律。因为大家族崩奔坏了，所以因大家族制而来的道德也没有制驭社会的力量了。此时经济界的主要生产分子是自由的小生产者和自由劳动者，所以制驭社会的力量，不得不靠这种自由的小生产者和自由劳动者所同意的法律。（三）是自由。这是法律的当然的结论，因为近代法律根本就是规定人己的自由的界限的。（四）是自助。这自然又是自由的当然的结果。（五）是自然科学。因为生产工具愈进步，则抗抵及利用自然的程度愈高，所以自然科学不得不取宗教的地位而代之。

五

新农工业时代的文化，也可以依同样的方法的说明其心核。新农工业是欧战以后发源于东欧的新现象，他的特色有二：第一是农村的工业化或工业区的农村化，一方面除去普通及农村经济之私有性、散慢性及落后性，一方面祛除工业经济之畸形性（使人奴属于机器）及生命消耗性。第二为产业之劳工管理或雇用劳工之主人化，新农工业在东欧的最好榜样是丹麦及苏俄（不是苏联），不过其来历在两国却不相同。丹麦的新农工业是逐渐改良来的，因为丹麦原是一个仅足自给的小农业国，又有非常缓慢的人口增殖率，所以他不会有突然的工商业化，也不会殖民地化，而只能有渐进的农村工业化和自然的产业劳工化。苏俄是用革命的方法得来的；苏俄革命后工人阶级拿到政权，才计划农村电气化及工业区农村化，而革命后不但大工业是生产的工人自己管理，而且农村的生产工人也逐渐扩张自己管理权，所以和丹麦异途同归地，也入于新农工业时代。这种趋向，在社会党大有势力的德法两国，也可以发见。丹俄两国这种新农工业的文化如何？（一）是社会的个人制。因为在这种国内，生产技术上虽无大特色而生产组织上发生大变动，所以所要求的是为社会全体而生产的个人而不是为个人而生产的个人，所以他的单位不管他是男是女？总是这种能为社会全体而生产的个人。（二）是组织。因为宗法式的道德及规定自由界限的法律在这种生产组织上都是无用的，这里最有用的，是在为社会而生的目的上的共同组织。（三）是友爱。这是共同组织的必然的结果。（四）是互助。这不消说，更是友爱的当然的结果。（五）是社会科学。即把人类看成一个自然现象，去研究他们相互间的自然律的科学。新农工业国里面，所重的是实际上为社会而生产的个人，用不着假设口实，拿经济的方法，去剥削他人生产的结果，所以这里能够把一切旧社会科学如社会学、政治学及经济学等的虚伪暴露出来，能够对于人类社会，和对于自然界一样，用科学方法去搜求存于人类社会间的自然律。

六

由农业的文化到工商业的文化，由工商业的文化到新农工业的文化，都是必然的，都是人类经济发展史上不得不然的；这是懂得世界经济史的人周知的，这里不必多说。现在要考究的是：这种文化的进行，到底是进步的抑是退步的？这问题很不易解决。我个人主张这种文化的进行是进步的，理由有二：第一，文化程度的高低既然看要人类距自然的状况的远近而定，那末，能够在自然科学上多多地发见关于自然的自然律的工商业文化，当然较恐怖自然的农业的文化为进步，而能更进一步在社会科学上发见关于人类社会的自然律的新农工业的文化，当然比工商业的文化更为进步了。第二，生产的人自己管理生产，使生产机关渐渐减少其剥削他人的作用——这是使人类向解放的途上走的；所以从这一点看来工商业文化是比农业的文化进步，新农工业的文化又比工商业的文化为进步，因为农业的文化，奴隶人类最甚，而新农工业的文化解放人类最多。

十四，十，十九　北京

中国对苏联政策应当如何？①

序言

自从我那篇《帝国主义有赤色和白色之别吗?》文章发表之后，意外的在那篇文章的主旨以外发生了关于苏联友仇问题的热烈的讨论，我在无人和我讨论赤白问题这一点上虽然感觉得不满意，然而在大家起来讨论友仇问题这一点上，觉得中国现在言论界还没有被党派的成见完全锢闭着，总算是不满意中的一点满意；因为对苏联政策问题，实在是一个"他的解决如何此后至少要影响中国全国政局十年"的问题，对于这样重大的问题，掉以轻心固不可，默不作声更不对，所以言论界肯来讨论这个问题，不管他的结论如何，对于中国前途总是好的。我在答张奚若先生的文里②，曾说过要做一篇关于此问题的文，发表我的意见并指摘张先生的轻率论断，现在

① 署名陈启修，选自《晨报副镌·社会》1925 年 10 月 27 日第 4 号，第 14～16 版。收入章进编：《联俄与仇俄问题讨论集》，北新书局，1927 年，第 135～148 页。——编者

② 指本册所收陈豹隐《张奚若先生是我们"智识寡浅的学者"的朋友吗?》一文。——编者

这一篇文就是履行那个约束的。

不过现在我只发表关于这问题的我的意见，至于张先生的轻率论断，我在这里却想我不加指摘了，因为与其我加以指摘而被记者在中间勾去几句话使全文不贯串，不如不加指摘而得侥获保存全文，反足以传我的真意。此外，关于张先生其他文章①以及陈均先生、陈翔先生②对于我的教训，也依同样理由，不作答辩。只有抱朴先生的文章③，是对我头一篇文章做的，纯然是一种学理的讨论，所以我想借这段序言，简单的附带着答复几点。第一，关于是否有赤色帝国主义，抱朴先生主张肯定论，但是只据抱朴先生这次的文章（抱朴先生所引的一九二三年的文章，我还没拜读过），我实在不能发见肯定论的根据在那里。［首先］在理论上说，抱朴先生既承认帝国主义是财政资本的侵略行为，又承认用政治的手段去侵略他国的，也是帝国主义，已不可解；其次在事实上姑承认抱朴先生的假定说苏联虽未达到财政资本主义也可以用政治手段侵略他国，但是何以抱朴先生不把这种政治的侵略，另叫作一个什么主义，而一定要叫他为赤色帝国主义，其结果一方面是跟着苏联所敌视的帝国主义者的御用人走，替帝国主义者张目；一方面在中国现在民族觉醒、反帝国主义运动勃盛的时候，替帝国主义者实行他们的移转

---

①　指张奚若《苏俄何以是我们的敌人？》，参见章进编：《联俄与仇俄问题讨论集》，第53～58页。——编者

②　指陈均《来稿一》、陈翔《来稿二：友乎？仇也！》，参见章进编：《联俄与仇俄问题讨论集》，第39～42页。

③　指抱朴《苏俄不是帝国主义吗？》，参见章进编：《联俄与仇俄问题讨论集》，第106～110页。抱朴后来对本文又有回应，参见同书第150～155页。

目标之计，轻减国民对他们的抵抗力呢？这更不可解。抱朴先生素来爱国，必有更充分的理由，决不会离开爱国的观点说话，所以我很愿虚心请教。第二，在事实上抱朴先生举的几个例，也不妥当。布哈林的话就照抱朴先生的原文说，也只是一种赤色革命主义；巴库和乔治的例是因为那里的油矿主人在俄皇时代原是和外国资本勾结垄断油矿，榨取本地工人群众，所以在俄皇倒后工人群众一面自己起而革命，一面请求赤俄的帮助，这时赤俄才出面帮助，这也明明只是赤色革命主义；至于苏俄对华关系各点，假令事实尽如抱朴先生所举（事实不尽然，见本文后段），也不过是对于中国主权的一种政治的侵犯；何以这些都是苏联帝国主义者证据？我不知道把这些不是帝国主义的东西，偏生要说他是帝国主义，到底有什么好处？而这种说法，很有害处。他是替帝国主义者张目，替帝国主义者实行他们的移转目标之计，轻减中国国民到他们的抵抗力，在理论上（见上）和事实上（沪案之无结果，是由于帝国主义者移转反帝国主义运动的目标于反苏联反共产之上，看这两月来，各新闻上反俄反共产的宣传，多于反帝国主义者的宣传者数倍，就很明白）却是很明显的。第三，关于"赤色共产主义"这个名词，在我原文上，本是说"尽可称他"，只是一种替反俄论者设想的名词，我不是反俄论者，所以我并不主张一定非用这个名词不可，而且原文上还是这名词和赤色革命主义二者择一之意，所以我原文的意思只是不可称他为赤色帝国主义，免得被真正的帝国主义者所利用，而不是定要主张用哪一个名词去替代。但我觉得就用这名词也未尝不可。因为在事实上俄国人一方面把属于第三国际的职工国际叫作红色国际，把的穆斯德坦职工国际叫作黄色职工国际，一方面也尝把与黄色职工国际有密切关系于第二国际叫作黄色国际。黄色国际，就是黄色国际共产党之略字，"黄色"二字是表示他们主张的所谓革命手段是妥协的、改良的。第二国际既可称为黄色国际共产主义，则主张激烈的革命手段的第三国际称为赤色共产主义，有何不可？而且世人一般所谓赤化、赤军，并不是因为他用的是红色，才用赤为形容词，而实指他继承马克司当时的激进的共产革命的精神，则把第三国际共产主义的全体，拿这精神作表征，呼他为赤色共产主义，以与黄色的第二国际区别，更有何不可？

一

中国对苏联政策如何是中国全国国民不能不慎重考虑的问题，因为苏联事实上已经成为全世界反帝国主义运动一个中心，不但他的潜势力已窜入一切殖民地及被压迫民族中间，而且蔓延于各大帝国主义国家的无产阶级中间了（注意！英国共产党去年正式成立，日本新成的无产阶级政党也是属于第三国际的）；因为中国地大物博，不但被帝国主义者在继续他的繁荣上，看得很重要，而且被反帝国主义者方面在断绝帝国主义者的后援上也看得很重要；因为在现在世界上一面和反帝国主义运动中心的苏联有极长的陆地交界，一面和世界最大的帝国主义国家日、英、法有陆地的交界，和美国有一昼夜兵舰距离的水上交界的国家，除中国外没有第二个，所以帝国主义者与反帝国主义义者间的斗争必会把中国牵入漩涡；因为中国数十年来外交上的被动性渐有变为主动性的可能，外交上的无政策渐有变为有政策的可能，所以中国现在若自动的有计划的加入帝国主义及反帝国主义的任何一方面，则所加入的方面战胜时中国必一跃而为强国，失败时必会把现在的这样不自主不独立的局面，亦将失去而夷为真正的属国。因为中国若仍采外交上被动及无政策的方针，其结果也只有苟延岁月等到全中国成为第二的世界大战的战场之后再静候战胜者宰割，所以不能不有一个主动的政策。中国对苏联政策问题，既如此重要，所以应该给全国国民都有充分自由讨论的机会。

拿亲俄和共产以及其他拿卢布的朋友种种不堪的名词，去威吓那些主张亲俄的洁身自好的智识分子禁止他们发言，及拿反革命、军阀走狗和帝国主义者走狗等等难受的名词，去辱骂与实际政治有关的学者及政论家，使他们索性使气站在反革命方面——这二者都是不应当的，都是不察现在世界大势和中国在国际上的特殊情形的，都不是真正爱国的，真正爱国的必须自己郑重的研究，虚心的容纳别人的讨论，如此才能够下一个面面俱到的观察，在复杂矛盾的事象中求出切合需要的结论。

二

这样重要的对苏联政策问题，应当如何研究呢？关于这一点，我曾在《现代评论》一篇文章中说过①，这里把其中关于这一点的重要的一段，照录于下：

"对苏联政策是国际上的外交政策，所以第一应当研究的就是国际政治形势，政策的决定要看这形势如何，英国在法国用武力占据罗尔，法国的势力席卷欧大陆的时候，首先和苏联恢复外交关系；德国在道威斯计划决定，英美势力倾动欧洲的时候，反而承认苏联，都是一些好例。第二当看本国在国际上的地位。例如日本对美国，十年以来，无论国际政治形势如何，总是处于被美国威吓的地位，所以为收买重油以供兵舰之用和巩固背后大陆方面的经济起见，不得不与苏俄修好。第三要看本国经济情状。例如英国一面需要苏联廉价的食粮，一面想向工业不发达的俄国输出工业品；日本一面需要俄国的煤油和木材，一面要把自己不大精致的工业品销到文化程度比中国还低的西伯利亚去；所以英日两国不得不拉拢苏联（自然是说的二三年前的英国）。第四，才讲到对手国的政治情状，看对手国政治是否安定，他的政治上的主义是否于我有碍。以上四点是研究对苏联政策时通通要顾到的。对苏联政策的决定，要看在这四种观点上利害的多少，因为外交政策原是以利害为标准，说不上什么'利害'二字以外的好感或恶感的。"

上面四个标准，自然是假定一国与我国尚无任何外交的关系而言的。若是这国与我国已有外交关系，那么，自然还要加一个标准，就是：要看这一国在外交关系上对我的态度如何，是亲善的抑

---

① 指本册所收陈豹隐《苏联事情之研究与苏联政策之研究》一文。——编者

是侵略的。这一层当然也很要紧，因为关于这一层的结果如何，足以推翻依其他各标准所得的结论。以下依这五种标准，看一看中国对苏联政策应当如何决定。

此外还应说明的，就是那些说什么"先修内政而后讲外交"、"物必自腐而后虫生"、"只说自立，切忌与外人合作"种种根本上否认外交政策的话。说这种话的人只是一个独善其身的唯我主义的人，这些话只足表现他不但不明白被压迫的弱小民族例如中国这样的国家里面，原则上内政就是外交，除了外交就没有内政（因为在那里内政直接受外交的支配）的特别的政治原理，而且连现今国际政治上的联合性（即帝国主义方面必要来压迫，反帝国主义必要来拉笼，不能闭关自守），国际经济之带有世界性，甚至连社会存在的原理，为人处世的大道，等等，都不清楚。他这样的说法，当然是最错不过的。

三

现在国际政治是一个帝国主义者和反帝国主义对垒的形势，苏联是反帝国主义方面的中心，联俄就是站在反帝国主义方面，在第一段已经说过。中国事实上被帝国主义者压迫了八十余年，国民及国家生活一天比一天下落，直到现在二者都被他们束缚着，不能发展的地位，所以我们从原则上说，当然应在反帝国主义一方（那些主张独立打倒帝国主义，不与任何人联合作战的，虽然貌为高洁，实在却是表示他们的怯懦，这不过等于"等着罢！十年之后，再和你相见"罢了。不过还要虑到的，是在加入反帝国主义方面后，万一此方面被帝国主义者打败了，其时中国所受的损失如何一点。假如失败时损失太大，而成功时所得不多，利害相差甚远，则上面的原则，当然可以变动。很明显的，在这一点上说，我们所得的是一个独立自主的中国，而我们所失的不过是现在帝国主义者束缚我们的这付锁链（比这锁链还利害几倍的锁链，是我们想像不到的），所以我们是失败时损失小，而成功时利益大，所以我们仍从原则上在国际政治形势的标准上主张联俄。

四

中国现在的国际地位，对德、俄是平等的，对英、日、美、法等是被压迫而不平等的。以不平等对我的国家中尤以英日为最利害，因为他们对中国国民的经济剥削程度比较高深，所以他们主张维持对中国的束缚也较固执。而对于英日利害冲突而又因经济交往，边境连接有制英日死命之可能的国家，在以平等对我的国中，只有苏联。美国虽与英日利害冲突，而与英日没有陆地交界，而且他是财政资本的国家，与中国的独立自主，在利益上根本冲突，所以虽与英日不和然而对于中国，实际上总是和英日取同一步调（他口里说的虽与英日不同）。所以在中国的国际地位上，不想挣扎起来，自谋解放，主动的拿定外交政策和敌人周旋则已，若是想，则在国际地位这一点上观察，除在后方陆上联络苏俄、前面海上或沿江沿海抵抗帝国主义一策外，更无可取的外交政策。而自谋解放，

又是凡中国人都应该赞成的，所以在中国国际地位上说我们应该
联俄。

五

　　在中国经济地位上的观察如何？中国对俄可以输出的，是茶
（从来俄国都是中国茶的大销场），对于西伯利亚需要的是粗装工艺
品和农人，前二者是使中国幼稚的产业向外发展之唯一机会，后一
件更是现在美、奥、非洲及日本禁止华人移住，其他地方虽不禁止
而事实上不能移住的时候，解决中国北部东部过剩人口之唯一办法
（日人最近和苏联定约移九万农民开垦西伯利亚，已着先鞭）。中国
可由俄国获得的是木材和廉价的煤油，这也是中国随产业之发展最
需要而又最缺乏的东西，在现在美国木材及英美煤油垄断中国市场
的时候，俄国货是唯一的替代品。由输入和输出两方面说来，和俄
国友好通商，在中国经济地位上说在原则上当然有很大的利益。而
且俄国是曾经放弃特权，和中国处于平等的地位的，所以更不怕他
用不平等的通商条约，只行利于他而不利于我的通商行为，所以我
们不应该放着经济发展上一条可走的路不走，而偏要走向被帝国主
义者吸膏吮脂不到全身组织停止进行的时候不止的牛角路上去。所
以从经济地位的观点上说，我们应该联俄。

六

从对手国的政治情况说，问题更简单。关于苏联政治安定与否一点，只要不听俄白党的宣传和中国人限于莫斯科市中的见识和眼光不离铁路沿线景况（注意！俄国铁路史明白告诉我们俄国铁路计划是沙皇的军事计划，所以铁路经过地不必是经济发达地）的人的一偏的印象，只要知道俄国最大多数人民的工人和农人，在农工联合专政的名义之下，是赞成俄国共产党专政的，只要知道在这种专政的下面俄国一般经济生活是向上的，社会状况是日趋安定的，只要知道日、法、英、意之承认俄国不是盲目的或知其政府不安而犹麻烦的和他结约的，那末，谁也不能说我们联俄是徒劳，我们和俄国亲善是和将死的人结契约。关于政治上的主义是否于我有碍一点，我们更用不着白操心，因为与苏联立于正反对地位，犹是封建政治的日本和法西斯谛的意大利，尚且和他交好，何况我们是共和国；因为我们连主张帝制复辟的中国人和外国人尚且大度包容，何况国外的什么主义，我们若怕他，则日本的现例具在，也不怕没有办法。所以在苏联现状上说，我们联俄，是可以的，不是无益或有何等大害的。

七

其次是从俄国对我的态度而看他在对我的关系上是仇是友，去决定我们是否可以根据以上从各点讨论的结果，实行联俄政策。这个问题比较琐碎，现在一般人所谓友仇问题大概都倾重这一点，所以应该详细的讨论一番。首先应该注意的，就是把俄国这几年来对于中国政治的功过讨论一回；其次应该把帝国主义者对中国的功过讨论一回；再次才把俄国的功过和帝国主义者的功过比较比较以决定到底俄国比较帝国主义者对于中国是仇是友。

俄国对于中国的功，有没有？若有，那是些什么？有无问题，谁也不能作否定的答复，因为一则事实具在；二则现在主张俄国的罪恶甚于帝国主义者的张奚若先生都还承认，"苏俄最大的功劳在作我们外交上的与国"，所以我这里不必词费了。俄国的功是什么？我以为有两点：

（一）在外交上帮我　帮我的事实有二：一是放弃领事裁判权及其他不平等条约——这是一个事实，无人能够否认。但有人说俄国即不放弃，他也未必尚能强我继续履行不平等条约；关于这一点，根本前提就是一个假定，辩论也是无益，所以我不辩论，但就这事实本身说，不管是俄国取巧不是，他是不是在一切对中国享受不平等的权利的国家中，首先承认中国为平等的国家的第一个呢？这种承认，是不是产生中国主动的外交的一个动力呢？这谁也不能否认罢。二是视中国为头等国，交换大使，这件事不管他是不是要以此沽买中国国民的欢心，总之，不能说这是降低中国的国际地位的事罢！

（二）在内政上提醒中国民族的自尊心　这当然与上条所举事实有关。因为有取消不平等条约和交换大使的事实，所以中国国民尤其是青年的民族自觉心大受刺戟，一时忽焉勃盛起来，所有打倒帝国主义、推翻军阀及与此类似的口号，二三年来，遂弥漫于全国。这个事实，谁也不能否认罢！若谓这种民族自觉与俄国的放弃特权和交换大使无关，是自然发生的，则请看自戊戌政变以来约三十年何以并不发生此种运动。

俄国对于中国的过是什么？关于这一点最好把反俄论者所举的，列举出来加以考虑：

（一）俄在内政上捣乱　反俄论者所举的事实有二：一是怂恿孙中山行国民革命；二是天安门前北京学联分裂时，俄国帮助社会上恶劣分子驱逐良好分子。孙中山的革命主义，是不是俄国唆使他的，这只看孙中山一生革命的实迹，便有事实证明其非，不必多说；至把孙中山都认为捣乱分子，这真是别有心肠，也用不着说。天安门的事明明是对英和兼对英日问题的策略之争，不知何以说便是社会恶劣分子与良好分子之争，不知社会上的卖国贼军阀、官僚政客是良好分子抑是恶劣分子，更不知俄人操纵这种斗争有无证据？以上二事，都不足据，所以在内政上这条罪我想难下判决。

（二）俄占蒙古　关于这一点，我们用不着像江绍原先生一样①，讨论蒙古应否有一半自主权，我们只看俄人是不是还占据蒙古，及俄人何以那时派兵入蒙古。蒙古现在还有俄兵吗？在中俄协定上中国已经没有对蒙古的宗主吗？事实上告我们对于前者的答案是否定，对于后者是肯定。俄政府派兵入蒙古是为攻打恩琴，那时的蒙古，已经宣言自主，不受中国统治，而中国实际上亦弃置不顾。俄兵在这种状况下入蒙古去攻打欲以蒙古为根据地的白党是侵略中国抑是自卫，只要看后来中俄协定俄人承认中国宗主权及自动的撤兵，便明白了。

（三）运军火助广东国民政府　在孙中山尚且被认为捣乱者的反俄论者眼中，帮助国民政府，当然就是帮助捣乱，所以这里用不着像张荣福先生那样去辩论帮助枪械的目的是为革命不是②。就认为是一种过。

（四）设立俄蒙银行　这个事实，现在我不清楚，就假定有这样一个银行，不算得是一个过。因为国际间设立银行是常事，只有这个银行享有条约上的特权的时候，才算得一个侵略机关。若仅设一个银行，就说经济侵略，这是罗织罪名。

（五）文化侵略　所举的事实是拿卢布收买中国人良心和愚弄学者和青年。前一件事实不知有什么直接或间接的证据？没有证据而凭空拿被收买的恶名，去诬爱国运动上意见不同者——这才真足以发生良心是否被收买的问题！愚弄学者和青年，更其缥缈无凭

---

① 指江绍原《来信》，参见章进编：《联俄与仇俄问题讨论集》，第103～106页。——编者

② 指张荣福《苏俄真是中国的敌人吗？——质张奚若先生》，参见章进编：《联俄与仇俄问题讨论集》，第15～22页。——编者

了；所谓愚弄，我反复寻绎排俄论者的文章大概是指俄国教唆"中国须先打倒帝国主义者才有内政可言"的理论。但是这种教唆若成为愚弄，必定这个理论是错的，才说得上。可惜排俄论者并不能在理论上证明这是错的或指出除这种论之外，还有其他的路可走！

（六）替中国多闹乱子　所举的事实，是沪案、粤案。沪案是为纱厂罢工而起的，粤案是为援助沪案而起的——这比什么都明显。而一定要学英人嫁祸于俄的口吻，把几个月来智识阶级为爱国费去的心血，商人所捐助的汗血，工人所流的热血种种崇高的可敬的东西，都看做受俄指使而用了去的，这不知道有什么证据，是一种什么心理？

（七）占据中东路　中东路中俄共同管理这不是根据中俄协定而来的吗？何以便是占据？

（八）牵引中国入世界战争漩涡　中国因地理的关系势不能不牵入世界战争漩涡，断不是依中国的力量而可阻止的，也不是因苏联而始牵入的，已见前段，所以不成罪名。

（九）俄人在广东做官　外人做事务官，是各国皆有的，唯外人做政务官，始可以说是有失国体，伤损国权。但俄人在广东做官的真相，到底是事务官或政务官呢？以我所知，什么外交总长、总司令，都是假的，事实上只是一个高等顾问。而且俄人到中国做官，不必就是俄国的意思和罪过，只看鲁军中有俄兵及官二旅，便是明证。

（十）宣传共产　中俄协定上是禁止宣传共产的，中国对于共产宣传，尽可根据条约极力禁止。假如抓住俄人宣传证据，自可指为俄人罪恶，若无证据，便是罗织。工人运动原是一国产业时必生的现象，不必要俄人宣传，试看俄国未成立以前，各国共产主义的团体，已存立好几十年了。

（十一）延宕会议，擅捕华人，苛税华人等等　纵令确有实据，也不是一个断绝国交的理由，何况尚是捕风捉影之谈。至于擅捕中国使馆员，这全出于李家鏊之昏愤，令正式的公使馆员在外从事反帝国主义运动，致令馆员受刑事嫌疑而又不明国际惯例，授俄人以口实，竟至捕及馆员。排俄论者若就此事立论，更无根据；只消向中国外交部探问何以中国不继续抗议，便知此事值不得讨论。

以上十一条中只有第三条勉强是罪状。

次看帝国主义者的功过。帝国主义者对于中国当然无功可言，至于他们的过，则至少应有下六条。这些条项都是大家周知的，我没有加说明的必要。

（一）侵夺土地　已全夺的香港（地区）、朝鲜、台湾（地区）、安南、缅甸等及未全夺的辽东半岛、西藏、东蒙。

（二）经济的榨取　外债、路矿、贸易、内地工业等。

（三）不平等条约的束缚　如关税条约、治外法权等。

（四）文化的侵略　如教会、学校、医院。

（五）操纵内乱　如用借款、卖械的法帮助内乱。

（六）干涉内教　如交民巷的太上政府的举动。

总结起来，在苏联对我态度一点上，功二过一，所以苏俄还是可联。若把苏联对我的态度和帝国主义者对我的态度相较，则前者功二过一，后者无功而有六过，所以无论如何，帝国主义者对于中国的害，比苏联大得多。

八

全体总结起来，从国际政治状况，本国在国际上之地位，中国经济地位，苏联情状，及苏联对我态度各点说来，我们对于苏联，都应该取友善政策。假如为慎重计，一时还不敢取友善政策，也只应该取一个不即不离的非战非友的态度。若认苏联为比帝国主义者还大的敌人，或同样的敌人，那是从外交政策的决定原则上的无论哪一个标准看，也是说不通的。

关税会议与国民经济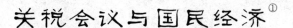

一

无论什么问题在中国的言论界上最怕变成一个大家公认为应当成立不容反对的问题，因为在一个问题被大家公认为应当成立不容反对的时候，就会有人利用国民只图起哄一时的心理，取名弃实，拿这个问题的空名去欺骗国民。拿最近几个月的例说，善后会议、国民会议、反帝国主义运动种种问题，在一部分言论界还持反对论的时候，的确这能保持他们本来的意义，但是一到反对论从言论界销声灭迹的时候，这些问题同时也就完了；善后会议变成种祸的了，国民会议变成御用的了，反帝国主义运动分成反白色帝国主义和反红色帝国主义了。

关税会议问题现在已经变成一个大家认为应当成立不容反对的

① 署名陈启修，选自《现代评论》1925 年 10 月 28 日"关税会议特别增刊"，第 12~14 页。陈豹隐是关税自主运动的积极参与者，他在 1925 年 11 月 22 日的"关税自主国民示威运动大会"中曾担任大会主席。参见《晨报》1925 年 11 月 23 日第 2 版等的相关报道。——编者

问题了，所以按照向例又快要脱离他本来的重要意义了，快要从解决国民经济上的症结的问题，变而为帝国主义者束缚中国国民经济的问题，巩固军阀势力的问题，引致军阀间更凶暴的内战的问题了。国民呵！留点神罢！你们纵然没有能力去取消片务的协定关税，至少也不要因你们的虎头蛇尾的主张，把束缚国民经济发展的锁链，更加一重保障罢！

二

关税会议的根据，在华盛顿会议后的九国关税条约，而促进关税会议中开催，则在五卅事件后的全国反帝国主义运动。九国条约本是英美联合起来，抑制日本当欧战时在中国的独霸势力，以作共管中国的准备的东西；中国在华府会议上不过是一个陪衬人，所以和帝国主义列强利益有关的中国关税自主问题，当然不会在会上通过；所谓于实行值百抽五之外更增抽百分之二·五一项，不过当时敷衍中国的东西罢了。所以九国条约后，过了几年，对于这一层，列强并无实行之意。到了五卅事件以后，因为全体反帝国主义运动者已经喊出关税自主的口号，得到全国人民的同情，英国张伯伦才想到利用九国条约关税会议这个根据，打算用这种方法，表示帝国主义者的让步。其实哪里是让步？明明是对于中国国民的欺侮愚弄；我们不用多说，只看张伯伦在下院演说"五卅运动之原因是中国无强固的中央政府，而中央政府不强固，又因为中国财政困难，所以要消灭中国人的反帝国主义运动，最好是开关税会议，增加税率，使中国中央财政有办法"，就可以明白帝国主义者眼睛里的关税会议的意义了。中国军阀是依帝国主义者的指挥的，所以他们眼睛里的关税会议，自然也是帝国主义者眼睛里的关税会议，所以他们只盼望关税会议成功，他们可以多分几文增税预准作更凶猛的内战，而全国国民所要求的关税自主，却被他们放在高阁了。不信，只看他们的御用人或御用新闻所载的，把增税——聪明一点的，还知道以关税自主的招牌，掩饰他的真意，因为他们所谓关税自主只是说中国自己规定及区分关税——当作关税会议的中心问题，便知此言不错。

三

中国国民希望的关税会议，是以关税自主为中心问题的关税会议，是有利于中国国民经济的关税会议。要证明帝国主义者及军阀的关税会议不是国民所希望的关税会议，最好是把他们的主张拿来，用国民经济的眼镜照一照。他们拿来眩耀我们的，是国库由二·五增率或七·五增率而来的收入，但是这种收入真正实现之后，果能有利于国民经济吗？断然不能。第一，这种单纯的增税，结局仍是一种财政关税，而财政关税在原则上是不利于国民经济的。第二，这种增税，徒使在中国营制造业的外资，日益增加（因为不如此，不足以和享所增关税率的保护权的中国同类产业抵抗），越发使国民经济上新旧产业不能自存。第三，这种增税，在现在的政治状况下，简直等于供给军阀内战资金，其结果不啻间接地破坏中国国民经济（外人产业，不但不因战争而受大的损失，且往往借中国内战而日发达）。

四

此外还有拿裁厘和加税并提，仿佛主张外人不允加税，我们就不裁厘似的。在关税会议上提出这种主张，简直是等于自己否认关税会议的存在。因为在现在政治状况下，厘金在事实上是不能由中央政府一纸命令而裁掉的，若把加税和裁厘并提，岂不是自己不欲加税的实现。这岂不是税未加成，而关税的自主权反受了一重束缚，国民经济也同样更遭一种阻碍？固然在一九〇二年中英间原有此约，然而我们此时正应解除他，哪还经得起进一步的锁链。厘金之有害于国民经济，自不消说，但拿来和增税并提，却可不必。

五

还有主张分期收回关税自主权的，这虽然是根据华府会议当时中国代表的主张，然而从现在说，也是不察时势的。那时我们是一个陪衬人，所以委曲求全，还有几分理由，现在我们（至少在中国国民方面说）自五卅运动以来是站在被告的地位，若是那样替帝国主义者设想，那就等于根本上并不想关税自主而只想二·五增税，其结果是等于替帝国主义和军阀张目；所以从国民经济上说，这种主张也是有害的。

六

还有把关税自主权只解为中国自行规定及区分关税之权的，这种见解，虽于国民经济上没有不好，然而可以说是无益。因为若只有国定的最高最低的的差别税率，而对于税款保存、关税行政和平等自由的商约，没有收回主权，则这个差别税率必定等于具文，至少是不能达到国民经济上保护和奖励产业的目的。

若是税款仍由帝国主义银行保管，则国民经济上的金融大权，决不会收回到中国国民手里；若是关税行政仍在帝国主义者手里，则现今外国商人勾结海关洋员在通关移货上面的种种便利，仍然不会消灭，其结果必使中国国民经济上关于此点的不利依然存在；若是片面的最惠国条款商约不废除，则国定最高最低税率必等于片面的协定，因为有这种不平等商约存在，则结果在实际上，必定会各国都适用最利于他们的税率，致使国民经济上的政策不能实现。

七

真正的关税自主权是要包含：（一）中国自行规定及区分关税；（二）自己保存税款；（三）自己管理关税行政及（四）废除一切最惠条款的商约四项的。若是关税会议不能实现这四项，那末，这关税会议就是替帝国主义者及军阀帮忙的关税会议，是阻碍和束缚国民经济的关税会议，是欺侮和愚弄国民的关税会议。从国民的地位说，我们断然不能任容这种关税会议的决议发生效力，我们国民现在应该主张：此次关税会议首先要使帝国主义者承认包含上述四项的关税自主的原则，然后才讨论在这原则下的个个的具体问题。若是这个原则不被他们容认，我们中国就应该停会，或宣告闭会；因为中国国民经济已达到不能任由帝国主义者和军阀更加剥削的地步，中国现在的国民纵不能打破已成的束缚，也不应该在这时候托大疏忽使后来的国民更因我们的不彻底的主张而受一种新的束缚。

关税自主与中国民族解放运动^①

今天要讲的是关税自主与中国民族解放运动的问题，说到这个问题以前，我们先要明白的就是关税自主运动，是对内运动呢？还是对外运动？这运动自五卅惨案以后，我们中国人因为受不过帝国主义的压迫，要求民族解放而产生出来的。外国人说关税会议是根据华盛顿会议而来的，是他们对中国的一种帮助。然而我们不肯承认。中国人自己为求民族解放运动，所以要求关税自主，所以推动政府召集关会，但是他们来开关会，对于我们并没有一点好意，不是我们的关税会议。我们的关税会议是中国民族运动中的一个问题：关税自主的问题就是一种对外交战的问题。换句话说，我们此时的对付关税会议，完全是战略问题，既然是战略问题，那末我们不可不特别加以注意了。俗语说"射人先射马"、"打蛇要打七寸"，以及"提纲"、"挈领"等等统表示交战的方法。外国人也有说的，一个国家或一个社会的事情，互相关连很复杂的，如同一条铁链一样，铁链中有许多扣环，然而总有一个很主要的特别扣环，拿了这个特别扣环不管事情的怎样的复杂，就有线索可寻以一概其余了。

---

① 陈启修讲，马志振笔记，选自《京报副刊》1925 年 11 月 6 日第 320 号，第 1～4 版。——编者

我们现在开始交战的时候，就应该先射马，先打蛇的七寸，先找着铁链里的主要扣环，我们现在应该先解决民族解放运动中最主要的问题，然后再解决其余较小的问题，这是最好的战略。现在中国民族解放运动中要最先解决的是关税自主问题，因为我国受不平等条约的害最深的，是关税不得自主；外国人在中国利权享受得最大的，也是在使中国关税不得自主；外国与外国之间对中国问题争论得最激烈的，也是关税自主问题。现在把这三点分开来说：

（一）中国受外国的害最深的是关税不自主。中国和外国缔结的不平等条约很多，如片面的关税协定、领事裁判权、租界、驻兵、内河航行权、矿山开采权、铁路建筑权，以及各种特殊条约，都是丧权辱国的不平等条约，然而其中最重要的是片面的关税协定。因为其余的不平等条约，还不是普遍的，是局部的。比如英日的租借旅顺、大连、威海卫，还是限于一两个地方。租界也只是为少数外国的根据地罢了，至于领事裁判权也只为使外国人在中国便利些罢了。他们的害处，还比较的轻。倘若回头来看看关税不自主的害处，那外国人民普遍的可以来侵夺中国的利益，中国人民普遍的受了苦痛。因此我们现在的经济、政治、社会，没有一方面不受其莫大影响：（1）经济的影响。现在中国商业很不发达，其原因由于中国新式的工业和商业没有发达，为什么中国的新式工商业不能发达呢？有二个原因。首先因为关税受了束缚，不能实行保护政策。弄得本国货抽税重、负担大，外国货进来关税轻、负担小，结果中国的工商业看着失败。中国的工商业原来比日本的工商业提倡得早，然而他们竟比我们发达得多，就是这个缘故。其次因为资本缺乏，中国外债已欠二十多万万了，加以中国的输出品比输入品少，近五六十年以来，中国关税每年平均亏耗五千万，所以国内的经济一天困难一天，没有大资本办新式大工业，只能营旧式的小工业，可是小工业成本大、大工业成本小，我们的商业和他们竞争，又怎么不至于失败呢？所以因为关税不自主，弄得经济困难，因为经济困难，就不能施行新式工商业。这是积极方面的话。又把消极方面来看，因为新式工业没有发达，旧式工业又复失败，于是各项工匠大多失业，只得挺而走险，去做土匪。中国的土匪这样多，虽然水灾、旱灾、兵灾及政府的治理不得法，统有影响，可是最主要的原因，还是因为谋生无路，实逼处此。再农人的生计，也因为一方面外来的农产品，天天增加，土产品得利不厚；一方面外来的消费品很多，生活程度提高，间接的也受其影响。其余各界的生计也是这样，我们中国虽然没有正确的生活的统计或调查，但我们可以反省得到，无论如何比从前艰难。比如我们学界方面，毕了业，不容易有事情，有了事情，又是收入少。货币消费加高，日常生计，他觉得很困难。以上都是因为关税不自主，各方面直接或间接受经济的影响的缘故。（2）政治的影响。自外国人第一步和中国关税协定以后，第二步就把海关权从中国人手中夺去，第三步又把中国的关款保存权拿去，因此中国的财政权不得自主，财政不得自主，政治也不得自主了。故自鸦片战争以后，中国的一部分政治，竟被东交民巷的太上政府操纵，从前袁世凯和段内阁时代的大借款，表面上虽然是他们个人道德不好的缘故。其实也是因为关税不自主，国库空虚，于是不得不借外资，依靠外国势力来发挥他们政治的野心。这是关税不自主，中国政治上所受的害处。（3）社会的影响。政治不良，社会也受其害了。故中国的社会发生问题，也是间接由于关税不自主的缘故。有许多外国人说中国没有社会问题，中国社会没有坚固的团体和中心，不致发生问题，那知道他们没有到乡下去看，到处是失业的人，即在城镇中种种的不安现象，何处不是社会问题呢？然此等社会问题，也如前面所讲的因为关税协定、经济困难、政治不良的结果同时产生出来的。以上所讲的，统是说明，在中国不平等条约之中，以关税不自主，所受的害处为最深。

（二）外国在中国得利最大的也是中国关税不自主。为什么中国关税不自主，外国人在中国可以得到最大的利益呢？因为他们可以在中国得厚利的是：（1）销外国货；（2）输出中国原料；（3）在中国投资。这三个统是他们侵略我们的主要目的。因为要达到这三个目的，于是一方面依靠武力，用飞机、军舰、枪炮等到中国来夺到一个根据地，在根据地上又驻起兵来，保护他们自己的商人，可是这还不足靠，他们侵略方法最主要的，还是掠夺我们的关税权。我们的关税一在他们手中，于是外国货可以只担负最低廉的税捐，销到中国来，中国货也可以只负担最低廉的税捐输出去，又由他们所保存的关款，仍可投资于中国，把中国的资本输出，中国人往往借外资，其实大部分不是真正的外资，仍是从中国关税里拿去的钱，这是讲外国人对中国问题，也是以关税自主与否为最主要的话。

（三）外国与外国之间，对中国问题争论最激烈的也是关税自主问题。关税的不自主，我中国既然受了那么大的害，外国人既然受那么大的利，那末外国人的态度，为什么不是统统一致呢？据近几天的报上说：对于中国关税问题，美国是赞成我们自主，日本是有条件的赞成自主，英国的态度则很暧昧，他们态度不同的第一个原因是由于交换输出品和输入品的关系。像日本运货到中国来，中国也有运豆、油等到日本去，这样两方面统有往来，关税的轻重，两国可以互相抵制，所以日本不怕中国关税自主。同时来看英国，英国货到中国来的很多，而中国输到英国去的很少，所以关税自主，对英国有害而无利。第二个原因是由于资本充足与否的关系，如果资本充足的话，那末可以到中国来投资，比如美国很有资本，将来关税自主提高税率后，他们倒转好来放资，来经营工厂，从中得利，所以美国人赞成我们关税自主，其他各国如英法等，无资可投，于他们无益，所以不赞成。第三个原因是由于地理上远近的关系，如日本距离中国近，将来中国关税虽然自主，而货品的运费还省，仍不至于大失败，英国和中国相隔很远，货物的运费很大，加以关税一重，则损失太大了。故各国来中国的路之远近，也可以使他们态度不同。有以上三个原因，所以各国近日在关会的代表，言论很不一致。

照上面说来，可知关税自主问题在中国对外是最重要，外国对中国也认为最重要，外国与外国也对此变成争论的焦点。这真是中国目前民族解放运动中的纲领，链条里的特别扣环。然而我们现在又要回头来问问：我们中国的民族解放运动，什么时候开始的呢？这关税自主的特别扣环什么时候找到的呢？我国自从太平天国革命开始，经过戊戌政变到义和团，酿成庚子战争；庚子以后，到辛亥革命期间我们就借外资建筑铁路，整顿军备；又自辛亥革命到五四运动，五四运动以后到今日，皆是中国民族的解放运动及反帝国现象。但是从太平天国革命以来，种种民族解放运动，大都寻不到真正的纲领或链条中的特别扣环，所以太平天国想依赖外国人第一次失败了。后来我国整顿海陆军，想和列强相颉颃，到甲午一战第二次又失败了。义和团本是盲目的排外，无所谓主义的，所以庚子一役第三次又败了。后来虽然渐渐觉悟，要收回主权，发生多次的民族排外运动，可是总未曾找到真正的纲领，对外并未争得胜利——不过借此引起对内的辛亥革命——一直到袁世凯的大借款。我国的外交、政治、经济统还是每下愈况，越弄越失败，至近年才看出关税自主问题是民族解放运动中最主要的问题。巴黎和会时我们提出关税自主，就是由全国民气所致的，这是中国民族解放运动最良好的成绩。

讲到这里，我们可以完全明白外国人和中国人民，及中国政府三方面对于正在开议的关税会议的态度了。这三方面的态度，完全三样：

（1）中国人民对于关税会议的态度。中国人民既然以关税自主为民族解放运动中的主要问题，那末我们所唯一的希望于此次会议的无非是关税自主，若结果而不能达到自主的目的，那末我们完全失了召集开会的用意了。

（2）外国人对于关税会议的态度。外国人也很明白对中国问题最重要的是关税自主问题，他们最足以束缚中国的是使中国关税不得自主，他们也明白中国人民所希望于此次关税会议的是求关税自主，他们于是乎将计就计，来开关税会议，提出疑问哪、条件哪、限制哪，不但没有好意，并且要来加上一层束缚。曾见英报上说：中国人民近来的种种骚动和反英运动，并不是对外问题，却是一种对内问题，他们的来开关税会议，肯帮助中国，因为要中国有强有力的政府，中国有了强有力的政府，才能治平内乱，方可镇服人民的反英国运动。所以外国人统利用关税会议，来达到他们自私自利的目的，巩固他们自己的所有权，并非有惠于我们的。

（3）中国政府对于关税会议的态度。中国政府明知中国人民为求关税自主，外国人为自私自利，两者冰炭不相容的。然而为要保持地盘计，一面召集各国来开会以顺民心，一面却提出国定税则与裁厘以敷衍会议。夫国定税则及裁厘二项，是国内的问题，如果关税自主，我们就可以自由处分的，何须与外人商榷呢？岂非笑话！故中国政府并非不知道中外两方对关会的真意，不过为和内而固地盘以欺弄我人民罢了。诸位你想！中国人民、中国政府及外国人各方面这样的钩心斗角，同床异梦，将来怎么会有好结果呢？那末我们的民族解放运动究应怎样进行呢？我们要晓得，此番结果如果又替外国人加上一层束缚，至少又有二十年不得自由，我们要乘此时机，拿着特别扣环，要打蛇的七寸。我们万不能任他们再进一步来束缚我们、压迫我们。我们如果万一达不到关税自主的目的，也得要采取破坏手段，不承认将来的决议案，扑灭他们的野心！

欧战后世界各国之大势①

欧战后世界各国大势问题，其范围既非常之广大，亦非常之复杂，恐尚非我一人之力量所能胜，及此短时间所能尽。盖我虽曾游历欧洲，且住居俄国数月，然我非世界各国政局中人，不过据各国一二要人之言论，及各报纸之记载，与夫在各国各学校中之所见闻，实恐尚有遗漏及不无错误之处，希诸君谅之。

我言此问题，全篇大意，系分为六段，逐假据事实说明，则世界各国大势，自可了然也。

一、世界大势问题与吾国之关系

世界各国大势问题，与吾国关系最为密切，盖吾国既不能自外于世界之局势，即世界局势稍有变动，吾国便不得不随之而深受影响，此在经济上或政治上，其关系之现象，皆可谓深切著名者也。在现在世界上，有所谓"中国问题"者，盖即吾国国家如何解决之

---

① 陈启修讲，选自《民国大学半周刊》1925 年 11 月 16 日第 16 期，第 1～3 版。本文为陈豹隐在北京民国大学的讲演稿。原文有断句无标点，标点由编者酌加。——编者

一问题。故吾国问题，不独为此后世界局势上之一焦点，凡研究吾国问题，尤不可不了解世界之局势。且一言世界之局势，则多属帝国主义者与反帝国主义者之争斗，在吾国，固亦反帝国主义之一也。吾人既站在反帝国主义者之战线上，不独为世界之和平计，应当研究世界各国之局势，而为吾国之生存计，尤应当将此问题详加研究，不可放松，以领导国民，便尽谋吾国生存及图世界和平之责任。在世界得有和平，亦即致吾国于和平，然欲谋世界之和平，尤不可不自图吾国之生存始。故研究此问题，可以得有两层较深之意义，即一方面应当由此而将中国在世界所占之地位及其与世界之关系，明白了解，及另一方面亦可由此而将中国之政治经济的状况，得深一层之了解是也。在坐诸君，其有意乎，则请自详细之研究始。

二、欧战前世界各界之局势

要明白欧战后世界各国之大势，则须先溯源于欧战前世界各国之大势。盖宇宙之事，有果则必有因，决非无因而至，所谓因者，乃即说在世界各国大势之所由成也。故吾人欲论欧战后世界各国之大势，决不可不先溯之于欧战以前，然欲溯欧战以前，则为时亦甚远，所可得为现在世界各国之大势起因之最著者，厥为一千九百八十年之普法战争。在世界论者，对于现在世界各国大势之起因，如劳资阶级之斗争，及帝国主义者与反帝国主义者之斗争，多谓应起于一千八百年之顷，以吾观察，殆不甚然。盖普法战争，即为一千九百一十四年至一千九百一十八年欧洲大战之张本，及劳资竞争与帝国主义竞争，亦自普法之战以迄欧洲大战而始大见也，故普法战前之世界局势，虽杂有若干元素于现在世界之局势，然为时甚远，可以无庸赘及。今所述及者，则为普法战争之结果，法国大败，德国占领法国亚尔萨斯、罗连二州，遂酿成欧洲大战之最大原因，何则？盖德国之占领法国亚尔萨斯、罗连二州也，既非徒具占据地盘之野心，亦非另有其他政治上之何项作用，不过因德国只有鲁尔之铁，却缺少煤田，故不得不占法国之亚尔萨斯、罗连二州，使得有煤田，而与鲁尔之铁矿结合，以振兴德国之工商业耳。夫工商业何自兴？推其原因，实不可不谓非由于煤铁，使无煤铁，则匪独不能制造机器，抑且未能使用机器，机器无，则工厂无，工厂既无，更安有工商业？然有煤铁，有机器，有工厂，工商业兴盛，盛而无己，则又必于国外寻觅原料地及销场，于是而劳资斗争及帝国主义者之斗争兴焉。如英国，固工商业国也，其殖民地及属地，甲于天下，盖皆以帝国主义之侵略得之也。自德国占领法国亚尔萨斯、罗连二州后，既有煤铁以发展工商业，日进无已，遂有向国外扩张销场及搜求原料地之必要。在事实上，乃不得不与英美等诸大先进国，极力竞争，而夺取各处销场与原料地。首先即与英、法、比、意等国瓜分非洲；次则乘中日战争之际，强占吾国胶洲湾，创划分中国之说，使中国为一半殖民地；殆后虽因英俄对华，未能妥协，及义和团之乱，稍有停顿，然侵略计划固仍进行如故也。大概计之自一千八百七十年起，至一千九百年止，三十年之间，与英国在中央①亚细亚、土耳其、波斯等地竞争，几不可以数计，且更欲筑由柏林经巴［尔］干半岛、君士但丁、土耳其达巴克达之铁道，权贯中亚，以遂其封矢长地之心。于是不独英国惧，法国亦惧，俄国更惧，所谓英、法、俄等协约一名词，遂不得不联合而成，以抵制德国。在德则亦联合奥大利、匈牙利等，成一同盟国。两权对峙，竞争愈烈，扩张军械亦愈甚，如海军，德国制一舰，英国必制二舰，德国乃必制三舰，以相抵御，以保护工商业，以攫取原料地与销场。至其极也，各竞争者，遂除武力解决，自相火并以外，更无其他解决之方法。所以一九一四年至一九一八年，轰动全世界欧洲之大战遂起，在趋势上亦迫而不得已也，故在欧洲一战，非武力之竞争，乃英德工商业兴盛至极，竞争而后之现象耳。此为欧洲以前之资本财政时代，世界各国竞争之大势也。

三、欧洲与世界之关系

欧战而后，关于世界各国之变动，有可使吾人注意者两点：其一为战争之事可以减少；其二则为现在局势，愈使世界可以有爆发战事之趋势是也。在此两点，本为互相反对的。换言之，即一为与战各国今后再战几不可能，及一为德国方面竞争者虽倒，而非德国

---

① 原文为"国"，据前后文意改。"中央亚细亚"在后文中亦有出现。——编者

方面竞争者仍在且愈强大，益足以促进战争是也。试以事实证明而言之。

何谓与战各国今后再战几不可能：

第一，德国自欧战而后，不独属地瓦解，即在本国亦难于自保，所占法国之亚尔萨斯、罗连二州之煤田，今已失去，其不能与人竞争，事势上至明。至于奥匈二国，亦殊与德国同一情势。且反而考察之，德、奥、匈三国，不独难于自保，在事实上，实已变成战胜各帝国主义者之侵略的目的地矣。是在世界局势上各国间之战敌减少，其不易爆发战事，彰彰可见。况俄国今已变成共产国，与各帝国主义者甚不相关，工商方面，纵不可谓无，亦决不至现于目前也。

第二，在欧战后，战胜者如英、法、意、比等国，所受损失亦最大，战争债务，其款数之巨大为空前所未有的，略计之，最多者至五百年后尚未能清理，而法国人口，因欧洲一战，非数十年后恐不能恢复。由是观之，故战胜各帝国主义者，现在欲外侵略，于力有未逮，不得不暂缓也。

第三，自欧战以后，各国社会党甚为得势，如战败者之俄国、德国、奥国等，固可不俟烦言而解，即战胜者如英法等国，亦同一情势。盖当欧战之时，各国政府因欲博劳工方面之同情，得劳工方面之牺牲，故不得不予以同等之权力，迨至后来，则不独英国劳工党内阁有一度之出现，法国亦有劳工党内阁出现（法国新社会党得势为巴黎会议后所仅见）。在劳工党固反对帝国主义者之侵略及反对战事者也，所以世界上各国，若劳工党得势，战事便不易于实现。

以上三点，为今后世界战事可以减少之原因，然同时在另一方面，使现在世界各国之局势，甚足以促成战事。何以故：

第一点，盖世界各国，自欧战以后，如法奥等国，虽因失败而减少战敌，但战胜之国，其势力更为澎涨，同业间之竞争，较前更为厉害，且有当战时未大受损失，及当战时反乘机而大扩充其势力者，其情形如：（甲）美国虽曾参加战事，然受损失最少，经济势力，视战前大为集中，压倒英、法、日等国，与英、法、日等国甚为冲突。（乙）法国在欧战中虽大受损失，但已夺还亚尔萨斯、罗连二州，且占德国之鲁尔地方，基础巩固，已有成为帝国主义者之资格。即依现在情势观察，法国已与英国，在铁业上，成为一大劲敌，英国之小铁业，多被其压倒；又法国法郎跌价，人民方面虽大受损失，然因币跌则物贱之故，各国商业多趋法国，故商业方面，甚占利益。综此种种，是法国势力，已较前增厚。（丙）意大利在战前固一无名之小国也，其国虽无煤铁，然有水电可以代替，故意大利一因欧战和条约之关系，二因英索利尼之武力，在战后将全国资本渐渐集中，大发展其水电事业，以致近两年至一九二四年已与英国平衡，甚足惊人。（丁）日本当欧战时，未受损失，且乘机集中东方之经济势力，在工商业及海陆军上，势力较前尤为雄厚。由以上等待情形观察，世界各国之冲突，亦安能免？

第二点，欧战后反帝国主义者之发生，在苏联一团，即乘欧战将终之际而爆发者，英法等国，在当时视之以苏联必不能持久，所以未用联合之强力压迫苏联，殊知竟出乎英法意料之外，不独苏联势力日渐巩固，且日见扩张，与英法等国，成为一大劲敌。而在苏联本身，则因惧各强国压迫之故亦尽其全力：（一）煽动各国内工人革命；（二）煽动各殖民地及半殖民地反抗；（三）联合法[①]、奥、匈等战败国，成一战线，以与各强国对峙，使各强国，无暇顾及苏联。故苏联存在一日，各帝国主义者，即有一日之不利，冲突不已，即为惹起世界大革命之原因。

第三点，各帝国主义者，当欧战时，利用各殖民地，以与德国斗争，如英之利用印度、法之利用非洲等；在吾中国，固亦曾被用者也，数十万华工，为各国国内后方工作上之预备队；凡此等等，皆为利用。然各国须得此利用，则不得不对于各殖民地，给予一种报酬之恩惠，如英国允许西印度开国民会议及埃及自治等。因此之故，各殖民地遂乘欧战而得扩大其权力，于是对帝国主义者遂不利，此为一方面也；另一方面，因为各帝国主义者平时亦须利用各殖民地，乃获取原料，扩大商场等，以致各殖民地之工商业，亦渐渐发达，如印度、中央亚细亚、埃及、苏州[②]、非洲等地其工商业皆有可观；在吾中国，近数年来，纺织一业，亦甚进步。倘长此以往，则帝国主义者之工商业，遂不得不大受影响，且因各帝国主义者，日惟剥削各殖民地之生产，以减少国内国民之负担之故，各殖民地皆发生一种反抗之觉悟，凡此等等，故引起世界战事之大原因。

由此言之，可知世界局势，自欧战以后，好处虽有三点，而坏处亦有三点，究未足乐观也。

---

① 原文如此，法国不是战败国，疑指德国。——编者
② 原文如此，"苏州"疑当为"澳洲"。——编者

四、现在世界局势上之大冲突

世界各国，自欧战之后，好坏两方面虽然俱有，但终是好不敌坏，以致世界各国，不独国际上生种种之冲突，即各国国内亦无处不见冲突，无处不见有爆发战事之可能。其最显著者，如下列：

（甲）帝国主义者与帝国主义者之冲突。英法各国工商业上之冲突与竞争，已略如前述。然尤有最大之冲突者，则美国之金融是也。据一九二三年统计，全世界金额，共七，八五〇，〇〇〇美元，美国一国占去三，一七〇，〇〇七〇[①]，英国只有七五〇，〇〇〇，而欧洲各国所负美国债务，亦有一百六十亿，其数目之巨，已成为全世界金融上之最大问题，是美国不独为英国之巨敌，亦为战胜各强国之巨敌也。且美之资金尚待投出者犹多，预料此后美国对于德奥等战败国之以金投资，及吾中国之以货投资，当必日进无量。在投资一事，固与侵略并行者，于是遂不得不扩充武备，以为投资之保护，及为竞争之后盾。近两年来，英美各强国，皆有扩充海军之事实，盖即冲突声中之预备耳。其次则为英美与日本之冲突，在欧洲虽颇小，一涉亚洲之中国，则冲突甚大。事实至明，无待赘述。至于各强国与各小国间之冲突，则尤不可以数计矣。

（乙）各国国内之劳资斗争，其势日烈无已，在前已略有述及，如各国国内之各党各派，或曰社会党，或曰劳动党，或曰共产党，

---

① 原文如此，应该"〇〇七〇"的某处多了一个零。——编者

名目繁多，其团体之组织与进行之方法，虽各有不同，然其目的，则固均以打倒资本阶级为归也。势力愈大，收效愈多，在一九二四年，除英国有社会党组阁，法国亦有社会党所组织之联合内阁，美国虽因帝国主义者所占之地位，不如英法等因欧洲一战而现裂痕，未见社会党组阁，然社会团体，亦风起云涌，将来必大得势，固可不俟烦言而得也。至于日本，对于此种团体之组织，虽严厉压迫，然普选案，终不得不通过，及共产党党纲，亦于上月公布，日政府压迫之手段固难于收效也。

（丙）殖民地及附属国对于帝国主义者之反抗。此种反抗，如去年埃及之刺杀英国监督大臣，土耳其之成功，西班牙现在之战争，中国反帝国主义之呼声，处处皆足见之。其结果则各附属国、殖民地及半殖民地，反抗之呼声与事实愈紧急，则帝国主义者之压迫，亦必愈严厉，而各附属国、殖民地及半殖民地，乃愈不能容受，必反抗愈急，冲突之极于是遂不得不爆烈。

（丁）苏联之挑拨。除上述三种冲突之外，还有一怪物，即苏俄是也。在苏俄因维持本身及扩大其主义之故，不得不向各方面极力挑拨，以煽动世界革命，如对欧洲之德国，及对亚洲之中国。盖皆不得不与英、法、美、日等国努力竞争，使其倾向于己者也，现在以俄国为大本营之第三国际，已与帝国主义者所组织之国际联盟会，互峙营垒，平分世界，甚足以表现发苏联挑拨之成绩。盖苏联对各小国，不独空言挑拨，且能为实力之援助，如现在摩济哥之战事，摩军方面，多属俄人作战，以败法西联军，虽费巨大之军费，及死亡不少之军队，尚不能平定，亦甚足以表现苏联反抗帝国主义者之成绩。至在帝国主义者一方，若英法等国曾以此故迭开会议，思图一解决各国国内及各殖民地诸种冲突之方法，自巴黎和会、华府会议等以至于现在之罗加洛会议皆是，然因范围太大，关税大杂，尚无解决之善法；而同时复扩充军备，整军经武，甚有跃跃欲试之势。至所扩充之军队，航空军最多，海军次之，陆军又次之，盖以国际联盟会，对于海陆军均有限制，惟航空军则无限制也。

观上各种冲突，可知世界局势上，危险性实甚大也。

五、世界局势上难于解决之点三大问题

世界上各国之局势，所有种种冲突，随处皆可爆发之情形，既如上述，然其最难解决者，实莫如下之三大问题：

（甲）德国问题。德国问题，自和会以来，迄于今兹，赔款数目，尚未十分定妥。在英国则欲德国为英货之销场，使振兴英国之商务，故不欲德国十分艰窘，主张德国赔款额应小；而法国则为恢复本国之经济及惧德复仇之故，则欲德国一落千丈，永无复兴之日，故主张德国之赔额应多。以致德国赔款之多少，英法大相争议，其余各国，亦各以己之关系，袒英袒法，纷纭不一。德国赔款委员会，见此情形，竟于一九二二年停付赔款，以致法国遂占领德国鲁尔，德国复从而用消极方法抵抗之，于是德国中产阶级皆破产，法国佛郎大跌价，两败俱伤，双方几不能支持，结果仍由美国，在金融上维持马克及佛郎之价格，始稍宽纾。争持一年余，殆后乃创设达威士计划，共管德国之财政、经济、交通，担保赔款，并向美国借款，振兴德国。在法国仍不放心，所以有去年之缩减军

备之会议，及今年罗加洛会议，签订互保条约，惟其实际究能互保与否，则仍是一问题。以上为德国与英法等国方面之关系。至于俄国对德，亦大有关系，盖俄欲联合德国以抗英，所以英国要德国加入联盟会，俄国则极力破坏，怂恿德国加入第三国际。日本与德国，在西方关系尚浅，在东方则关系甚大，盖德国兴则东洋方面又增一劲敌也。

（乙）中国问题。中国，贫弱之国也，工商业既不发展，人口复多，原料亦甚丰富，为各帝国主义者之最好销场，故各帝国主义者，势所不得不争。然俄国因上之故，及与中国疆界毗连之关系，亦在所必争，故中国今后，除各帝国主义者自相竞争外，尚有帝国主义者与反帝国主义者之争。且中国疆界，北接俄疆，东邻日本及日本之朝鲜，南接法属安南，西接英属印度，地理上之左右四围，均可谓与各强国接壤，稍有牴牾即不难爆发世界战争。

（丙）俄国问题。俄国为世界革命之祸根，俄国一日不倒，则世界上各帝国主义者，必一日不安宁。在俄之始立也，各帝国主义者以为必不能持久，未予注意，殆后因俄国基础渐固，予以注意时，则各国意见又不一致。如德怂恿罗马尼亚及波兰出兵，日本亦出兵西伯利亚攻俄时，美国则想在俄国投资，与俄国要好，去年英社会党组阁时，亦与俄国要好；现在又变为俄英交恶，日俄交欢之局势，而日本亦因对美国须预备战事，查得俄国库页岛之石油，及亚细亚大陆可以殖民之关系，现在与俄国已立通商条约。可见俄国问题，自今以往，只有日日扩大世界之冲突，实难有一日之解决也。

以上三个难解决之问题，将来纠纷，只有愈闹愈甚，欲在现在世界上局势之下，得有和平解决，实可谓梦想而已。

六、结论

现在世界各国之局势，既如上述，在吾中国之国民，亦应当如何以自处乎，是则不可不详细研究之也。况吾中国，为世界上最难解决问题之一，立国既甚贫弱，危险性可包复甚大，苟不急图良法，恐吾中国，将危亡立见。惟研究之际，须离开国内各党派关系，庶不致有"不识庐山真面目，只缘身在此山中"之感，方可得正当之解决，且尤当注意国际之关系，盖世界各国，无不有世界性也。

俄国学者的生活及其他^①

——在本学门茶话会演说

　　仲揆先生让我详细的说，我反说的更要少，因为我所研究的更狭，与国学门有关系的知道很少，我可以说的学术方面只是政治经济，和俄国学者的生活情形。我先后去过两次，两次去的情形不同：第一次去的时候，以北京达夫金先生介绍，到那儿得住在中央教育会寄宿舍里。当初去时，找不着住房，屡次催他们外交部，均无用处，后来费许多力才找着的。这次能与旧教育界的人才接触，故能知道这部分学者的生活。第二次，去年十月革命时，Oldenburg 曾经做过教育部长，他组成了全国教职员的大团体，当时他们主张革皇帝的命，可是不赞成共产革命；十月革命以后，他们自然不能反对革命，只好与共产革命派不合作，政府也不管他们，而生活却大窘。他们总以为共产革命难成功，等到波兰战争终了以后，第二次的变更发生：教育

---

　　① 陈启修讲，魏建功记，选自《北京大学研究所国学门周刊》1925 年 12 月第 1 卷第 12 期，第 20～23 页。据同期"学术界消息"载："十一月二十四日，下午四时，本学门同人特开茶话会，欢迎李仲揆、陈惺农两教授。李教授代表北大赴苏俄科学院二百年纪念会，陈教授留俄考察，均系新回中国，本学门为请两先生演讲苏俄关于东方学术情形，故开此会。是日到会者计二十四人。代理所长蒋先生因病未曾说话，由主任沈先生致辞开会。次由李先生演说参加纪念会情形，并传观关于学术机关的影片毕。陈先生演说关于苏俄学者的生活，而尤以末尾所谈游俄所见琐事，足以引人感觉兴趣，加深印象云。两先生演说辞另录。"本文即此次演说辞。——编者

者得按等给薪，共分十七等，最高三元一个钟头。我到东方大学教书，便是受的优待——大概因为是外国人——给最高俸。从此到一九二三年，他第三次变更，两方更加妥洽的合作了，政府只要他们不反动，可以拿钱出来提倡发展学术的，科学院的扩充是这次妥洽以后的事。诚然，他们的生活很苦，大约现在他们一切的权利已渐恢复——尚无选举权。总之，他们的生活较前已经好了许多。

仲揆先生说俄人欢迎中国人是政府的指使，不错；诚然不免有指使，但决不至于这一件鼓掌的小事上也要来指使；这不过是他们政府宣传的力量。他们政府的机关报讲什么，其余各报便都讲什么，这种宣传的效力极大，所以五卅案起以后，他们全国简直仇视英国非常厉害，就是政府里宣传，英国侵略了中国以后就临到俄国头上了，他们异常愤激。平素他们觉得中国可以携手，所以每到乡村里演说或行路时，一般人看见都得先问一声是不是中国人（因为俄国人种复杂，一部分蒙古种人与中国人面貌相似），然后定要和你握手，到处买东西，看戏，……往往有不认识的人替我们做东道主。俄国人向来富有胞与之情，在宣战时，对法德人较坏，不久也好了；对中国人也有一个时期较坏的，那是红军起初联合中国人打白军，他们到处奸淫残暴，使得一般人心目中讨厌，所以"伙计"两字本是好意，在南俄还有些地方含义甚为不好了，近来对中国人的感情已经恢复了。

以下再说点琐碎的事，到俄国后生活上感触的。

（1）俄国到处有人吃瓜子，全不是欧西习惯，是中国人的生活。

（2）俄国的教堂多，人民宗教迷信深，莫斯科一城从前人口不过七十八万多，教堂就有一百九十六个之多！乡中的老太婆们走上街头，一见教堂就画十字；几乎只看画十字的在街上走。大概年青的人没有什么信教的了。政府里也不禁止，只是取三种办法限制他们：第一，限制在学校读经；第二，收回教产；第三，鼓励反宗教运动。现在的教堂全归国有了，他们要倒过来出租钱；租钱只靠了些乡村的老农，那班贵族都逃亡了，所以门窗破烂也就没有人管他。我第二次去时，恰遇圣诞节，那一百九十六个教堂的钟声敲得昏人，一般信教的祈祷做礼拜；这里许多学生结队示威，穿行到各教堂里去，当他们讲道的时候，也在下演说反对宗教，把他们的庄严打破。俄国学生的权利很大，警察不能干涉他们。

（3）俄农民老年的迷信到万分，他们反对异教徒入村庄。我有次经过警察厅的介绍去参观乡村，有许多老太婆简直哭起来了，我实在难以为情。他们说异教徒到了家里来，家中要有重大的不幸；所以看见生人，一定要先问是不是基督徒。

（4）俄国的音乐和跳舞很好。

（5）俄国都市中女人丰采很好，乡村女子好赤足。

（6）俄国人好洁的程度，不及西欧。

（7）俄国饮食，中国人尚可吃。

（8）俄国人颇有好大喜功的大度量，即如仲揆先生所说建筑，往往很大的规模，内里放的东西很少。俄国的火车头也是顶高大的了，俄国人的鞋，冬天穿的套鞋，都大得了不得。

（9）俄国的电车女车长权利很大，能指挥乘客上下，甚至于能打人。

（10）俄国农民生活与中国农民生活相同；不相同的地方，就是家家都陈设点花草，也许是文化程度较高。

目前的中国国际地位①

　　中国国际地位，从客观的状况说，自华府会议以来直到现在，没有什么显著的变动。在地理关系上，中国依然是和世界上第一等强国英、法、日、俄在陆地上接界，和世界上强国中的最强国——美国在海上仅隔着一昼夜兵轮航行的距离。在世界上有这样的地位的国家更没有第二个。在国际法律关系上，中国依然是依种种不平等条约的束缚，由英、美、法、日及其他欧洲各国，享受半独立国的待遇，实际上差不多变成这些国家的共同殖民地。在世界上对于这样多数国家，尤其是对于所有的帝国主义的强国，尽都处于半殖民地的地位的国家，也没有第二个。在国际经济关系上，中国依然是帝国主义国家的贩卖商品的竞争场，攫取原料的猎场，移植资本增加利润的乐土。这种经济地位自然是根据上述国际法律关系而来的，中国在国际法律关系上的地位在世界上既然是唯一的，所以这种拿广大众多的土地、物产、人民供帝国主义国家剥削的经济地位在世界上也是唯一的。在国际政治关系上，中国依然是国际政治的

　　① 署名启修，选自《国民新报副刊》1925 年 12 月 6 日第 2 号，第 3～4 版。1925 年 12 月 4 日作于北京。
　　《国民新报副刊》分甲刊与乙刊，甲刊登载社会科学、政治、经济及社会问题等方面作品，由陈豹隐主编，每周日及一、三、五出版。乙刊登载文艺作品，由鲁迅与张凤举按月轮流主编，每周二、四、六出版。——编者

重心之一。国际政治的重心自巴黎和会以来直到现在继续着有三点：德国问题、俄国问题及中国问题。德国问题直接和世界的帝国主义大国日本没有关系。俄国问题的解决，根本上和中国问题有关系，因为在地理关系上中国介在日、英、法、美四大帝国主义国家和反帝国主义运动中心的俄国之间，处于缓冲的地位。所以中国问题，在帝国主义者方面看来，是解决俄国问题的关键；从俄国方面看来，是反帝国主义运动的成败及俄国劳农专政的存亡的枢纽。因此，国际政治重心虽然有三个，然而从关系者的多寡及其重要程度说来，中国问题当然是尤其重要。以上地理关系、法律关系、经济关系及政治关系各种客观的状况，在这几年中，并无变动，所以中国国际地位也没有改善，也没有变恶。

但是，目前中国国际地位却有不能不变动的征兆了！因为客观的状况虽然还没有变动，然和中国国际地位升降有关系者的主观的意向，已经动摇起来，不想维持现状而想把中国国际地位升高或使他下降了。自然，想把中国国际地位升高的和想把他降下的是利害关系完全相反的人们。

想把中国国际地位升高的是谁？第一自然是中国全国的国民革命运动家。固然，一切中国人，除了甘心做亡国奴的人之外，谅没有不想升高中国国际地位的。但是一般人只是希望中国国际地位升高并不实行想法去做，只有全国的国民革命运动家才是积极地去做升高中国国际地位的事业的，所以屈指第一就要数他们。他们的立愿从事于国民革命事业虽不从目前起，然而在目前的局势下面，他们格外想把中国国际地位升高。何以呢？因为他们认定目前是升高中国国际地位的最好时机，目前若不能升高，随着便有中国国际地位益发下落的危险。何以目前是升高中国国际地位的最好时机？因为，在主观方面，自沪案发生后，中国国民的国际地位的自觉非常显著，反帝国主义的空气非常浓厚，国民革命的理论非常普及，凡此种种都是从前所未有；而在客观方面，十余年来受日本帝国者豢养、根深蒂固的奉系军阀已将被人根本推翻，而标榜卫国救民的国民军目前自身既尚未和任何帝国主义者勾结，而其实力又足镇压其他各系军阀和任何帝国主义者勾结。所以最好趁此时机合力对外，为中国从来被动的外交史上开一新纪元，为中国在国际上获得独立自主的地位。何以说若目前不能升高随着便有中国国际地位益发下落的危险呢？因为，第一，国际政治上第一个重心德国问题已因罗加诺条约的签字（本月一日）而使英法间、法德间、波兰德国间、其他沿德界各小国与德国间的关系暂得平衡，所以各帝国主义者国家在欧洲势必集合全力共同去对付他们的眼中钉——俄国。然照前面所说的，中国问题是解决俄国问题的关键，所以各帝国主义者因为解决俄国问题，势必要在亚洲先解决中国问题，把中国完全放在他们支配之下为他们的看门狗。他们为达这个目的起见，自然要想进一步用种种方法（例如关税会议）束缚中国的财政、经济、军事及其他政治行动，因为若不如是则他们的敌人俄国似乎可以仍旧到中国来煽动中国国民对于帝国主义国家，和土耳其、波斯、阿富汗等所做的一样，实行反抗帝国主义运动。第二，因为帝国主义国家最善于利用和操纵中国军阀，而中国军阀也最易于和帝国主义国家勾结，所以目前的时机一失，则难保一两年内没有类似奉系及直系的万恶军阀发生，难保这个万恶军阀不把现在中国在国际上的半独立地位都出卖了去。

全国的国民革命运动家知道目前的中国这个可怜的国际地位在主观的意向上是不能再依旧维持下去的，或是升高，或是下降，二者必居其一。这个道理，各帝国主义者当然知道更明白。所以全国的国民革命运动家目前一心只想趁这个机会把中国国际地位上升，各帝国主义者只想趁这个机会把中国国际地位更行降下。这两个相反的意向在事实上已经明白地表现出来：合国民革命运动中平素积不相能的各派而成的首都革命运动及全国革命分子责成国民军拥护民众势力，便是前者的表示。北京政府若改行委员制，帝国主义国家就要和中国绝交的谣传及冯玉祥、郭松龄表示优遇劳工就是赤化等等风说，便是帝国主义者害怕中国政治上轨道，害怕中国民众得势力，害怕中国国际地位上升的表示。

革命的国民们！目前中国国际地位确是在转换期中，确是不免即刻有或上升或下降的变动了！在这个时会中，国民若不紧紧地认定目标，严密地坚固革命的组织，奋勇向前，和帝国主义再决一死战，在国民力量的表现中去求获中国国际地位的上升，那末，恐怕国民革命成功的日期将要随着中国国际地位的下落而距离我们愈远了！

一四・一二・四　北京

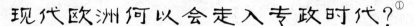

现代欧洲何以会走入专政时代？[①]

今日各报都转载中美社伦敦十一月十五日特讯：

"欧洲政治家深信欧洲目下正入专政时期。此种制度，至少可经历一世代（三十年）。欧洲之罗加诺新和平条约，即可巩固欧洲现时专政者之条规，或将引入其他专政人。该政治家等以为和平转使欧洲人民之心理，由政治之途而入工作之路，专政者行将掌权，人民对之亦表满足。目下不靖之国家如出一强有力者，即可充当专政之人。外交家云，前者谋杀义国首相莫索里尼一事，足证莫氏之势力。并可证明欧洲之专政主义已开始实现，未到上境。欧洲现有多数之莫索里尼，如希腊班格拉斯，布加利亚之赞考夫，匈牙利之赫德，西班牙之利维拉，俄国亦有苏俄之执（专？）[②] 政。亚洲方面之莫索里尼为数亦多，如土耳其之基码尔及波斯之李查可汗。李查可汗为后起之专政者，李氏掌权两年有余，波斯王既被废除，李氏之制则已巩固。欧洲人民不再谈及过激主义之恐吓事。赤化之潮流现已退去，社会主义与劳工主义均亦渐渐退缩。凡受化君主之国家，莫不容纳专政者。质言之，即潜势党派之强有力领袖以代少数

---

① 署名启修，选自《国民新报副刊》1925 年 12 月 7 日第 3 号，第 1~2 版。作于 1925 年 12 月 5 日。——编者

② 原文如此，同类情况后文中还会出现。——编者

之国家党、社会党、共产党、农田党及其他国会受（?）乱之党派。欧洲政界消息灵通之人民，深悉专政主义尚无终止之势，至少亦必须过一时代云。"

这段新闻，虽不完全正确，虽没有把欧洲各国要走入专政的时期的理由说明出来，然而所说的主要之点却是事实，所含的意义很深，值得研究一下。

欧洲各国正入于专政时期，这是对的。然而说因为欧洲各国正入于专政时期而谓过激主义、社会主义及劳工主义均渐渐退缩，这却错了。因为专政原是对于立宪的及民众的政治而言的，与过激主义、社会主义及劳工主义等无关，不能说因为专政而此等主义要受影响。而且事实上证明欧洲各国社会党及劳工党的势力只是日比一日地增加，苏俄的专政更是过激主义不但可以和专政并存着，并且是专政依过激主义维持着的铁证。欧洲的政治家对于这一点，未必是不知道，恐怕是知道而故意如此说罢，因为欧洲各国银行家操纵的新闻机关照例是宁帮助"法西士谛"说话而不肯帮助过激主义、社会主义及劳工主义的。

专政是什么？专政是武力政治、专制政治及高压政治，专政的下面是没有人民一般的参政权和各种自由权的，专政的观念是与法治及民治对立的。这样说来，在以法治及民治自夸的欧洲，如何会行专政呢？我们常听欧洲人说他们不自由毋宁死，他们的自由比他们的面包还贵重，现在他们如何肯把贵重的自由抛了去，而对于专政，表示满足呢？这是本问题的要点，在欧洲各国，已经被社会主义及共产主义的文献解释得很清楚，在中国则关于此点有透彻的了解的人还是很少。因为不懂得这个，所以对于欧洲立宪政治的真意义也是不能全体了解，而发生很多绝对盲信民治的人们。

欧洲民治政治是随着工业资本主义的发展而发展的。工业资本前期中，欧洲各国专制君主的威力还遗存着，对于工业资本主义理论上所要求的营业自由（包含职业自由、契约自由及通过或移住自由、处分自由等而言）是一个障碍，所以当时不得不发生以资产阶级为中心的立宪政治运动。到了这种运动成功，所谓政治上民治的原则及经济上自由竞争的原则已经确立之后，民治政治虽已失去在立宪运动时代的对于君主专制的争斗性，然而在社会上依然还有相当的必要。因为在工业资本隆盛时代，依极端的自由竞争的结果，不但发生劳资两阶级的对峙，而且资产阶级间的利害不一致和竞争也日趋猛烈，所以还须得民治政治来作欺蒙劳工阶级和调和资产阶级内部之具。到了工业资本时代变为财政资本时代（这些变动的原因和形式，此处不便赘说，他日当专篇论之）之后，一国大部分资本，已经集中到少数财政资本家之手，国内的自由竞争在原则上已被垄断专占起而代之，而且劳资两阶级间的斗争已经日益强烈，劳工阶级方面不愿更受欺蒙，资产阶级方面也用不着戴假面具。所以到这时候，那些民治政治，或变成美国的状况，虽存着一个形式而实际上一切政治都归几个财政资本家把持，对于工农阶级及其政党，老实不客气地加以压迫和限制；或变成义国的状况，把民治的招牌也撤了去，明目张胆地利用暴力去为几个财政资本家的利益，摧残和残杀工农阶级及其政党。前一个形式可以叫做形式的民治，后一个形式就是专政。专政和民治政治的关系，简单说来，就是这样，专政的由来，在原则上说来，也就是如此。

以上说的只是关于专政的通常的形式：（一）形式的民治（这

虽不称为专政，实际上是等于专政）。（二）义式专政。此外因环境的不同，还有种种不同的专政形式，而都是和财政资本的统治有关的。例如（三）俄式专政，是工农阶级推翻了本国财政资本的统治而成的工农专政。（四）布加利式专政，是外国财政资本家豢养和扶助本国财政资本家而成的专政。（五）土耳其式（或亚洲式）专政，是本国国民革命运动家为反抗外国的财政资本统治，实行国民革命而成的专政。这五种专政的形式，确是如欧洲政治家所说，将要日益扩张蔓延的。因为在财政资本统治世界的下面，在财政资本国的国内，其统治所及的国内，及脱了财政资本的统治的国内，都有不能不行专政的经济上的事由存在，所以专政的必要和可能也就发生了。这个倾向倒底可以继续多久？这自然要看世界全体政局变动如何而决，很难预料。欧洲政治家说至少必须过一世代（三十年），恐怕太武断一点罢！

十四，一二，五日

日本农民劳动党的前途①

日本农民劳动党就是喧传已久的日本最初的无产政党。在未正式宣告成立前即筹备期间，号称加入团体有六十多个，加入人员有二十多万，声势很浩大。后来因在筹备委员会上右派意见与左派不合，逐渐脱离了一部分团体及人员。但本月一日农民劳动党开成立会时，参加者犹剩有三十三团体，十五万人。初次成立的政党能够有这许多人参加，总算是组织上的成功。虽然农民劳动党的正式结党，据最近消息，已被日本当局依照例的所谓《治安警察法》禁止了，但这个组织决不会因为被禁止正式结党而解体。第一，因为日本无产者组织在事实上早已成为一个社会势力，决不能依政府的一纸命令，容易地就被推翻；欧洲先进国如英、如德、如俄，也曾有实例，证明无论法令如何严厉地压迫劳动群众的组织，终不能屈服有了客观的要求和主观的自觉的劳动群众，而适足以使这些劳动群众越发在事实上坚固他们的组织，提起他们的斗争精神。第二，因为日本普通选举法案，已经正式通过，下次日本众议院改选时（改选日期或即在本月，因日本政论界都认为本月二十五日召集的日本

---

① 署名启修，选自《国民新报副刊》1925 年 12 月 11 日第 7 号，第 1~3 版。——编者

国会，将依不信任在众议院占少数的宪政党组织的内阁被解散；即此次国会不被解散，而再经两年，现任议员任期终了之后，亦必改选），无论如何，不得不在法律上承认无产政党之成立，因为即照《治安警察法》说，亦是不能禁止关于选举及议员的结社和集会的。

日本农民劳动党虽然此后继续在事实上还要存在发达起来，然而不能因此就断定他不久就会左右日本政局，更不能因此就预测东亚政局会受很大的影响。他的存在发达和他的势力之左右政局，当然是两件事。在我们中国人——受日本帝国主义者的压迫，愿意解脱，希望日本国民也起来推翻我们和他们的共同敌人帝国主义者的中国人——看来，日本农民劳动党的存在和发达，固然在原则上也是我们应该欣幸欢迎的，然而从实际政治和政策上说，日本农民劳动党的势力在最近将来是否能够左右日本政治——依广义，包含成为多数党及成为可以左右两大党的多数之第三党——一层，尤其是应该特别关心的。

日本劳动群众的政党，在最近的将来，有左右日本政治的希望没有？要解决这个问题，应当考察（一）日本劳动群众的政治运动之历史及（二）日本资本主义发展的经过。

从第一点说，日本劳动群众从日本立宪运动以来，直到普选运动为止，数十年间，简直没有自觉地参加过任何政治运动。明治维新时的自由运动，不消说得，只是智识分子的爱国志士们做的，与劳动群众没有关系。其后改正条约，对中宣战，对俄战争，对军阀斗争种种政治运动，都是一部分智识分子利用浪人（高等流氓）和壮士（下等流氓）而做成的，也和真正从事于生产事业的劳动群众无关。劳动群众曾经做过的运动，只是种种关于经济的运动，米骚动（争米暴动）就是一例。这个并不奇怪，因为日本劳动群众多数还带着很深的封建式的观念，不但对于日本天皇，就是对于资本家及地主，也认为是政治上的当然的统治者，只有服从，没有反抗；而经济的暴动，在日本的传说上，却被认为是一种抑强扶弱、劫富济贫的行为，是与政治上的绝对服从无关的。到了前三四年日本普通选举运动盛行的时候，日本生产的劳动群众，才渐渐参加政治运动（选举法改正运动及劳动法制定运动），然而并不是站在主要的地位。日本全国劳动组合大会上，反对政治运动，主张只行经济运动的一派，屡次获得胜利，便是明证；普通选举案的通过，不出于群众自己的努力而出于宪政会和政友会都想利用普选案，及劳动立法，至今尚是日本政党拉拢群众的一个好饵，更是反证。工商党的宪政会为什么赞成普选案？因为他想借此见好于国民，去侵从前国民党在都市对于小资阶级的地盘，去市恩于渐露头角的工人阶级，去拉拢他们，去侵占从来为地主党的政友会所独占的农村地盘。为什么政友会最初反对普选案，后来结局赞成了？因为他知道日本毕竟是农业国，农民占全人口中百分之六十四（据一九一八年全国人口调查统计），行了普选举之后，一千三百万中的大多数的选举人毕竟仍会由在乡村有势力的政友会操纵；所以普选案决定之后，宪政会（现政府党）反想等到本期议员满期之后，再行实施，而政友会则想在本月国会开会时提出不信任政府案，逼迫政府解散国会，以便依新的普选法选举时，在新国会中占大多数议席。普选案即是这样成立的，所以日本劳动群众，决不能因依普选法选举而得多数的议席。据政友会议员植原悦二郎对我说的①，这次改选，照现有劳动团体的地盘说，劳动党至多不能获得六个以上的议席，这是敌党的预测，当然应当打一个折扣，然而劳动党之不能即刻获得左右日本政治的势力，即此也可以推测了。

从第二点说，日本资本主义的发展是畸形的发展，不是依通常的径路的。通常说来，资本主义发展过程是：（一）专制的政治势力孕育扶冀资产阶级的势力；（二）资产阶级的势力更利用因资本主义而生的无产阶级，合力去推翻专制的势力，以巩固自己的势力；（三）无产阶级随着资产阶级势力的巩固和增加而日益团结起来，造成一种新的伟大势力，去和资产阶级斗争；（四）资产阶发达到财政资本时代，利用殖民地的经济侵略，去缓和国内的阶级斗争。日本资主义的发展，不是照这个过程的，所以他和俄国资本主义是世界上资本主义畸形的发展的两个著例。虽同是畸形的发展，但日俄二国之间更有不同。俄国资本主义的发展（三）与（一）是颠倒的，就是俄国无产阶级的势力先于资产阶级而成立壮大起来，所以推翻专制势力的主力军，不是资产阶级而是无产阶级；是无产阶级利用资产阶级，而不是资产阶级利用无产阶级。因为俄国的资产阶级一部分是贵族阶级，一部分是依赖外资而成立的，所以失去他们独立的争斗性（对于国内专制势力及国外资本势力），而无产阶级则反因国内专制势力及国外资本势力的两重压迫而较有巩固的组织及斗争革命的性格，所以俄国资本主义未达到（四）的过程就

---

　　① 陈豹隐曾口译植原悦二郎《日本之政府及政党》，收入《陈豹隐全集》第四卷，可参看。——编者

被推翻了。日本资本主义的发展，更为奇怪，他是循（一）（四）（二）的过程的（（三）的过程还没达到）。就是日本资本主义的发展，是依专制势力战胜中国，侵略中国而成熟的，所以日本的资产阶级和俄国从前的资产阶级一样，长久在专制势力的孕育扶翼之下。日本的无产阶级，人数虽有七百多万，然而直到如今，还是和英国的无产阶级一样，被殖民地侵略的结果去了势，是没有革命性，只有改良性及侵略性的。所以日本资产阶级始终还没有由军阀手中夺得完全的政权，建设民治立宪的政治，日本的无产阶级也始终陷在经济的斗争的陷坑之内，没有行政治斗争的觉悟。要想日本无产阶级有彻底实行政治斗争，必须把使他去势的根本原因即对外尤其是对中国的经济侵略除去，要想日本资产阶级建设完全立宪政治，必先要日本专制军阀在对外军事上或外交上发生大失败。但是照现在的世界局势看来，日本在军事上及外交上失败的可能性，似乎比日本在和平的经济侵略上的失败的可能性，要格外大些（指对美、对俄及对英等关系），所以日本的无产阶级政党要想得到左右政治的势力，恐怕要等到日本资产阶级完全获得政权之后，那自然不是在最近的将来，可以希望的。

北京大学在国民革命时代的任务①

　　北京大学的前身——京师大学堂，是在一八九八年创设的。这一年是中国在一八九五年中日战役战败大受损失后，重新被强盗式的欧洲帝国主义国家使用武力，无理地强迫租借沿中国海岸各军事地点的一年。北京大学创立之在这一年，不是偶然的。我们稍考史迹，便知道创设京师大学堂的动机，直接地虽在对内，在振兴新学术，养成新人才，以期富强；而间接地却是在对外，在休养生息，以期驱除帝国主义者的强暴势力，报仇雪耻。所以北京大学的运命，从诞生之日起，便是和侵略中国的各帝国主义者有关系的；所以今日的北京大学成为打倒帝国主义运动的中心，成为国民革命的原动力，以至于因此遂成为帝国主义者及其走狗等所嫉视，所欲得而甘心的对象，也并不是偶然的。

　　但是京师大学堂是一个官立学堂，是一个由腐败的清廷官僚主持的学堂，而官僚主持的官立学校——尤其是在清廷未倒之时——原则上不会有不腐败的，所以京师大学堂在他的幼年时代（从一八九八到一九一二），不能够有所表现，对于同盟会革命运动及宣统

---

　　① 署名陈启修，选自《北大学生会周刊》1925 年 12 月 17 日创刊号（"本校二十七周年纪念特刊"），第 4～6 页。——编者

年间的收回丧失利权的运动，完全处于旁观坐视的地位，仿佛忘记了他被创立的目的和他诞生的意义似的。进一步说，也可以说在被官僚主持的期间，他原来的养成人才、抵御外侮的目的，不但没有达到，而且渐渐地消失变化，结局差不多变成养成官僚和帝国主义者走狗的目的了。此语并非谩骂，我们要知道，现在被全国国民所指为卖国贼的朱深、李思浩、叶恭绰等等，都是当时京师大学〔堂〕的优等生！

然而环境的力量，比官僚教育的力量还伟大。辛亥革命推翻了满廷，清国改为中华民国，京师大学堂改为北京大学了，国民党的影响，也逐渐跑到北京大学里面了。最初是章太炎学派，其次是其他同盟会分子，更次是其他革命的新学者，都慢慢地集中到北大来办学和讲学，所以到北大读书的学生，也依同气相求的道理，大半是带有革命性的好学青年。在这个北大的青年时代（从一九一二到现在），不幸中国还是一个帝国主义者和军阀勾结，摧残人民，攘夺利权的时代。但是北大的存在，反因此而益显，北大的地位，自蔡元培掌校以来，反因此而日益增高。从五四运动起，直到现在，北大之所以成为北大，最重要的，是下述四点：（一）在教育界，处于领导的地位。这一点，无论在设备上、管理上、组织上、教科上，都是容易看得见的。（二）在政治及社会运动上，处于领导地位。这个，只看五四以来，无论哪一次有意义的运动，没有不是北大领导着的，就知道了。（三）北大能和衷共济，全校一致。北大教职员及学生间，除讲义风潮那次偶然发生误会，旋即冰释外，从没有冲突及隔阂；北大教职员对教职员间，始终保持绅士的关系，从没有关于学校事件因意见不同而尽情丑诋恶骂，也从没有何人利用学生排斥异己。纵然有时因外界奸人的播弄，少数人之间，仿佛感情异常奋兴，然而到了真正外侮当前的时候，总能和好如初，同心抵御。北大学生与学生间，也从没有因校事或其他事项，聚众相殴，坐使外人乘袭而入。这些学生对待教职员间，教职员对教职员间及学生对学生间的弊病，都是近年来教育界常见的通弊，而北大独没有。这不是偶然的，自然是因为北大有（一）及（二）的特色，所以北大的人们，都能觉悟他们的责任及北大存在的意义，而不忍因私利及私见，妨害北大的使命。（四）北大对外态度，始终是依他存在的大目的——养成人才、安内攘外的目的，以事理为标准，而不阿附诡随于任何私人。安福系卖国，北大用全力去推翻他；及安福系表示愿与国民携手去倒卖国的曹吴，北大并不念旧恶，准其自新；到现在，安福系大权在手，依旧作恶，北大并不因曾准其自新而不与他宣战。又如章士钊本是北大教员，然因他利用彭允彝，想为地盘而破坏北大，北大也不惜和他奋斗到底。后来章士钊声言悔过自新，北大并不以旧日的恶感，而立刻否认其代理教育总长；结局，章士钊压迫学生开会，甘心当军阀走狗之事，已经显露，则北大不惜举全校的存亡关系，和章士钊断绝关系。这都表示北大的行动，完全是以事理为标准，以安内攘外为归依，而不是意识地阿附一个所谓"名流"或无意识地逢迎某种势力。这在这几年的教育界中，实在是罕见的。

北大虽然有上述种种特色，然和北大有恶感或不明北大存在意义的人，往往说北大有许多大缺点。有说（一）北大设备并不完全，管理并不良好，程度还不及外国中学校的。有说（二）北大国民党色彩太重，对于各派学者，不能兼容并纳，而且过于热心干与政治，常常妨碍学术进步的。有说（三）北大的人，往往高蹈远蹠，目空一切，很带教育界的贵族的色彩的。北大的人，都是有自觉心和自尊心的，所以对于自己所有的缺点，当然不愿掩饰，但实际上述缺点，只是比较的，并不是绝对的，我觉得北大的人和骂北大的人，都应当注意。因为关于（一）点，北大比外国好大学固不如，而比外国坏大学及本国任何大学则有余；关于（二）点，北大只在公共事件——国民革命——的观念上为然，比那些完全以私人地盘的观念出发的闭关主义，较有是认的理由；关于（三）点，只因北大有前述种种特色，相形之下，致有此感，也并不是绝对的。北大的责任，对于全国国民，非常重大，所以北大对于自己的缺点，虽然是相对的，也应当采"有则改之，无则加勉"的原则。

目前的中国，因世界政治的推移，中国国民的觉悟及全国经济困难的关系，已入于不能不行国民革命的时代了。目前的北京大学，已经廿七岁，也快入于壮年时代了。所以北京大学的任务，比从前，也要格外加大了。所以凡是赞成国民革命的人们，当北大廿七年纪念之日，都愿意抱满腔的热诚，祝北大能够长远地维持他的特色，严重地检点自己的缺点，并坚固地把持着他自己的存在理由和他在国民革命上的任务！

所谓委员制的特色到底是什么？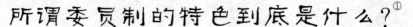

前几天，北大的雄辩会，在北大第三院，开了一次会，讨论"中国最高机关宜采委员制"②。在这次会上，我是被邀请的评判员三人中之一，所以在他们辩论完了之后，我也曾下了一种评判，判定他们的正组在辩论形式上占了胜利，同时附带着说了一段话，表明我对于委员制的意见。不幸我这个意见，被评判员中的一人徐季龙先生听错了一半，所以连累徐先生在他那篇《委员制何以必然实行呢?》文（载本报本月十五日正刊）中，对我所说，也带了几笔（所指又有一位评判员，就是我）。我的意见对不对，是一个问题，我那天说的话是怎么样，又是一个问题。对于后一问题，我觉着有声明我的话原意的必要，对于前一问题，我觉着也还有讨论的必要。

我那天关于委员制的话，据我现在还记得的要领（一字一句，当然记不得），大致如下列三点：

第一，委员制的好或不好，不是从抽象上可以断定的，因为我

---

① 署名启修，选自《国民新报副刊》1925 年 12 月 18 日第 14 号，第 1～3 版。——编者

② 陈豹隐是北京大学雄辩会的积极参与者，《陈豹隐全集》第三卷第一册收有其《改组雄辩会之提议》一文。具体到本场辩论，可参看《顺天时报》1925 年 12 月 12 日第 7 版《北大雄辩会第一次辩论会：题目中国宜采委员制，评判员徐季龙、陈启修等》。——编者

相信唯物的辩证的观点，认为世界上没有抽象的真理，一切真理，都是具体的。譬如立宪政治，在盲信他的人，总以为只要是立宪政治，都是好的；实则英国有英国式的立宪政治，法国有法国式的立宪政治，德国、日本也有德国式、日本式的立宪政治，而且这些国家的立宪政治还是随着时代的变动而变动的。所以只说立宪政治是好是坏，那是过于抽象，是无意义的；必定要说某种组织形式的立宪政治，对于某种环境，是好是坏，才成一个问题而发生意义。现在诸位辩论题目上的委员制，到底是一种什么委员制？这诸君的辩论上，并没一个确定的说明，所以要叫我抽象地下一判断，在我简直是不可能的。刚才虽然接着一本徐先生做的《委员制案大纲》①，然而因为没有时间，没有下细看，所以就是徐先生主张的委员制是一种什么形式的委员制，我也还不知道，也无从下判断。我也是主张委员制的，所以我也有一种理想上的委员制，不过今天时间短促我不能够向诸君陈述，请待异日再说。

第二，委员制的好不好，照上面说，虽然抽象地不能下任何判断，然而就理想的委员制说来，委员制的确是如□（因我还不知道这位先生愿意不愿意标出姓名，所以此际只好姑隐）先生所说，是含有合议制及委任制的意义的。我以为理想的委员制的长处，在他是由委任而来，是对于他的委任者而负责的一点。例如俄国现制上，中央执行委员会对全俄苏维埃大会负责，总人民委员会又对中

---

① 徐谦（季龙）等起草的《委员制案大纲》，参见《救国联合会所提委员制大纲案》，《申报》1925 年月 3 月 10 日第二张第五版、3 月 11 日第三张第十版。——编者

央执行委员会负责，各人民委员会又对总人民委员会负责；层层责任，可以追问到底；本是委任的，所以在委员小负责的时候，可以即刻撤回另委。责任既非常清楚，所以委员制的根本，是重事的，不是重人的。这和重人的总统制或内阁制都不相同，因为这些制度上，责任的追问，往往不能彻底。固然责任内阁制，可以是负责任的了，但是在国会召集时，他的责任就无从追究（这和徐先生引用的"若国会不能召集时，即不能负责任"的意义，当然不同）了。所以总统制或内阁制都不是重事的，都容易引起弊端。

第三，若从理想的，能追问责任到底的委员制说。则他对于中国，非常有益，因为中国历年政治上的通弊和大弊，就在当位的人不负责任。这个自然毫不足怪，因为中国社会上，宗法社会的遗习，还很利害；一般做官的人，都把官看成一个生财之道，只想到做官以后如何发财，而从没想到做官以后如何尽责。此外和做官人有关系的人，如亲戚朋友，也都存在一个一人得道鸡犬升天的念头，总是逼着做了官的人为他们找饭碗，把找饭碗代替了尽责任。所以中国近年政治非常腐败，例如大家刚才辩论的内阁制或总统制，在他国是好的，移到中国来，就失了效果，这却是为什么呢？都为的是中国政界中人，不负责任，没有负责任的习惯，只把位置看做发财的基础。而法制上又没有能够追问责任到底的组织，所以国事一天一天地愈拖愈坏。要救这个弊病，最好是用能够追问责任到底的委员制，所以若就理想的委员制说，中国现状，是宜于行委员制的。

以上是我那天说的话的要领。至于这点鄙见的对不对，自然我也不敢自信太过，以为是毫无差错。所以徐先生要我们更进一步求知，这在我们研究学问的人，以求知为职业的人，我觉得是天然的责任，我从不敢固步自封，也就为此。所以对于徐先生的劝告，在我是很感盛意的。不过如上面所述，徐先生做那篇文章时，还是误解了我的意思的，所以徐先生的理论，还没有打破我的理论，所以我还得进一步解释我的主张：

一、一般的真理都是具体的，例如单说下雨是好的或坏的现象，不足以真正说明下雨是好的或坏的，而必说久晴后的下雨，或继续几天不断的下雨，种植后的下雨或收获时下雨，是好的或是坏的，才有意义。所以委员制的好坏，不能抽象地说明，抽象的说明，是无意义的。

二、理想的委员制（例如苏联中央政权的委员制）的特色，在他能容易地迫问责任到底。换句话说，就是他的特色，在乎委任，被委任者一不尽责，立刻可由加委任者给以撤换更正。关于这一点，理想的委员制，是和总统制及内阁制都不相同的；总统制的总统是由人民选举来行政治的，是高高在上的；内阁制的总统不消说，就是内阁本身，也是带一种专制时代的影子，和人民代表的国会，立于对等的地位，而不是由人民代表委任的，不是能够达到为人民公仆的目的的。这一层也是徐先生赞成的，所以可不必多说。所以理想的委员制的责任性，并不是总统制和内阁制的责任性。所以瑞士的委员制即由国民选举的委员制，并不是理想的委员制，也不是徐先生所谓新的委员制，不能拿来和理想的委员制相提并论。广东七总裁制之所以不成为理想的委员制，现今政府及社会上种种委员会之只成为一种咨询或吃饭机关，而不成为理想的委员制，也就在能否迫问责任到底一点。

三、委员制的合议性，虽是理想的委员制的因素，却并不是理想的委员制的特色，因为在事实上，责任内阁制也是一种合议制。理想的委员制之异于合议制者，就是他有特殊的由委任而来的责任性。瑞士的委员制之所以不得为理想的委员制者，也就在他只有合议性而无由委任而来的责任性。所以我还以为瑞士制度不能称为委员制，只能称为合议制。

四、中国现在需要的，不是一个仅有合议性的委员制，而是一个兼有依委任而来的责任性的委员制。换句话说，不是一个有了几个挂名的委员的委员制，而是一个一切委员都切实任事，一不尽责，即刻可被撤换的委员制。

《民众与武力结合》附识①

　　民众武力化及武力民众化，这两件事，的确是实行打倒帝国主义及推翻军阀两个口号时，必不可免的步骤。现在打倒帝国主义和推翻军阀两个口号，除了卖国奴和军阀走狗之外，在理论上，凡是中国国民，恐怕没有不理解不赞成的了。而对于实行这两个口号的必要步骤——民众武力化及武力民众化——则能彻底了解者还很少，所以持反对论者还很多。反对民众武力化的，总以为（一）无法实行；（二）即使实行，而实权下移，国家愈不可统一；（三）民众武装之后，容易使民众暴徒化。反对武力民众化的，总以（一）现在军阀都是一丘之貉，无法使他民众化；（二）主张武力民众化的，并不真想革命，而只是想利用军阀，以图私利，所以武力民众化，不但是不能实现的，而且是助长军阀的势力的滋长的。实则这些反对论，不是由于研究不周到，观念不清楚，就是由于不知政的方治术，不明革命的策略。张君此文，把民众武力化及武力民众化加以解释，我认为在革命的进程上，是很有价值的。不过张君没有把武力民众化之不可忽视的理由充分说明，又对于民众武力化，只

---

　　① 署名启修，选自《国民新报副刊》1925 年 12 月 20 日第 16 号，第2~3版。陈豹隐作为《国民新报副刊》（甲刊）主编，这是他为该期张荣富《民众与武力结合》一文所写的附识。题目为编者所加。——编者

说到乡间朴民的团练，我觉得是美中的不足。我以为我们的国民革命要想成功，必须要用尽全力，向各方面施行革命的运动。换句话说，就是：不但对内要把自己组织起来，武装起来，而且对外，对于敌人应当在战争的方法之外，减轻他的势力，或使敌人一部分中立，引诱敌人加入自己的战线，对于第三者，应当获得他们的同情，使他们帮助我，至少也应使他们守中立。武力的民众化，在对内方面，虽无多大的意义，而在对外方面，却有异常重大的意义。不承认这种意义的人，可以说是不懂革命的策略的人，甚或至于是只是口头说革命，而内心还是希望不革命的人。我看见近来舆论界关于革命运动与国民军关系问题，发生许多错误的议论，本想做一篇专论，现因张君此文，提到此问题，所以姑先写数语于此。至于团练问题，我以为这不仅是乡间朴民的问题，而且是农工商及智识分子全体的问题，所以不但要办农民团，而且要办商团、工团及智识团。因为：第一，现在的革命，不仅是农民反抗的问题，而是农人、工人、商人及智识分子联合起来，对付军阀及帝国主义者的问题；第二，现代革命运动都是以都市为中心，换句话说，即是以工商及智识分子为主力，中国在各方面已逐渐现代化，所以中国的革命运动，在势也不能不现代化。至若智识分子的团练即学生军，当为这些农团、商团及工团的领导人和训练者，自然是一定不移的道理。但此处还应当注意一件事，就是：智识分子的经济地位，容易变动，所以智识分子的政治见解，从一般说来，总是不能固定，容易朝秦暮楚，实行有奶便是娘的生活。这不但在外国是这样，即在中国，依从来"文人无行"的传说和近年文人变节者甚多的倾向看来，这个普遍的道理，也是可以适用的。所以在现今中国的状况下面，除了智识分子以外，固然没有他人，能够做农团、工团及商团的领导人和训练人，然而还应当和防着民众化的武力，变成特殊的势力一样，谨防这些智识分子，在领导和训练的进行中，暗中与军阀或帝国主义者勾结，把民众的武力逆转过来，变成军阀和帝国主义者的武力，供他们的利用！我们要回转头看一看：现在中国的军阀们，至少有一半数，在十余年前，都是很肯牺牲，很想革命的纯洁智识分子！总而言之，人是在相当的范围内，要受环境的变化而变动的，所以不可过于信人，应当注意重事。所以我们智识分子，要想担任领导训练工团、农团和商团，使他们成为民众的武力化，去解决国民革命问题，我们一面要自己警惕着，不要软化；一面还要有严密的组织，相互地监督着大家不要软化。

启修附识

要救东三省，快做废除铁路行政地带运动！[①]

日本侵略东三省，始于日俄战后，迄今二十年，着着进步，把日本在东三省的政治、经济及社会上的势力，弄得很坚固了，所以日本关于东三省，胆敢行种种横暴无理的行动，例如"二十一条"中关于满蒙的要求，华府会议席上对于满蒙特殊权利特别保留的主张，和去岁对直战争时帮助奉张的举动，都是明例。日本为什么在东三省有这么大的势力呢？并不是因为他的经济能力特别大，政治活动特别利害，也不是因为他的殖民地如朝鲜及关东州（大连及旅顺）特别和东三省接近，因为在这几点上说，日本在东三省的地位，反没有英国在广东的地位好，倒也算不得什么。日本在东三省具有特别势力的根本原因，实在日本在东三省保有所谓铁路行政地带。何以呢？因为在事实上铁路行政地带上的镇市，等于无数专管租界的设立，铁路行政地带的全体，等于沿岸租借地向内地的延长，所以租界及租借地二者通常包藏的流弊，汇萃到一处，而成为一种特殊的大害。所以保有铁路行政地带的国家的侵略，不是沿边境的侵略，而是直攻腹心的侵略，所以保有铁路行政地带国的侵略

---

① 署名启修，选自《国民新报副刊》1925 年 12 月 25 日第 21 号，第 1～2版。——编者

结果，特别伟大，所以他的势力，特别牢固。

外国租界对于中国的弊病有五：（一）伤损国权，如对于租界之租税权、警察权及司法权等。（二）损害中国国民的公权，如土地购买权，市政上的参政权，利用公共设备权（如公园）及人权（如拷打）。（三）使外人以租界为经济侵略的根据地，在租界吸收中国财富，在租界经营工商业，利用领事裁判权去压倒同种类的中国工商业。（四）使租界为中国政治阴谋的根据地，在租界容纳祸首，售卖军火，供给军资，以操纵中国内乱。（五）使租界为中国社会罪恶的渊薮，例如纵容卖淫恶习，奖励抽鸦片大烟，虐待童工及女工，用设教会学校、奖励细崽、优待买办等方法，养成各种洋奴，希冀于不知不觉之间，灭绝爱国种子。

租借地除了上述各种弊病之外，还应加上（六）以租借地为他们划定势力范围之起点，租借地背后的陆地，变为外国的势力范围。（七）租借地上可设军事的设备，所以等于外国人在中国设要塞，可以使中国国防上感受极大的不利。（八）租借地足使中国无法维持其中立，例如日俄战争时之东三省及日德战争时之山东。（九）租借地足以影响中国政争。

以上九种弊病，在铁路行政地带上，不但样样俱全，而且各样弊病的程度，还因聚在一处的结果，更要加深。日本在南满洲，恰恰有一个铁路行政地带，所以日本在东三省保有特殊的伟大势力，并不是偶然的。一个国家在另一个国家的内地腹心，设有经常的经济侵略的根据地，政治扰乱的策源地，社会酖毒的酿造所，奴才顺民的养成所及军事上的要塞，还愁经济侵略不点优胜，政治扰乱不达目的，社会酖毒、奴才制造及军事的便利等等事件不能如意吗？

所以日本在东三省的势力，可以说，其根基实在铁路行政地带上。所以我们要想打破他的势力，救护东三省，首先就要设法打破这个铁路行政地带。要想打破他，自然首先还要知道他的来历和性质。

铁路行政地带是如何发生的呢？铁路行政地带，发源于一八九六年中国与旧俄道胜银行订立的中东路合同。这合同内，有"中东铁路公司有关于铁路地带的行政的特殊而且绝对的权利"一项。这个权利因当时办理外交者之无识，在事实上一变而为设置路警权，再变而为设置铁路警备队之权，三变而为普及于沿铁路线的各矿山地带之权，四变而为在铁路驻防正式外国兵队之权。再经日俄战后的《波茨毛斯条约》，遂成为日俄共同强制中国承认的权利。俄国在革命后，对中国放弃一切特权，所以这个权利，当然也在放弃之列。现在对于中国有这样权利的，只有日本，其地域只限于南满铁路的干线支线及安奉线。日本对于这个权利，当然看得很重，所以他在华府会议特别声明他有特殊权利，裁邮不肯裁到铁路行政地带上的日本邮局，与新俄协定时，特别声明《波茨毛斯条约》关于满洲铁路条项即在铁路地带驻兵一项依然有效，到现在又拒绝郭松龄的东北国民军，在铁路行政地带附近作战——这些都是他表示他有这种权利的方法。

但是在中国方面如何呢？中国方面自始就因这种权利只是一种事实，只是日俄两国间有明文现定，根本上就不承认，所以自始就不肯承认这种权利的存在，所以始终抗议，如华府会议时，日俄新协定时及日本不肯裁邮时。所以中国现在如主张废止这种不合条约而侵害国权的铁路行政地带，在国际法上，理由比废止不平等条约等等，越更充分。

日本自五卅事件以来，很想装做改变态度，要和中国讲亲善，所以对于中国收回法权运动及关税问题，都表示帮助中国。但是现在日本露出马脚了。放着没有条约上充分根据的铁路行政地带不肯废止，而欲空口说同情于中国的收回税权、法权的运动，中国人虽老实，还不至于受骗到这个程度罢！

爱国的运动家，赶快起来救东三省，赶快主张废除铁路行政地带！日本若是拒绝我们，那就是如从前我说过的，日本的外交和军事上失败的危机快到了。

武力民众化就是"利用军阀"吗?[①]

革命是什么?就是用实力推翻现存的统治阶级。这个实力的当中,当然包含着武力。这个武力,自然主要地要靠革命的阶级自己创造出来。换句话说,就是把自己组织起来、武装起来。但是,自己武力的形成,并不妨害自己于此之外,更去诱引敌人,使他加入我们的战线,至少使他中立;更不妨害自己于此之外,劝诱第三者,使他帮助我们作战,至少使他对我们守同情的中立。这个道理是很明显的:革命是实力的斗争,在不妨害革命目的的范围内,当然应该尽量减少敌人的势力,尽量扩充自己的势力;否认这个原理,便是否认革命的斗争,便是否认革命,便是口头说革命、心里不想革命。国民革命的目的,在推翻军阀的统治及打倒那操纵军阀的帝国主义者。这个推翻和打倒,自然要靠我们民众自己创造武力,然而依上述一般原理,我们民众武力的创造,并不妨害我们诱引敌人即军阀及帝国主义者加入,或同情我们这方面,更不妨害我们劝诱第三者即既非军阀和帝国主义者又非革命参加者的一切人加入或同情我们这方面。

---

① 署名启修,选自《国民新报副刊》1925 年 12 月 27 日第 22 号,第 1~2 版。——编者

在完成国民革命目的的范围内，劝诱军阀加入或同情我们民众这方面，使军阀的武力变成民众的武力：这就是武力民众化。这个武力民众化，和普通所谓"利用军阀"，大不相同。所谓"利用军阀"，是指某一个人、某一党、某一系，为一个人、一党、一系的私利，去迎合军阀、助长军阀、利用军阀，以达他们特殊的目的，做官发财、卖国殃民的目的。普通所谓"利用军阀"之被识者痛恨，根本上，就在这些个人、这些党、这些系，不是想改变军阀、推翻军阀，而是想迎合军阀、助长军阀；就在他们不是为公而是为私。所以武力民众化与"利用军阀"有两个大大不同的地方：（一）前者是要使武力变为民众的武力，变为革命的武力的；后者是要使武力仍然继续为特殊的势力或增加其特殊势力的程度，使武力变为镇压革命的武力的。（二）前者虽与武力结合，但其目的在推翻军阀的统治和打倒那些操纵军阀的帝国主义者；后者也是与武力结合，然而其目的只在升官发财、卖国殃民，只在这些私的目的，即使有时偶然没有这些私的目的，他的目的也总在维持军阀的统治和保存操纵军阀的帝国主义者而不在推翻他、打倒他。

武力民众化和"利用军阀"的区别是很明显的。但是，现在关于国民党和国民军结合一事，世上许多人却不明白，以为这是"利用军阀"，以为这是主张革命的人——不管他无政府主义者、共产主义者或民治主义者——不应该做的，以为这是革命党的自杀。这种议论，真是曲说谬解。现在的国民军全体，是不是一个军阀，这已经是一个问题。就姑承认现在的国民军仍然是一个军阀，而国民党与国民军的结合及上月的国民大会各革命的团体不与国民军冲突，照上述理论看来，也只武力民众化，而不是"利用军阀"。理由是很明白的，因为国民党及各革命的团体，只想把国民军变为革命的民众的武力，偕同着去根本推翻军阀的统治和打倒那操纵军阀的帝国主义者，因为国民党及革命的各团体不想，也不能够想，做官发财，卖国殃民。

那么，这些曲说谬论，这些认武力民众化为"利用军阀"的议论，是从哪里来的呢？这个，一部分是由于理论缺乏，不知革命的策略；一部分是由于明知故说，借此破坏革命的势力，阻碍国民革命势力的发展，反对革命。更详细地说，发这种议论的人：（一）有些是害了所谓"左派幼稚病"，以为革命的进行可走一直的路线，不必转弯抹角的。（二）有些是害了"口头革命，必里不革命"的病，遇着实际的革命运动，照例要说几句风凉话，以表明其革命的见解之高明，掩饰其站在隔岸观火的态度的。（三）有些是存心反对革命，然又不敢明目张胆地说自己是反革命，所以遇着实际的革命运动发生，就隐在革命的旗帜下面，百般吹毛求疵，希图借此破坏革命势力的团结增长的。（四）有些是自己本想"利用军阀"，生怕国民军变成民众的武力之后，他们没有利用的机会，所以故意把武力民众化和"利用军阀"混为一谈，一面妨害革命势力的增长，一面掩饰自己打算利用国民军的本意的。但是，国民革命的势力，已经牢固地植在民众间了，已经普遍于国民各军之间了，所以我想这些曲说谬论，当然不能摇动民众对于国民革命的信仰，不能阻碍国民军武力的民众化的进行，不能离间国民军与民众的结合。国民革命的前例，还是可以乐观的！

革命的志士，在这时候，不但不要为这些曲说谬论所惑而放下使国民军武力的民众化的工作，而且应该进一步绍介国民军于民众，拉拢国民军和民众，因为国民军民众化的表现，在战时比平时格外容易，因为武力之脱离民众在战胜时比战败时格外容易，因为"利用军阀"的发生，在战胜后比在平时也格外容易。听说现在已经有许多［革］命的勇士在杨村、北仓前线做拉拢国民军和民众的工作，已经获得相当的效果了。我希望勇敢的革命家，更进一步到各地方前线去做同样的工作，更希望留在后方的人，努力纠正有碍革命进行的曲说谬论。

日本帝国主义者对中国侵略的进步与其自己的运命[①]

东北国民军郭松龄将军失败了，张作霖势力又有恢复的希望了，日本帝国者的报纸，欢呼起来了，英法帝国主义者也愁眉大展了，帝国主义者所豢养的军阀、官僚、政客以及一切反革命的人们，自然，也随着眉飞色舞地，喜欢起来了。张作霖的恢复势力，就是说明：帝国主义者对于中国的压迫和剥削，还要继续下去，军阀、官僚、政客以及一切反革命的势力，还要维持下去，所以这些帝国主义者和他们豢养的走狗，在他们利益上看来，自然是应该欢呼忭舞的。

但是，在我们国民——被剥削、被压迫的国民方面看来，张作霖势力的恢复，究竟不过是一种回光返照，东北〔国〕民军的失败，究竟不过是反帝国主义者斗争中的短时间的顿挫，我们固然绝对地不能说这是可喜的事，然而实在也绝对地用不着悲伤沮丧的。因为，革命的战士，本来就不但应该知道怎样处胜，而且应该知道怎样处败；因为革命的战士应该知道只有再接再厉，才能恢复已往的损失，达到最后的胜利；因为革命的战士本来确信着革命的最后

---

① 署名启修，选自《国民新报副刊》1926 年 1 月 1 日第 27 号，第 3～4 版。——编者

胜利，在我们方面；因为革命的战士深知帝国主义和反革命的势力，向前进一步，他们自身破灭的运命，也就向着他们接近一步。最后这一层理由，我们可以从欧战以前的德国、奥国及俄国等国的帝国主义者的运命，得一个充分的证据。我们现在把他拿来应用在日本帝国主义者对中国的侵略上，看一看，也可以证明他是不错的。

日本帝国主义对中国侵略的步骤，可用中日战争、庚子联军、二十一条款交涉及助张灭郭四件事简单地表明它。中日战争时，日本志在夺我沿海要地和藩属；庚子联军时，日本志在献好列强，与列强瓜分中国；二十一条款交涉时，日本志在趁火打劫，趁列强无力东顾，把中国全国夷为日本的保护国；到了现在，日本志在为列强压抑中国的反帝国主义运动，以便向列强索取交换条件，把东三省完全而且正式地划归日本经营。日本的侵略手段，能够随着环境的转移，临机应变，自然是非常巧妙的，所以从日本方面说，他能够把中国自始至终紧紧束缚着，使中国到现在还不能脱离帝国主义者的羁轨，总算是成功的。然而在他方面，日本帝国者反因这种着着的成功，（一）受其他帝国主义者嫉视的程度，也逐渐增加，而不能不以武装维持和平；（二）军备费的负担，逐渐增加，使国民生活不能随国威之强大而改善，而致发生国内重大的社会问题；（三）使中国全国国民愈益觉悟，驯至反日的运动，由南而北，由东而西，由关内而东三省，由学生界，而商界，而工人界，而农民界，而军界，到现在几至无处不有反日运动，无一个爱国国民不赞成反日运动。总而言之，日本对中国的侵略，固然进了步，然而日本帝国主义者在国际间，在国内，在中国，所受的障碍，也随着增加了。

　　我们革命者只注重自己的势力，并不专门希望敌人的自溃和第三者的帮助，所以日本帝国主义者在国际和国内的危机，在我们并不视为重要，现在可以不必多说。只就日本帝国主义者第三种在中国的危机说，我敢断言：日本这次的援张杀郭，露骨地侵略满洲，并不足以威吓中国国民，使中国国民放弃东三省，不敢存恢复东三省已丧权利的念头。日本这次的行为，只是提醒中国国民对日本的观念，只足驱使全国五十万国民军，永远为反帝国［主义］之战的革命战士，只足驱使全国数百万青年，变为国民革命的急先锋，只足促全国人民越发明白知道帝国主义者与卖国军阀相互勾结的关系罢了。日本帝国主义者及其豢养的走狗，且少欢喜罢！东三省几千万的同胞，且莫悲伤罢！国民革命的潮流，越激越发高涨了，中华民族完全独立自由的时期快要到了！

如何纪念在历史上有重大意义的"二七"事件?[①]

在数千年间驯服于武力压迫和经济剥削下的中国工人界中,忽然发生一九二三年二月七号的为组织京汉铁路总工会的斗争,已经是一件破天荒的事;在这件争结社集会等自由的斗争中,发生以赤手空拳的工人们,对抗全付武装的军阀,而不稍退却的政治斗争,更是奇迹;这个政治斗争中,发生反帝国主义运动的因子,使全国工人界觉悟自己是受着帝国主义者及其走狗军阀的双重压迫,感着国民革命的必要,使他们在这事件发生后两三年间,成为国民革命最勇敢的急先锋,这尤其是不可思议的呵!然而这些又何曾是破天荒,是奇迹,是不可思议。在一个虚心而注意的社会研究家看来,中国工人界的自觉性,早已随着帝国主义者八十年前的鸦片烟及其他洋货而撼动了,中国工人界的斗争性早已随着新式工厂和铁路轮船的增加而挑发了,中国工人界的革命性早已随着帝国主义者对中国的压迫和中国军阀对中国平民的残杀而酝酿成功了;二七事件中,中国工人界的自觉性、斗争性及革命性的表现,不过这些早已种植长成的性质的表面的发现罢了。在受帝国主义者剥削和侵略的

---

① 署名启修,选自《国民新报副刊》1926 年 2 月 7 日第 61 号,第 1~2 版。1925 年 2 月 5 日作于北京。——编者

殖民地或半殖民地里面，工人阶级必定较其他阶级多有民族的觉悟，多有革命的要求，多有革命的能力和勇气——这是从近代工人的生活和地位而来的当然结果；我国中国工人界，既然近代化了，当然也就逃不出这个定理，所以二七事件，是中国产业发展史上的必然一幕，是用不着惊诧的。

二七事件虽然是历史的必然，用不着惊诧，然而他并不因为是历史的必然而减少他在中国历史上的重大意义。在中国历史上，二七事件是表示中国工人界觉悟夺斗的第一幕。二七事件以后，中国工人界，不但不因受帝国主义者及军阀的威压残杀而依然循数千年的旧路，忍苦驯服，而且反转越发提起精神，在各地方行工人运动，在事实上成立了从来未有的各种工会。二七事件又是表示中国工人界参加反帝国主义和军阀的国民革命运动的第一幕的。二七［事件］之后，接着来的便是沙面罢工、香港海员罢工、上海纱厂罢工、青岛纱厂罢工，最后最勇敢的几幕，便是五卅事件和沙基事件及其他等等。在这些事件中，中国工人界都不是仅以经济斗争为目的，而是兼以政治斗争为目的；中国工人界都是打头阵，而不是摇旗呐喊，都是牺牲职业和生命严重地去干，而不是出于一时的感情的冲动。中国工人界这种革命运动的意义如何重大，只看五卅事件及沙基事件能够把全国人心激发起来，使全国群起帮助国人素来不屑注意的工人界一事，就明白了。二七事件又是使中国工人界，在世界上表示他的存在的第一幕的。世界工人从前受了帝国主义者报纸或著书的宣传，把中国工人看成一种毫无自觉心的欧洲中世纪以前的奴隶，他们所谓中国苦力，包含着一种和他们绝非同等的动物的意义。自二七［事件］以后，这种误解，在帝国主义者国中的工人界中，才渐渐的因二七［事件］牺牲者的血而被洗涮了。五卅事件时，各国工人界对于中国工人界的热烈的同情和援助不是偶然的，实在是受二七事件的影响而来的呵！至于中国国民革命潮流的高涨，民众对于帝国主义者及其走狗军阀的正确的认识，中国国民党注重工农运动的策略之决定，等等，也莫非以二七事件为起点，直接间接受了二七事件之赐的。二七事件！好一个伟大的事件呵！

固然在二七事件以后，中国工人界受了帝国主义者及军阀的离间挑拨，发生了注重政治斗争派和注重经济斗争派两派，仿佛使工人界势力中分，未免不利于工人界，仿佛也就是二七事件的恶果。然而这种分化，本是工人界势力涨大时的共通现象，各国都曾经有过的，而且是会随着工人运动的进一步的发展而消灭的，所以万不能够因为这一点，就否认了二七事件在历史上的重大意义罢。

当二七事件时，直系的曹吴势力正在炙手可热的时候；民众的自由，完全被军阀的政府剥夺；诸子国会，正在仰承军阀鼻息；代表无耻的彭允分，正在逢迎诸子，滥用政府的权力，殴伤挽留蔡子民的北大学生——那时候，真正是大日惨淡，狐鼠横行。现在呢？虽然民众还受压迫，然而已经可以自由开会纪念历史上有意义的二七［事件］了。虽然政府还是一个国民所欲得而推翻的政府，然而民众的意思，已经和政府立在对抗的地位了。从各方面看来，我们应当欣幸，但是我们在欣幸当中，还应该追念这欣幸之所从来，而追悼在二七事件时流血牺牲的战士，顾虑在国民革命的前途上横着的许多困难，才能够把这一时的部分的欣幸，变成永久的全部的欣幸啦！大家看罢！万恶的民众之敌的吴佩孚，现在受帝国主义者的帮助，又死灰复燃，希图重登舞台了。大半瓦解的中华民国的蟊贼张作霖，得日本帝国主义者的援助，又想弄其扰乱关内的故技了。中华民国的附骨疽诸子团，又欲乘机播其余毒了。与民众结合的国民军，又有逡巡却退之色了。工会条例，将颁布而又复搁置了。二七事件的陪伴人蔡子民方回国而又有对于智识群众，表示消极的倾向了。在这种情势的下面，大家若不百尺竿头，更进一步，努力把已经获得的些少自由，牢牢地抓住，恐怕二七惨剧难免再演，今日的欣幸，变成明日的悲哀，国民革命成功的路途上，还不免有许多魔障哩！

我们当着这个历史上有重大意义的纪念日，处在这个不安的状况下面，应当如何纪念二七事件呢？我以为：我们一方面当感念二七〔事件〕牺牲者用他们的热血造成的关于国民革命高潮的功绩；一方面又当估量目前国民革命运动所引起的全国混战的危机，感觉我们对于这个危机的特别重大的责任；最后我们还要紧记着世界革命家由经验得来的几句名言：

"被人民革命失了政权的统治阶级，总不会相信他们自己已经失败，他们本来从没有想到自己会有失败，所以在他们失败之后，总想用尽十倍百倍的气力，切齿痛恨地去努力设法恢复他们的天堂。"

"第一件事，是不要因一时的战胜而自满自骄。第二件事是不要以为有了胜利，就完了事了。第三件事是扑杀敌人，因为战胜敌人的意义，和扑杀敌人的意义，差得还很远。"

一五，二，五日　北京

如何才能完成中山的事业？[①]

    资本主义的发展，必然地产生了国际帝国主义，国际帝国主义的发展，又必然地产生了殖民地及半殖民地的民族革命运动，于是中山先生这个伟大人格者，遂与俄国的列宁、土耳其的基玛尔、埃及的撒鲁尔、印度的甘地等，同出现于廿世纪的第二个十年，而成为现世界著名的民族革命运动首领。他们的革命的理论和实际运动的方法，虽然因环境的差异而有不同，然而他们的使命，在推翻国际帝国主义，解放一切被压迫民族，而从新建一个真正的友爱、平等、自由的民族间社会，则是相同的。他们的事业的成败和身体的生死，在目前虽因种种客观的事实而有不同的结果，然而他们的使命，并不因他们目前事业的成否和身体的存否而有变动。他们用心思、脑筋、汗血、筋骨换得的革命理论和经验，已经深入民族革命战士的脑里，将随着帝国主义之进展而日益发挥其效力。他们的使命，必然地会完成的：若不是他们自己亲身及见其完成，必定是他们的信徒继续他们的工作，秉承他们的教训去完成。因为不但民族

---

    ① 署名陈启修，选自《国民新报》1926年3月12日"孙中山先生逝世周年纪念特刊"，第2~4版。关于陈豹隐与孙中山的关系，参见《陈豹隐全集》第三卷第四册《我三次受到孙中山先生伟大人格的影响》一文。——编者

革命运动在资本主义发达的理论上，是必然要进行的，而且他们点燃了反帝国主义的火，在被压迫民族的精神上，是不到烧尽帝国主义的时候不会消灭的。一个被压迫民族，了解自己民族革命的意义和自己民族革命首领的使命之后，应当想的，只是：怎样设法使自己民族革命成功，怎样帮助或继承自己民族革命首领，去完成他的使命。（关于以上全段，著者另有一文《中山的使命与中山的事业》①，载在《新军》杂志"中山纪念号"，兹不详述）

中山死后一年间中国国民革命运动的发展，证明中山虽死，中山的事业不死，证明上述理路是对的。中国国民革命运动家在中山死后，依上面所述，唯一的任务就是设法使中国国民革命成功，设法继承中山，完成他的使命；因为中山的事业不死和中山事业的完成，其间的距离，还远得很。

但是，怎样才能完成中山的事业呢？这是今天中山肉体死去一周年，一切中山主义的信徒和国民革命的战士们在纪念中山的崇高严肃的空气中，应该深思沉想的一个问题！

对于这个问题，首先浮在我们脑海里的答案，自然是"要发挥中山的三民主义"。不错，三民主义的发扬光大，的确是中山事业的完成的一个前提。但是中山的根本事业，是中国的国民革命，国民革命运动固然离不了三民主义，然而三民主义却不能是国民革命本身，他不过是国民革命运动的一个目的地，国民革命成功后的一个理想罢了。所以三民主义的发扬光大，不能算是完成中山事业的主要方法。

---

① 待查。——编者

其次我们立刻想得到的答案是："要扩大国民党和巩固广州国民政府"。不错，国民党是中国国民革命的大本营，广州国民政府是中国国民革命的根据地，我们要想完成中山的事业，自然应该扩大国民党和巩固广州国民政府。然而这种扩大和巩固，不过是国民革命运动进行的基础，却还算不得是完成中山的国民革命的方法；因为，若是组织大而无当，根据〔地〕孤立而不能进展，则国民革命的成功，仍是不可期的。

更次，我们可获到答案："对内要依国民会议的方法，打倒军阀政治，建设统一的全中国国民政府，对外要与一切被压迫的民族联合起来，推翻国际帝国主义"。这个答案，自然更是不错，因为这个联合国民打倒军阀，联合被压迫民族推翻国际帝国主义，这件事本身已经是国民革命了。但是这样的答案，对于怎样才能完成中山的事业——国民革命——一层，却未能解决，所以还是一个不充分的答案。

我想："怎样才能完成中山的事业"？就是说"怎样才能完成国民革命"，所以问题结局是一个"怎样才可以革命成功"的问题。要想革命成功，第一要有真正的革命的人才，第二要这些真正的革命人才，真正地能行革命的行为。什么才是真正的革命的人才，什么才算得真正的革命的行为？这很难一言而尽。

我想：真正的革命的人才，在最小限度，应具下列三种资性：（一）有彻底的革命的人生观，知道革命是社会的通常现象，能够不害怕革命，不躲避革命，而以革命为终身的职业，和中山先生之除革命而外，自觉无其他使命一样。（二）知道社会事象进展中的矛盾律，能够于冲突中找出路，于混沌中找条理，能够不囿于成败之俗见，能够识进退之机宜。总而言之，能够观察并分析复杂的环境，去设法支配他、改变他，和中山先生逐渐造成他的三民主义，战胜满清和北洋军阀一样。（三）能够知道知识没有止境，知道革命的理论和实际随着环境的变动而会日新不已，知道继续求知，终身不倦，和中山先生虽在百忙之中，手不释卷，无论何人的意见，只要是有价值的，都大度接纳，求人才于共产党，求革命的理论和策略于苏俄一样。以上三种资性，都是真正的革命的人才所必要的。没有（一），便会变成投机的或畏缩的革命家。没有（二），便只会一往直前，有勇无谋，只会被环境支配，不会改变环境，难免进退之际，常受意外的顿挫。没有（三），便难随着新的环境变动，而获得新的革命理论，便会变成一个落伍的革命家，其结果，便难免于不知不觉之间，变成反革命分子。

真正的革命人才，不必都能做真正的革命的行为，要完成国民革命，还应该要求真正的革命的人才，实行真正的革命的行为。真正的革命的行为，在最小限度，应该包含以下四种行为：（一）知善即行的行为，必定有这种行为，然后才能够打破一切因袭，改造社会。中山先生的知难行易说的反面，也就包含着有这个即知即行的意。（二）勇敢而有节度的行为，必定有这种行为，然后不会坐失事机，也不会盲目勇进。中山先生以数只兵船与拥兵十余万的陈炯明交战，以广州弹丸之地与大英帝国作对，他的勇敢的行为，已经令人佩服，他的胸有节度，能进能退，尤足表示他的行为的革命性。（三）接近群众、深入群众、结合群众的行为。革命是群众的行为，所以真正的革命的人才，必定要有接近群众、深入群众、结合群众的行为，才能够指挥革命、抓住革命。中山先生在中国革命家中最富于这种行为，是大家知道的。（四）只问革命不革命，不问私人感情好坏的行为。这种行为，在革命进行上，非常重要。革命运动家对同志的关系，要纯然以革命的利益为出发点。是革命的，哪怕他是平素私人的雠仇，也应当牺牲私情而引他为同志。是反革命的，哪怕他是亲交故旧，也应当顾全公益，而视他为敌人。若不这样，则公私难分，纵然是真正的革命的人才，他恐怕难免做反乎革命利益的行为了。关于这一点，我们只须学中山就够了，因为中山的行为，几乎全部都是只问革命不革命，不问私人感情好坏的行为！

以上说的真正的革命的人才，恰是中山的一个缩影，所说的真正的革命的行为，恰是中山平生行为的特色，所以要想完成中山的事业，最要的，是应该养成有中山式资性的人才，使他行中山式的行为。换句话说，就是一切国民革命家，不要空谈三民主义、五权宪法，不要徒争什么党的正统、个人的权利，而要学中山的为人，行中山的行为！中山死了，中山的资性和中山的行为，却遗留在中山的著作和事迹之中，所以我们若想完成中山的事业，我们便应从中山的著作和事迹之中，抓住中山的革命理论和实际策略，并且应用到新的世界的及中国的客观环境中去。

只有那样，才能够完成中山的事业——国民革命，也只有那样，才能够有纪念中山先生的实际的意义！

陈启修同志演说革命的人生观和革命的理论之认识[①]

今天是开四川革命同志会成立大会，在这革命根据地的广州来促进四川革命，意义是很重大的。不过这样的组织早已有过，八年前北京有新四川社，现在已自由消灭了，不要别人来破坏。五年前又有个川政协会，当时虽不是革命，而亦是改革四川政治的，但现虽存在，却已为军阀御用了，某人某派得势，就捧他们，可以说这团体的现况与当初就大不相同了。今天组织这会，当然不与上两团体一样。而那两团体的失败，并不是人的问题，实在是四川人团体的性质根本不成功。

的确，四川人很有才能干革命，如同盟会六人，就有三个四川人刺摄政王，黄花岗也有四川人，辛亥后什么团体都有四川人，至于少年中国学会分裂还是四川人。真是好的虽多，而破坏、捣乱的人也不少。革命的很多，反革命也不少，每每是二雄不并立的。例如曾琦与任卓宣在法国各倡国家主义与社会主义，初非什么主义不同，乃是两雄不能立于一团体之内。现在中国的国家主义派，也因

---

① 选自《鹃血》1926 年 7 月 15 日第 3 期"本会纪事"，第 7～8 页。《鹃血》半月刊由四川革命同志会出版部编刊，四川革命同志会 1926 年 5 月 14 日在广州举行成立大会，陈豹隐、郭沫若、曾济宽等出席并当选为执行委员，本文即陈豹隐在成立大会上的演说词。——编者

曾琦、李璜、余家菊，至争首领而将分裂。所以四川虽能干而动，却因此生出不好的行动来。这是：第一，四川不比平原海边，人民见解不宽，常易生出隔阂；第二，组织不好，四川到处爱组织团体，借为出风头之具，到后来思想不前进，理论不充分，于是只图破坏，更把团体弄死了。我们这个革命团体，当然是有很大的希望，好好的去组织；因此我们不能不鉴于上二点之错误，极力免掉了才不背本会成立的本意。

中国革命是要形成联合战线的，但是我们要革命，首先要明白以下二点，才能达到目的。

一要了解革命的人生观：革命不是异常的状态，而是通常社会进化中必然的行动；不只是破坏，而亦是建设；是世界上最高尚的人格和人生观。我们必须认识这些，革命才不是感情的作用，盲目的冲动。我们这样的革命，才能免除一切错误，亦不致受物质的诱惑。

二要有革命的理论：有了革命的理论，才能认识革命的径途，不致走错路。不认清革命的理论，只会把敌人当作友人，或友人当作敌人，与其他种种湖涂思想，把不革命的理论当作革命的理论。如曾琦以前是要革命的，而现在却要实行全民革命了，真是有史以来的笑话！因为人人都要革命，岂不是要军阀、官僚、资家、买办、地主与农民、工人，一切被压迫、被剥削者共同来革命，这能够吗？又如有人说，革命要中国自己单独行动，反对联合人家，这不过是以前的侠客，忠君爱国思想，算是空话，不是革命！实在说，现在还有中国以外的世界各国，关倒门实行革命行不行？因此，他们行动也乱起来了，而且向反革命的大道走去。有这种差错，我们所以要深求革命的理论，我们革命才有把握。

　　我对于主席所说与缘起都非常拥护和赞同，但我观察以往的失败，所以希望大家要有革命的人生观和革命的理论，使四川革命同志会成一个有好的组织的团体。

革命势力集中与统一指挥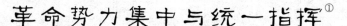

过去的历史告诉我们：一切斗争的组织，必定是集中的组织，才能够产生新的力量，去破敌制胜。集中之力量，大于原有力量的总和，恰如十根各不能引百斤之绳，合起来造成一根大绳，就可引千斤以上之物一样。德国在欧洲大战时，以比较少的兵力，破敌人数倍的兵力，是因为他们知道应用这个道理，常以团集的攻击，打胜虽多而散在各地之敌兵。过去的历史更告诉我们：一切斗争的组织，除了必是集中的组织之外，还应该有统一的指挥，因为必定这样，才就使集中之力量尽量发挥，指挥如意，如身之使臂，臂之使指然。最明显的例，就是欧战的联合军队。他们在没有联合的指挥官的时候不但不能战胜人数较少的德奥军，而且每战必失去若干阵地，几有蹙国百里之势。到后来了福煦将军为总指挥官之后，形势就大大变更。他们的兵队，虽然因俄国革命较前减少了一些，然而始终站在压迫德军的地位，直至获得决定的胜利为止。俄国革命的红卫军及红军之能战胜数倍的军队较优的敌人，也是因为他们的指挥统一，能够在历史上从来没的神速奋勇作战，使敌人只有招架之

---

① 署名陈启修，选自《鹃血》1926 年 8 月 1 日第 4 期"北伐专号"，第 27～28 页。——编者

功，而无还手之力。这都是明明白白的事实，谁也不能够否认的。

何如历史的教训，值得我们的注意，我们就应该把上述集中势力、统一指挥两点，拿来照一照我们国民革命进展的前程，看一看我们曾经做到了这两点没有。中国同盟会的成立，可说是合乎集中势力的原则的。因为中国同盟会，兴中会、光汉会、光复会及其他等，散在各地方的革命团体，打成了一片，成了一个整体的势力。中国同盟会是合乎集中势力的原则的，所以他们成立之后，不上八年，就成了一个辛亥革命——推倒清廷的革命。我们不要说推倒满清易如摧枯拉朽——须知满清有数百年统治的威权，以洪杨的大兵，尚不能奈何他，加以康梁的妖人，当时盛倡保皇立宪的邪说，和今日的国家主义派一样，专门引诱青年离开革命的立场。假如当时没有集中革命势力的同盟会，则中国现在，也许还是大清帝国哩！中国同盟会以后，能够集中全国革命势力的，就是十三年的国民党改组。这个改组，把国民党弄成一个公开地吸收全国各地各阶级革命分子的党，他集中的程度，较甚于同盟会，所以果然在改组之后，国民党的势力，不但从地域上说，普及了全国大小城市，而且从分子出身说，亦普及于全国各阶级。因为有这种集中，所以北洋军阀才分化出来数十万的国民军；因为有这种集中，国民党才能够把积年为害的两广军阀扫平；也因为有这种集中，才能发生历史上意义重大的五卅运动，才能使英国香港帝国主义行八十年以来在中国从未有的屈服！

势力集中一点，却做到了。但是"统一指挥"一点为如何呢？不幸这一点，在中国国民革命运动史上，从没有见过，因为从前那些不懂得革命的军阀式的骄兵悍将，本来没有服从统一指挥之可能。但两广的军阀渐次肃清了，两广的军队都成清一色的革命军了，湖南的革命军队，也加入国民革命军了。国民革命军的总司令，终于出现了。在今日军事上看来虽是总司令就职以后，然而在国民革命发展上看来，却是革命势力进增，革命成功有以保障之日。何以呢？因为总司令就职之日，就是革命势力有以统一指挥之日，如果历史上的教训不是欺我们的，那末，革命势力有以统一指挥之日，也应该是革命势力的进增，国民革命成功有了保障之日呵！我们有了"势力集中"，又加上"统一指挥"，就令帝国主义者把他们的大炮、飞艇、战船运来，我们也一定可以像俄国的红卫军和红军当年打破帝国主义一样，打他们一个落花流水，使他们悄悄收兵而去，还怕什么他们的走狗军阀，还说什么卖国小丑吴佩孚、张作霖！

我们固然知道"道高一尺，魔高千丈"——帝国主义者看见革命势力展进，一定要弄弄手法，或者想进一步帮助卖国军阀，或者想用金钱收买反革命分子，进一步离间革命军的内部，或者无聊之极，仍用他们惯用的恐吓政策，派兵锁港。然而我们同时又知道，"集中势力"和"统一指挥"是革命军利害无比的武器，帝国主义者的手段，对于这种武器完全无用的。俄国革命史上，已经昭示我们了。同志们：努力罢！国民革命军有了统一指挥了！国民革命成功有了保障了！国民革命成功万岁！

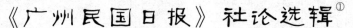

《广州民国日报》社论选辑①

吴贼狼狈极了②

吴贼众叛亲离，势在必倒，我们在一星期前已经详细指了出来。据过去一星期的事实看来，我们的预测实在是一点也不错。请看啊！

第一　吴贼在最前线的军队吴世子不是又倒了戈吗？吴贼为补充兵力起见，不是想调苏军两旅到西北战线去而苏军不肯去吗？

第二　吴贼不是想把讨赤前敌总司令之职让给张宗昌而自己借

---

①　陈豹隐在 1926 年的下半年曾任《广州民国日报》主笔，故该报一度几乎期期都有他所作的社论。这些文章量大而篇幅短小，故汇编为《〈广州民国日报〉社论选辑》。

受条件限制，本次整理所利用的《广州民国日报》是人民出版社 1985 年影印版，该影印版 1926 年 7 月 1～31 日第 822～843 号，8 月 31 日第 865 号，9 月第 868、869、874～877、879～880、883～884、886～887 号，10 月第 889、896、901～902 号存在缺期或缺少相关版面，而这些期不排除也有陈豹隐社论，特请读者留意。凡影印版字迹不清处，用□代替。——编者

②　署名启修，选自《广州民国日报》1926 年 8 月 2 日第 844 号第 2 版"社论"。——编者

口湘鄂战事紧急，一溜了事么？

第三　上海电讯不是有吴贼决心自动下野之说吗？孙传芳不是已通电息兵，连署者有吴贼的党羽陈嘉谟、阎锡山吗？这不是显然表示吴贼已经势穷力绌，只好循中国军阀从来惯例，在不得已之时，找出一个第三者出来调停，想乘机下野吗？

第四　本日本报专电有吴贼在北方政治势力于一星期内必定全部被人推翻的消息，这不是表示吴贼若不自动地滚下台去，必定要被某某方面用实力推下台吗？

吴贼狼狈极了！吴贼的狼狈正是革命势力发展的好时机，国民革命军第二步作战计划的对赣鄂作战，必定也和对湘作战一样，在旬日之内，就可以肃清敌人，达到作战目的！

对赣西南及对鄂西作战的意义[①]

国民革命军自宣誓出师以来，不满一月，就恢复了长岳，肃清了湖南，使全国人民惊叹革命军用兵的神速和将士的勇猛。因此，有些性急的人就日日盼望收回武汉的捷音，仿佛以为革命军行军只走一条直线，得了长岳立刻就可扑武汉似的。其实这样急性的人是完全不知道革命军应取的战略的。现在讨吴作战的第二步即对赣西南及对鄂西的作战已经实行，所以我们不怕泄军事秘密，把这第二

---

① 署名启修，选自《广州民国日报》1926 年 8 月 3 日第 845 号第 2 版 "社论"。——编者

步作战的意义说一说，以免性急的爱国家白白地干着急。

革命军肃清湖南之后，第二步的目标，不消说得，一定是武汉无疑。以革命军用兵的神速和将士的猛勇，旬日之内克复武汉，自然是万分可能的事。不过一时克复武汉和长久把住武汉，却是两件不同的事。武汉本是四战之地，易攻而难守。若由湖南方面攻取武汉而想长久把守着，至少在右翼须占领赣南赣西，在左翼须占领鄂西，否则敌人若从左右两方面侵入常德株醴时，武汉的大军就难免有困守孤城的危险了。

神机妙算的革命军将领们看清了这一着，所以在收复长岳之后，一面进迫武汉，一面却以重兵出赣南赣西，以奇兵袭击荆沙，（请参看昨日、本日报前方消息）使在武汉的敌军，反要犯着困守孤城的危险。这是何等巧妙周密的战略啊！

所以赣南赣西及鄂西的作战，不是局部的战事而是关系全局的战事。这个战事的敌人，只是一些败残的土匪军队，自然当不起我们神速刚勇的革命军的一击，几天之内我们一定可以听得下南昌、取荆沙的捷电的。这个下南昌、取荆沙的捷电到来之日，照上述的战略说来，也就是克复并把住武汉，永远消灭吴贼巢穴之时。所以我们不用着急，且安心等着罢！

江西人起来了！[①]

江西在前清时与湖南并称为中国革命党的第二根据地（广东是第一根据地），出了不少的革命家，有过很光荣的革命历史。不幸自袁世凯窃政之后，十余年来，江西人民因地理关系，久为湖北、湖南、安徽、江苏的反动势力所包围，历受李纯、陈光远、蔡成勋、周荫人、邓如琢等所谓北洋正统军阀的蹂躏剥削，弄得生活困苦，欲诉无路，江西的革命运动，也因此消沉了十几年。

国民党为驱除江西军阀，虽曾屡次进兵江西，然而都因湖南与江西犬牙交错，湖南尚为军阀把持的时候，万不能有效地驱除江西的反动势力，所以屡次都是进了江西，又复退出。这次国民革命军出师，以最周密详到的审虑，定了先肃清湖南，次肃清赣西及鄂西，更次才进攻武汉的战略，依次进行，现在已由第一步而到第二步了。在这时候，我们看见江西军阀内讧，民军大起，方赖等部倒戈攻邓（见昨日及本日本报专电），这证明江西人民已经不堪军阀的压迫，起而作反抗运动了。江西人民在十余年压迫之后，忽然跳起来革命了，国民革命军得着这个潜伏已久的新势力的参加，前途更不可限量了。何以呢？因为江西人的跃起，至少会有三种显而易见的作用！

---

① 署名启修，选自《广州民国日报》1926 年 8 月 4 日第 846 号第 2 版"社论"。——编者

第一　巩固了革命根据地广东的北门，使国民革命军的后方越发安稳。

第二　巩固了湖南国民革命军的右翼，使他永无受敌人侧面攻击之忧。

第三　断绝了武汉敌人与长江下游的连络，使他们心惊胆落。

江西人起来了！国民革命军的前途，更不可限量了！

调停邮务罢工者应有的注意①

我们对于预告的邮务罢工，站在巩固后方的观点上，是万分希望他不至于实现的。但不幸的邮务罢工，因为工人方面的要求丝毫不被邮务当局容纳的缘故，居然实现了。现在我们希望的，就是中央工人部、总工会和政府当局能够早日设法使工人复工。关于这一层，近几天中央工人部、总工会和〔政〕府当局已经极力设法调处——这是极可欣喜的事。也许在我们写这篇文章的时候，中央工人部已经把这件事调停下来了，那更是幸事，我们这篇文章就算做白写了也好！如若此次的会议尚不能调停妥当，那末，我们为使这个调停能够有效进行起见，就希望他们彻底地注意下述三点：

第一　要注意邮务是带有社会性的，邮务一有停滞，即刻就会影响到社会生活的各部分去，使一般社会都感受不便和损失；假如

---

① 署名启修，选自《广州民国日报》1926年8月5日第847号第2版"社论"。——编者

这个不便和损失继续到稍长期间，社会上就会发生不满和反抗，到那时，社会一定还要发生更大的损失。所以无论哪一面，万万不要把这个社会性忽视才好。

第二　要注意邮务工人的经济利益，要知道邮务工人罢工是酝酿了几个月的，不是此时才发生的，所以在调停时，要表明极力承认这次罢工的原来意义完全是一个经济罢工，愿把邮务工人生活困难解除。假如不这样而只是说要顾全前方战事，或只是笼统地接受工人的要求，则恐难免使一部人误会以为政府要以革命的大帽子压迫工人，或工人们要以后方的安宁要挟政府。这种误会当然是最不好的事！是要种别的纷扰根子的事！

第三　要注意此时的邮务的确是与前方作战全部的利益，大有关系的，所以决不要以为我们设一个临时交通队，就可以使前方军事不受罢工的影响。须知临时交通队只能便利省内的消息流通，对于省外却是无益的，所以设临时交通队是不能保护这次出师的整个的利益的。至于收回邮政自办诚是一劳永逸之法，但是缓不济急，我们非俟万万无法使工人复工时，似乎不宜出此费时费事的计策。

要想解决劳工纠纷先要站稳观点①

出师声中的劳工纠纷是我们不愿意他发生的。但是，在事实

---

①　署名启修，选自《广州民国日报》1926 年 8 月 6 日第 848 号第 2 版"社论"。——编者

上，后方劳工纠纷，在这几天当中，的确越发增加了。这些纠纷，有发生于工人们相互间的，例如油篓工会的纠纷；也有发生于东家和工人间的，例如印务工人事件；更有发生于以政府机关与工人间的，例如邮务罢工和战事新闻印刷工人的罢工。不管这些纠纷的当事人如何，总而言之，应该从速设法把这些纠纷和中央青年部解决学联纠纷一样，加以断然的解决。否则长此纠纷下去的时候，不但国民革命前方战事的利益将受损害，将使帝国主义者在一旁窃笑，而且国民政府从来保护农工利益的声誉和广东工人常站在国民革命最前线的过去光荣历史，也恐怕难保了！

但是，如何才能斩钉截铁地把这些纠纷解决呢？自有纠纷以来，到今天为止，何以不能斩钉截铁地解决这些纠纷呢？我们以为主要原因不在应该负责的人们不肯努力去设法解决，而在他们未能站稳他们对于这些纠纷的观点。观点既未站稳，所以时而缓，时而急，时而偏东，时而偏西，结果，不但不能把纠纷解决，而且依事实的证明，徒把纠纷越发弄增加了。现在最要紧的，就是各相关方面应该把观点站稳。

首先，政府方面应该认清各种劳工纠纷的性质：是有政治性的，应该把他看作政治问题，是有法律性的，应该看成法律问题。如若把有法律性的（例如陈森杀人案）看成政治问题，就难免问题因法的不平愈扩愈大。如若把有政治性的（例如左右两派工会斗争事件）看成法律问题，只求敷衍了事，就难免酝酿愈久，暴发愈烈。

其次，工人方面应该认清各种斗争的性质：假如是一种经济斗争，就应该充分地举出经济斗争不获已的详细根据，如物价如何增高，工资如何微少，待遇如何不能忍受等等，以求一般社会的同情。假如是一种政治斗争，也应该明白标出斗争的目标和理由，使社会上有同样政治见解的人们帮助自己。如若不然，而只是含糊地斗争，则社会上不加工人们以在大家吃苦时独占便宜之谤，必加工人们以不顾大局只是瞎闹之罪。如此一来，不但工人们目的不能即刻达到，而且也要把事情越发弄纠纷了！

更次，一般社会应该站在利害关系人地位，去观察劳工纠纷，而不应取袖手旁观的态度。因为不但劳工的纠纷的确可以影响到一般社会的利益，而且从只有农工商学兵联合起来才能实行国民革命的观点上说，假如取一个壁上观的态度，那简直是等于放弃自己的责任了。所以现在的农商学兵对于劳工纠纷的观点，的确是错误的。他们应该站起来积极去调处劳工纠纷当事人的利益冲突，应该代表一般社会的利益和国民革命的利益，出来说公道而有根据的话！

像这样，三方面都把应该站住的观点站稳了，然后劳工纠纷才有解决的头绪。如若不然，我们恐怕治丝益棼，星星之火到了燎原的时候，就难免费事了！

反对关会重开的大会以后①

最近几天中广州社会上流行一种谣传，说陈逆炯明又在香港招兵买马，派人到四处煽动土匪，想要趁我党大军北上之际，扰乱后方，并说近日农工问题的纠纷，都与逆党阴谋有相当关系。这些谣传，当然是反动派散播的，都是些无根无据的东西，固然不值得识者一哂，不过我们若没有明白的事实证明他的荒谬，这些谣言还是足以迷惑不明政治情势的人们的。好了！现在有了事实证明他的荒谬了！事实是什么？就是前日（八号）广州各界反对关会重开的大会。这个大会的威严盛大，证明广州民众还是整个地拥护国民党及国民政府，证明逆党阴谋丝毫未能撼动革命的民众的信念，证明某帝国主义者想利用关会重开和扰乱我军后方两件事去直接或间接地帮助吴佩孚的诡计，已经失败了！

但是，大家知道帝国主义者和反动派的阴谋诡计，除非到了我们完全成功之后，是不会有止境的，所以我们要想根本地使关会在事实上永远不会重开，除了我们热烈地在文字上、口头上、示威行列上表示反对之外，我们还须切实地从行为上证明我们能够有履行我们在文字、口头及示威行列所表示者的决心和能力。这怎样办呢？简单地说，我们还应该从行为上切实地拥护国民党和国民政

---

① 署名启修，选自《广州民国日报》1926 年 8 月 10 日第 850 号第 2 版"社论"。——编者

府，并切实地赞助党和政府的政策。

怎样从行为上切实地拥护国民党和国民政府呢？我们应该信任他们能够解除人民的痛苦，增进人民的利益，我们应该排斥一切挑拨我们对于国民党和国民政府的不信任的言论，我们应该拒绝一切谣言和诱惑，我们应该用实力打破一切反动派的阴谋。

怎样从行为上切实地拥护党和政府的政策呢？我们应该拥护党和政府的出师政策，为达这个目的，我们应该努力在前方作战，在后方接济，在各处宣传这个政策的真意义。我们还应该拥护党和政府的保护农工政策，为达这个目的，我们应该排斥一切否认农工运动的言论，拒绝一切破坏农工运动的挑拨阴谋，我们应该打倒一切土豪劣绅压抑农工运动的举动。我们更应该拥护党和政府的外交政策，我们应该拒绝一切反革命的外交言论入我们的耳鼓，一切反革命的外交谬文入我们的眼帘！

难道林白水也是所谓"赤的"么？[①]

吴佩孚、张作霖、张宗昌等联合而成的所谓讨赤军，在本年四月进了北京之后，就以宣传赤化的罪名，枪杀了《京报》记者邵飘萍。昨日上海电讯又传张宗昌于本月六日，复将《社会日报》记者林白水枪决了，罪名是林白水不该批评张宗昌的滥发军用票以苦

---

① 署名启修，选自《广州民国日报》1926 年 8 月 11 日第 851 号第 2 版"社论"。——编者

人民。

张吴眼中的赤化，并不是别的东西，只是国民党化；他们所谓"讨赤"，就是讨伐南方的国民革命军和与国民党接近的北方国民军。邵飘萍的《京报》是赞成国民党和国民军的，所以在理论上宣传赤化的罪名虽然冤枉得很，然若以国民党化为赤化，则邵飘萍之死，或许是有相当理由。至若林白水，那就冤枉透了！林白水本是徐树铮和汪有龄的死党，和安福系结了不解之缘，一直到最近为止，还是帮助段祺瑞咒骂国民党，附和吴张声讨所谓赤化的。但是事实上林白水现在也死于讨赤军的手里了，难道林白水也是所谓"赤的"么？断无此理！

林白水不是赤化的，也被讨赤军枪杀了，这件事实足表明吴张的讨赤只是讨伐一切良好的、公正的、爱国的、有人心的人们，救国救民的国民党和国民军固然在他们所讨之列，就是附和国民党议论的邵飘萍和稍为社会说一点公道话的林白水，也在被讨之列的！假如讨赤军成功，那真是中国一切良好的、公正的、爱国的、有人心的人们都要灭绝而剩下一个禽兽和奴隶的世界了！

国民！国民！赶快起来，剿灭这个讨赤军罢！一切不革命的、反革命的和假革命的人们，赶快醒悟了罢！讨赤军不灭，我们大家都要灭亡了！大家要想不死，就得剿灭讨赤军！

讨赤军，你太残忍了！

国民革命军，你太宽大了！你不但不摧残公道，而且你还容忍那些反动的报纸杂志如《新申报》、《时事新报》、《工商日报》和《醒狮》等等公然在国民政府管辖地方发卖！

一片悲壮激越的呼声①

五卅运动是全中国各地方各阶级人民共同起来一致反抗帝国主义者的暴虐的第一次，在中国民族解放史上占有特别重要的地位。因此，五卅运动的前因后果是值得我们注意的，同时五卅运动的牺牲者也是值得我们崇敬的。一个多月以前我们纪念五卅和六·二三，也不外乎是这个意思。可惜啊可惜！可惜我们注意几百已死的牺牲者的时候却稍稍忽略了几万的未死的牺牲者，即几万省港罢工的工友们！

忽略的凭据在哪里呢？就在省港罢工会致全国同胞那封书（见本月六号本报）和致党及政府那封函（见昨日本报）——他们说："……一年以来，饥不敢啼，寒不敢号，湿处炎蒸，不敢嗟怨，计先后因困苦颠连致疾而死者已八百八十一人，因服务海口为帝国主义者及其走狗奸商枪击毙命者凡百二十三人，因帮助国民革命军东征、南讨、北伐死于戎行者亦约百余人。其所以甘受无限之痛苦与牺牲者，无他，无非激于民族义愤而已……"又说："……日只三餐粗饭，月仅六毫津贴，身无蔽体之衣，居缺安身之所，迈亲稚儿，饥寒乡井……惟谈判现已延期，工友等前路茫茫，究将安适？（一）其将不念先烈沉冤，无条件屈服耶？（二）抑不但屈服，进而

---

① 署名启修，选自《广州民国日报》1926 年 8 月 12 日第 852 号第 2、3 版"社论"。——编者

接受其（英国）实业借款条件耶？（三）或不甘屈服而应继续奋斗务求最后之胜利耶？……应求明示……"

我们□□□□是何等悲壮的呼声！这是何等激越的喊叫！听了这些呼声和喊叫，谁能不起"呼不应天灵祖灵，调不来亲兵救兵！"之感呢？到底我们有不有忽略了未死的牺牲者的地方呢？这个自然只好让我们自己反躬自省吧。

但是，对于这些未死的五卅运动牺牲者，我们却敢断言一句话。就是！国民党打倒帝国主义的根本政策，在国民革命完全成功之前，是永远不会变的，这个政策一天不变，则诸位同志在中国民族解放史上的贡献也要一天被党和全国人民记在脑中的（纵令有时或不免暂时忽略）。诸位同志的困苦也要一天被党和全国人民挂在心上的。诸位请安心罢！不是中央党部本月九日的常务会义，已通过援助省港罢工案了吗？

北方的新局势与国民党（上）[①]

在过去的最近几天里头，我们早预料着的张吴联合的最后一幕，果然着着实现了。张吴联合本是一个完全站在互相利用的观点上的拼头式的联合，因为在吴这方面，只不过想利用奉张独力不能对付国民军的弱点，借联合讨赤的口实，乘机恢复往日在政治上的

---

① 署名启修，选自《广州民国日报》1926 年 8 月 13 日第 853 号第 2 版"社论"。——编者

势力；在张一方面，也只不过想利用吴贼这个野心，借联合讨赤的口实，叫他去抵挡一阵，自己好休养兵力预备大举进攻罢了。张吴的联合只是在这个互相利用的范围内才能有效，所以吴在政治上的过分的野心妄想如护宪问题、清一色直派内阁问题等，始终是被张反对，吴在军事上的动作，也始终只能说奉张方面得到一个口头上的赞助和合作。

现在情形变了，吴佩孚的马脚随着湖南叶贼的失败，河南樊军势力的伸张，和田维勤部下的倒戈而露出来了，吴佩孚已经到了挣扎性命的时期了，奉张的兵力也休养了好几个月了。所以奉张方面认为时机已到，才老实不客气地板下面孔，一面把对国民军的军事指挥权从吴贼手里拿了过来，一面随着军事指挥权的移转当然也就把吴在北京的政治势力，轻轻一笔给勾消了。

现在北方局势，已经是奉张撇开吴贼独力进攻国民军一手把持北京政权的局势了。张吴联合的最后一幕"拆□挤头"，在事实上已经看着进行了。

请看罢！不是张宗昌和张学良已经积极进攻南口，日费数万发重炮弹，显然是决一死战的形势，和从前站在吴佩孚的后面随声附和的作战，大不相同了吗？不是吴俊升居然肯冒军事上的大险，做宣传了几个月还没有做的事，出兵多伦，虽然一时把他占领了，然而结局不出兵家所料，果然全军覆没了吗？不是张宗昌又要想撵走杜锡珪吗？不是张宗昌已毫无顾忌地在北京横行，枪毙并捕去了接近吴贼的新闻记者林白水和成舍我吗？

奉张这次的进攻国民军希图一手把持北京政权，自然也断不会成功了，因为一则他的实力不够，二则他无法收拾已失的人心。但是，奉军在北方的短期间的跋扈，当然是可能的，所以北方的人民，在这期间中的恐怕还要受比现在还利害的痛苦，北方几省，恐怕还要现出比现在还黑暗的光景！

在这时候，北方人民心目中的唯一救星，当然只有国民党，在实际上能够救济北方人民，安慰北方人民的，当然也只有国民党，所以我们以为国民党除了帮助国民军极力扑灭讨赤军之处，还要趁此时积极地把唯一救国灵药的三民主义的理论和策略，普化北方民众，把国民党的组织普及到北方民众间去。

北方的新局势与国民党（下）①

北方的新局势是一个奉张独力进攻国民军希图一手把持北京政权的局势，简单一句话，就是奉张拆散张吴联合，独霸北京的局势。在这种局势下面，国民党的北伐事业，将受甚么影响呢？于北伐有利吗？于北伐有不好的影响吗？抑或无关系吗？当然不会无关系，问题只在有利或有不好的影响上面。

普通的人，看见奉张抛弃了吴贼，吴贼滚下了北方舞台，总以为北伐事业，减少了阻力，成功更容易了。我们平常不是喊叫"打倒吴佩孚，完成总理北伐遗业！"么？现在吴佩孚倒了，北伐事业岂不是就可完成么？——普通的人总是这样推想。实则这种推想是

---

① 署名启修，选自《广州民国日报》1926 年 8 月 14 日第 854 号第 2 版"社论"。——编者

最粗心不过的，因为他忘记了两件事：（一）革命军打倒吴佩孚和军阀推翻或吞并了吴佩孚，意义是不相同的！革命军打倒了吴佩孚，便是革命势力伸张了，军阀推倒军阀，却往往是和革命势力的增减，毫不相干，甚或在比较上反使革命势力相形见绌。（二）吴贼在北方政治上的失败，不必定是他在长江流域政治上的失败，也许〔是〕促成他集中势力偏安一隅的机会。所以这个问题，不是那样简单就可以决定的。

若从全盘观察起来，北方的新局势，对于军阀势力，在理论上，实可发生三种变动：（一）使张作霖势力因集合北方分散的军阀势力而日益增大、使一般帝国主义者真信他能讨平所谓"赤化"而更进一步帮他。（二）使吴佩孚的部下在河南湖北集中，形成一个割据一隅的势力。（三）使孙传芳吸收吴贼部下，形成一个更大的反动势力。这三种变动，都有可能（不消说，不是必然，要知凡是可能的，都可用人力使他不可能），假若真正实现出来，不见得对于北伐事业十分有利罢！

然则北方的新局势对于北伐事业上有不利的影响么？当然不是。这个新局势对于北伐事业的影响是：他展开了北伐的局面，同时却加重了革命分子的负担。因为张吴在北方拆散联合，的确供给北伐军一个进攻的好机会，然而同时新生了几个军阀变动的可能性，使革命分子不能不较前加倍努力。一句话说完，就是：这个局势是否有利于北伐事业，要看国民党应付的策略是否得当而定。

怎么样的策略，才是得当的策略呢？

要使革命民众对于北伐的紧张空气不致因此弛缓。

要使张作霖和孙传芳的势力不会因此而增大。

要使吴贼不会像前年一样，依然得回老巢，死灰复燃。

要使北伐军趁这时机一面向前进取，一面吸收一切倾向革命的武力。

若能够这样，则北伐事业的完全成功，就会随着北方新局势的开展而日近一日了。

所谓亚细亚民族会议露出马脚了[①]

假如亚细亚民族为各民族的共通利益有会议的必要，那末，先决问题必定是各民族都能有他独立自主的国家，换句话说，就是亚细亚各被压迫的不独立民族，必定先要独立，因为不独立的民族根本上就不能在会议上发言有效，正如没有自由脱离他民族羁绊的权利的民族决不能和这加羁绊的民族讲真正的民族联合一样。苏联能解决旧俄从来不能解决的民族问题，就是因为他知道适用这个道理，各帝国主义国内民族问题始终不能解决，也就是因为不知道或不肯适用这个道理。从这个普遍的大道理说来，所谓亚细亚民族会议，根本就不能是一个代表各民族利益的会议，因为在事实上这会议的分子，只有日本民族是独立的民族。更从日本民族几十年来直到今日在东亚对许多亚细亚民族加着压迫一点看来，这个会议只是一个代表日本民族利益的会议，更为明显。

---

① 署名启修，选自《广州民国日报》1926 年 8 月 17 日第 856 号第 2 版"社论"。——编者

这个会议代表日本民族的什么利益呢？对于日本至少都有三种重大利益：第一，日本在对帝国主义列强方面，依这个会议的开催，可以表示日本的大亚细亚主义已被亚细亚各民族所承认，可以进一步要求大亚细亚主义的确立。第二，日本在对亚细亚各民族方面，依这个会议的开催，可以进一步笼络各民族，使他们在无意识中做了日本大亚细亚主义的帮手。第三，日本在对中国蒙古及苏联的反帝运动方面，可以依这个外表上类似反帝性的会议，移转民众反帝的目标，减少对日本帝国主义的恶感，希望使反帝运动于无形中受莫大的顿挫。

所以对于这个会议，我们自始就是反对的，我们自始就认他为只足妨害中国民族利益即国民运动的利益而毫无益于中国的。从前没有事实足以证明这个理论，我们只好取一个"姑且待他露出马脚来时再说"的态度。好了，现在马脚露出来了！

露出的马脚在哪里？就在日本代表在所谓亚细亚民族会议上提出的提案。这个提案一共五条（见昨日本报国外要闻栏），除了第五条的交换使节外，第一条的建筑横断亚细亚大铁路，当然是日本帝国主义铁路侵略政策的变相；第二条的设立经济调查的通信机关，当然是日本帝国主义经济侵略政策的必要条件；第三条的设立亚细亚兴业公司，自然更是日本帝国主义投资侵略政策的具体表现；第四条的设立亚细亚金融机关，更不消说得，只是要使日本握着全亚细亚民族的生活命脉罢了！

假如亚细亚民族中有相信这个会议足以增进他的利益的，这民族必定是一个甘心为日本帝国主义的奴隶的，假如中国民族中有赞成这个会议，参加这个会议的，这个人也必定是日本帝国主义的走狗。何以呢？因为事理太明显了！

图穷而匕首现，戏法已戳破了！所谓亚细亚民族会议快些滚开罢！

孙传芳果真要继承吴佩孚吗？（上）①

孙传芳以一个师长的资格，转战鄂赣闽浙苏皖诸省，三几个年头都碌碌无所表见。不料去年夹沟一战顿使孙郎成名，转眼之间，居然做两个整省（浙江、江苏）和一个半省（福建、安徽、江西）的主人翁了。这固然是时势造英雄，五卅以来反奉的潮流促成了孙传芳乘时而起的机会，然而孙传芳能够努力练兵维持军纪，抱定保境安民的宗旨，从事于内部组织，这些也未尝不是孙传芳聪明过人的地方，所以孙传芳之有今日，决不是偶然的。我们从来对于孙传芳，另眼相看，不把他当作张吴一流看待，也就因为他能察时势需要，识民间疾苦的缘故。孙传芳的"人不我犯，我亦不犯人"的口号能得国民政府的谅解，也就因为这个缘故。

但是，聪明一世的人，也难免矇瞢一时。孙传芳近来受了帝国主义者暗示和吴佩孚的愚弄，居然有起而承继吴佩孚的表示了。只看他对于吴贼要他负担湘鄂赣作战责任的劝告，并无拒绝的表示，只看他资助赵恒惕的军火，接济杨池生、杨如轩的饷械，只看他口

---

① 署名启修，选自《广州民国日报》1926 年 8 月 18 日第 857 号第 2 版"社论"。——编者

里说和平，实际向赣省调动兵队，只看他封闭江苏、浙江几个重要地方的国民党部，禁止工人罢工和开会，就可以明白孙传芳的态度倾向哪一方面了。孙传芳敢于想继承吴佩孚，自然是因为他很想进一步获得福建、安徽、江西等省从来还在吴派手里的一半地盘，在实际上成一个真正的五省王。然而他将来的失败原因，也恐怕要恰在这个妄想上面。为什么呢？因为吴贼肯让这福建、江西、安徽三个半省的地盘与孙传芳，并不是为着要使孙传芳增加一点地盘，而是为着使孙传芳承继两个只足种祸的遗产：（一）北洋正统，（二）讨赤事业。

北洋正统这个观念根本上就是不合理的，因为他的中心思想是一个用北洋军阀压服各省人民的思想，这个思想足以使中国封建时代自相残杀的遗习，越发增长！而且从民国十几年的历史看来，凡取得了北洋正统的人，没有不即刻覆灭的，袁世凯是这样，段祺瑞是这样，冯国璋是这样，曹锟、吴佩孚也莫不是这样。这是甚么道理呢？这很简单，因为北洋正统这个观念一方面根本就和中华民国创造人即国民党的利益相冲突，一方面又和日本的侵略中国东北的政策相违背，所以凡是承继了北洋正统的人，就会被南方的革命势力和北方亲日本的军阀势力的夹击，要避免这个夹击，只有求援于英美帝国主义，然而这样一来，就会越发被国民所唾弃，以至于众叛亲离，完全坍台而止。试看！袁世凯、段祺瑞、曹锟、吴佩孚等不是依这样的路径而失败了吗？

所以孙传芳如若希冀继续吴佩孚用北洋军阀的武力，压迫长江、黄河流域各省的人民，如若果真承受吴佩孚给他的"北洋正统"的遗产，他一定会和袁段曹吴等一样，速成了自己坍台的时期。因为鲁张固未能一日忘了夹沟之恨，奉张也时时不忘锦绣的江南，岂能任容北洋正统落于后进的孙郎之手？何况革命势力本来只认主义不认个人，孙传芳继承北洋正统之日，即是国民革命势力抛弃平时对孙的友谊关系，而入于敌对关系之时，三江人民和将士不乏明大义、爱国家之人，恐怕孙传芳不失败于战场，就要祸起于萧墙之内罢！

孙传芳果真要承继吴佩孚的北洋正统吗？那真是惹火烧身了！

孙传芳果真要继承吴佩孚吗？（下）①

孙传芳如果接受了吴佩孚让给他的地盘——福建、江西、安徽三个半省，则孙传芳不但如昨日我们在社论上所说不得不同时继承吴佩孚的遗产——北洋正统，而且同时也就不得不继承吴佩孚遗下来的第二个祸根——讨赤事业。为什么呢？因为所谓讨赤事业究其实不过是压迫革命势力的事业的别名，他和北洋正统的观念根本上就是不能分离的，因为革命势力突兴的目的就在打破北洋军阀对全国人民的压迫，而讨赤事业的目的却在维持北洋军阀的势力，使全国民众永远呻吟于北洋军阀种种压迫之下。所以继承了北洋正统的人同时也就不能不继承讨赤事业。

他们所谓讨赤，真正是"见鬼"！不知所谓"赤"到底在哪里？

---

① 署名启修，选自《广州民国日报》1926 年 8 月 19 日第 858 号第 2 版"社论"。——编者

"赤"的本义是指社会主义的或共产主义的制度。这样制度在他们所谓北赤和南赤的地方，都是连一点影子也没有。他们不过听着帝国主义者的嗾使，望空吠声罢了！假如于本义之外，更找什么赤颜色的东西，那末，在所谓北赤、南赤的地方，有的是革命的赤心、赤忱、赤血，赤裸裸的革命态度，赤手赤足的、赤贫的革命分子等等。然而这些东西不但是救中国灭亡的唯一要素，而且是人类社会上最可贵重的珍宝，如若要讨灭这些赤的东西，那就是自绝于中国民族并自绝于人类社会了！岂有此理？

他们所谓讨赤，到底是讨的什么呢？仔细研究起来，我们可以发见他们讨的就是中国国民革命的势力，换句话说，就是南方的国民党和北方的国民军。他们何仇于中国唯一救星的革命势力呢？何以要大动干戈起来讨伐呢？这个在一般北洋军阀方面虽然结局不过是一个扩张地盘的问题，然而在站立北洋军阀背后的人们方面，却有很复杂的原因。讨赤这个口号本来含有三种目的：第一，在国民党的敌党例如研究系、安福系、政学会、国家主义者团体及其他反动派等方面，是想利用这个口号去遏阻国民党势力的发展，使认识不十分清、胆量不十分大的人们不敢跑到青天白日旗帜下去做三民主义的信徒。第二，在帝国主义者方面，是想利用这个口号，移转反帝国主义运动的目标，使中国全国人民因着空漠的、未来的赤化的恐怕而放弃了目前的、切实的救国救民的工作，使中国人民的独立解放之期，愈趋愈远。第三，在奉张方面，是想利用这个口号去破坏反奉联合战线，使从来不愿与他合作的中国军阀与他合作，使从来认他为全国头等坏军阀的一般民众于不知不觉之间改变态度认他为次等坏军阀。

所以一般北洋军阀的讨赤，结局不过替国民党的敌党抗木梢，为帝国主义者当傀儡，为奉张做替死鬼，所以扩张地盘的目的尚未达而已□自绝于革命势力，早为帝国主义者所奴使，早被奉张所利用了。如若不信就请看吴佩孚！吴佩孚的讨赤结果如何呢？只不过是把旧有的些少声誉、势力全体毁去而进一步将北方势力让与对头奉张，长江一带势力让给冤家孙传芳罢了！所以吴佩孚的失败，从讨赤方面说不是偶然的而是必然的。妄想做讨赤事业的吴佩孚如是，继承吴佩孚起来做讨赤事业的也必定如是！

孙传芳果真要继承吴佩孚的讨赤事业吗？那就是自绝于革命势力，自绝于全国民众，并自投于奉张的陷坑中了！

廖先生的精神死了没有?①

只要是真正革命的，谁不悲痛廖先生的死？谁不惋惜中国国民党因廖先生的死而受的损失之重大？但是廖先生在事实上终于遭奸人的暗算而死去了。中国国民党终于因廖先生之死而受损失了。要想使廖先生的肉体虽死而事业仍存，要想使中国国民党受的损失减少程度甚或转损失为胜利，只有使廖先生精神不死之一法。

廖先生肉体死了，他的精神到底寄托在什么地方呢？要明白这

---

① 署名启修，选自《广州民国日报》1926 年 8 月 20 日第 859 号第 2 版"社论"。"廖先生"：指廖仲恺（1877－1925），1925 年 8 月 20 日遇刺罹难。——编者

个，只须看廖先生在生时他的精神寄托在什么地方，因为廖先生在生时精神所注重的地方当然也就是廖先生死后他的精神应该寄托的地方。廖先生在生时最聚精会神去做的，共有四种事业：（一）是黄埔军校事业，这是用以创造真能奋斗的革命家的；（二）是扶植工农事业，这是根据总理唤醒民众的策略，用以打稳革命运动的基础的；（三）是联俄事业，这是实行总理联合世界上被压迫民族共同奋斗的遗嘱的；（四）是省港罢工事业，这是对帝国主义表示中国革命势力之强固的实力和不妥协的精神的。所以现在要使廖先生的精神不死，只有从廖先生生平注重的这四种事业着想，使他们能够和廖先生在生时一样依同一的精神继续进行下去！

在过去一年中廖先生的精神死了没有呢？当然没有，不但没有死，而且生气反增加了，试看！廖先生最注意的四大事业之（一）黄埔军校事业不是蒸蒸日上前途发展□有限量，而且黄埔毕业的战士，已经在北伐过程中大显身手了吗？（三）联俄政策不是现在比廖先生在生时还进了一步吗？（二）扶植农工事业及（四）省港罢工事业不是依旧进行吗？廖先生的精神何曾死呢？

廖先生的精神现在不死，廖先生的精神在将来也有不死的倾向吗？这个就要看我们后死者的努力如何了！若照现在农工运动常有纠纷，省港罢工若断若续的状况推之，谁又能保廖先生寄托在工农事业及省港罢工事业上的精神不会逐渐因我们的不注意而死去呢？如若我们能把这两种事业，从今日纪念廖先生之时起，继续着实进行起来，谁又能保廖先生的精神不会和黄埔军校事业及联俄事业一样，反而增加许多生气呢？所以将来廖先生精神的死不死全看我们今日尚能活着纪念廖先生的人们的努力如何而定。今日纪念廖陈二先生的最要意义在此，忘记了此点，便会失掉了纪念的一大半意义！

为什么开预祝北伐成功大会？①

这次北伐一定会成功的，因为国民革命军有前方及后方的普泛群众的同情和援助，和军阀军队之与人民为敌者大不相同；因为国民革命军是有主义、有训练、有纪律的军队，作起战来实可一以当十，和乌合的、无政治训练的、可以胜而不可以败的军阀军队迥不相同；因为国民革命军全体是整个的，能够做到集中势力统一指挥的地步，和军阀军队之内部涣散，不能收集中势力统一指挥之效者更不相同。北伐一定会成功的，所以不妨开预祝成功的大会。

但是开预祝北伐成功大会的本义，还不在此。这个大会的本义，不在预祝将来一定成功的北伐而在促进北伐成功的时期。北伐一定会成功的，然而这个成功实现的迟早，却与后方和前方的努力程度大有关系，努力大可以使成功之期早一点，努力小也可以使成功之期迟一点。这个预祝北伐成功大会一方面可使前方将士听着这种消息而愈益在总攻击时奋勇作战，一方面又可使后方一般民众因着这种空气的紧张，而越发进行接济前方、巩固后方的工作。所以这个会可以增加前方及后方的努力程度，所以这个会可以促早北伐

---

① 署名启修，选自《广州民国日报》1926 年 8 月 23 日第 860 号第 2 版"社论"。——编者

成功的时期!

北伐是与国民革命的前途大有关系的,所以凡是赞成国民革命的人,都应该促进北伐的成功,所以凡是赞成国民革命的人,也都应该参加这个预祝北伐成功大会,也都应该宣传这个大会的意义啊!

一片撼动山岳的应声[①]

在两星期前我们对于省港罢工委员会告全国同胞书及上中央党部函曾经做了一个论评[②],说那是一片悲壮激越的呼声,一定会有反响使省港罢工工友数万人的精神和意志得着全国革命的人们的称许和鼓励的。果然现在反响发生了,今日我们看见各界人士举行拥护省港罢工周——一种大规模的运动了。在这个运动中间,广州的革命民众一定会对于罢工工友们在精神上给以无限的慰安和鼓舞,在物质上与以巨大的援助,因为证以去年拥护省港罢工周的成绩,加上近几日来各界筹备这次运动的热,无论是谁也不能不这样断定的。

在这种拥护省港罢工声中,岳州被国民革命军恢复的捷报又正式由前指挥公布了。我们愿意后方民众把拥护罢工的声浪和应援北

---

① 署名启修,选自《广州民国日报》1926 年 8 月 25 日第 861 号第 2 版"社论"。——编者

② 参见本册所收《一片悲壮激越的呼声》一文。——编者

伐的声浪打成一片，使这一个合成的声浪变成一片撼动山岳的应声，使这一片应声不但能吓杀坐在香港等机会的反动派，气杀想趁北伐期间有利地解决罢工问题的香港帝国主义义者，惊杀在长江一带的吴军，而且能震开全国尚未了解革命的民众的眼睛，振起北方国民军苦战半年未得休息的过疲的精神，甚至于振动帝国主义者顽迷的脑筋使他们不敢再以数十年来侵略中国的恶辣手段对付革命的国民政府和革命的全国人民！

所以这个拥护省港罢工周中，广州革命民众的责任决不是轻微的。若是单把拥护省港罢工看成一个独立的事，那就错了！因为这样就是把省港罢工的政治意义失掉了！

广州的革命民众，起来起来！起来做一个撼动山岳的应声啊！

欢迎二十万新党员[①]

西北国民军在过去一年余间常常和我们国民革命军互相呼应，反抗帝国主义者对中国的压迫，抵御帝国主义者走狗们的进攻，所以西北国民军和国民革命军之间早已精神相通成为敌忾同仇的友军了。我们这队友军在最近几个月努力作战，艰苦卓绝地把三倍以上兵数的直鲁联军抵住使他们不能越南口一步——这种奋斗勇敢、坚忍耐苦的地方真值得我们和全世界一切革命的人们的称赞，十分够

---

① 署名启修，选自《广州民国日报》1926 年 8 月 27 日第 862 号第 2 版"社论"。——编者

得上称为革命精神的表现。

我们眼看着这样有革命精神的友军被直鲁联军攻击，能够不想去援助他么？当然不能！因为革命党员爱护一切革命的人们应该和爱护自己党员一样！老实不客气说，这次出师讨吴的目的。固然在求完成国民革命，然而同时也在解西北友军的围。捣吴贼的后路，这不是援助是什么？

我们援助他们了，我们究竟能够止于援助他们而不想这一队友军和我们打成一片变成一家人么？当然更不能！因为一则革命军应该在集中势力统一指挥的原则下面，去发挥革命军最大的威力，使革命早日成功；二则我们的敌人——帝国主义者及其走狗卖国军阀已经联合起来，已经认定国民革命军和西北国民军为他们的一个共同敌人，假如我们不联成一家人，则他们可以收集中势力统一指挥之效而我们反不可能，那未免太不利于革命的进展了！

时机果然到了，我们现在接到西北国民军二十万将领士兵加入国民党的好消息了！这个加入在中国国民革命运动发展史上实有莫大的意义。二十万的西北革命军和三十万的南方国民革命军一旦统一起来，在目前已经成了一个中国最大的武力，将来的发展更不可限量，这是多么重大的事！现在国民党根据地只有两广、湖南，已经使全国民众争着跑到青天白日旗帜下面去，若国民党在西北更有一个宣传民众和组织民众的根据地，那么，岂不全国处处都要风翻青天白日满地红旗了么？这样一来国民革命的成功岂不日近一日么？西北国民军二十万将领士兵的加入国民党岂不是在国民革命的利益上顶可欣幸的事么？

我们应该欢迎这富有革命精神的二十万新党员！我们应该欢迎

代表这二十万新党员的代表者！我们应该欢迎西北数千万工农群众继续地加入国民党！

湖北人还不起来吗？[①]

湖北人在辛亥年以一连的革命军起义于武昌，反对满清，在普通人看来真可以说是螳臂当车，然而旬月之间湖北人的义勇憾动了全中国，使到处发生革命，使偌大的清国居然被推倒了。湖北人何其敢勇！

湖北人为达排满革命的目的，宁愿使锦绣的汉口成为灰烬而不愿屈于冯国璋、段祺瑞的炮火的威吓之下，结果冯段虽火烧了汉口，然而革命军却因湖北人的这种抵抗而获得了东南半壁。湖北人的牺牲精神何等伟大！

然而革命尚未彻底反动即已到来，湖北人自民二以来所受军阀的压迫，真可以说全国之中无出其右的了。北洋军阀看湖北为外府、为武库，财用不足，取于湖北；军械不充，求于湖北；军队无地就食，食于湖北。湖北人在种种剥削压迫之下，弄得虽居膏腴之地而食用不给，虽处各省之中心而工商业不能发展，虽自昔为文化发达之区而今日则比沿海各省反较落后。总而言之，北洋军阀把一个革命首义之区弄成一个反动派的巢穴，把数千万富有革命精神的

---

① 署名启修，选自《广州民国日报》1926 年 8 月 28 日第 863 号第 2 版"社论"。——编者

湖北人弄成一群被征服者了。湖北人十余年来的境遇又何其悲惨!

好了,时机到了!国民革命军已经打进湖北境界了,湖北人从北洋军阀的束缚下解放出来的机运成熟了!湖北人还不起来吗?还不起来帮助国民革命军捣除反动派的巢穴,为自己恢复昔日勇敢牺牲的光荣历史,为国民党及中华民国重新建一个武汉定而各省俱定的大功劳吗?

湖北的民众是革命的,湖北的革命领袖是勇敢忠实而有计划的,所以湖北人必定会起来的,湖北人必定会争着跑向青天白日旗帜下来的。我们看罢!不出几日,武昌、汉口必定会重新树起革命之旗,中国全国局势必定会随着这件事实的发生而有很大的变化。

一切革命的人们,准备着罢!革命势力愈扩愈大了,我们积极参加工作的必要也越迫越紧了。湖北人起来之日,便是我们与北洋军阀肉搏接战之时!

克复武昌的意义①

国民革命军自十八号下总攻击令,四日内克复号称天险的岳州,八日内克复北洋军阀十年以来的老巢穴武昌,行军的神速和将士的奋勇在中国革命史自然是空前所未有,即在世界革命史上也只有苏俄红军在一九一八至一九二〇年几年间战史可以比拟。这一层

---

① 署名启修,选自《广州民国日报》1926 年 8 月 30 日第 864 号第 2 版"社论"。——编者

真是值得国民党党员夸耀，值得全世界民众赏赞，并值得中国全国人民崇拜的，回想革命发轫区的武昌自民二以后久沦为军阀的巢穴，武汉的革命人民久为北洋军阀所蹂躏，因此武汉沦亡久为国民党的奇耻深痛，因此会师武汉久为我党不变的口号，而现在一旦把奇耻深痛消了，把历来希望达到了，这是何等欣幸的事！我想不但一切全国革命的人们听着这个消息都要距跃三百，就是先总理和其他先烈在天之灵，也一定会含笑于九原罢！

不过革命党人一方面贵有热烈的感情，一方面尤贵有透明的眼识和沉静的理性，所以我们此时固然应该喜跃同时尤应熟虑这个喜事在革命进程上的意义以为我们进一步动作的标准，然后才免得在我们祝捷声中敌人暗地恢复他已丧失的势力。

这次克复武昌，算是把北伐第三步骤的会师武汉完成了一大半了，所以克复武汉的意义就是由第三步的会师武汉过渡到第四步的开全国国民会议。在这过渡期间，我们的责任至少应是：第一，完全铲除吴贼党羽使他死灰永不再燃，这一层不办到我们的胜利就难免不十分巩固。第二，应该好好地依党的方针组织并训练湖北的民众，这一层若做得不好，我们胜利的基础也就变成不牢固的。第三，应该注意使武汉上下游各省实力派明白表示态度，无论他或赞成国民党或不赞成国民党，都要即刻表示才好，因为骑墙两可的势力不但是革命的一个暗礁，而且可以是一个阻止国民党党义宣传的障害。这三件事是过渡期间绝对不能忽略的事，我们很愿一切革命的人们于欢呼喜跃之中不会忘记了这些工作！

克复武汉后的党的任务①

据最近的报告武汉三镇都已克复了。假如历史的教训是不欺我们的，那末，武汉定而全国都相随底定的事实必定会在民国十五年的今日重演一遍的了，这当然是一切希望中国国民革命成功的人们所欢迎喜慰而不置的。

然而假如历史的教训是不欺我们的，则辛亥武汉底定后国民党的失败若不先事预防也难保在民国十五年的今日不更演一遍，这也是一切关心国民革命的人们所当提心吊胆去从事以免重蹈覆辙的。

辛亥武汉光复后国民党的失败在哪里呢？关于这一点各人有各人的见解，有说国民党不应该和袁世凯妥协的，有说国民党不应该把大总统让给袁世凯的，有说国民党不应该把秘密的同盟会改为公开的国民党的，种种说法各有不同。但是若拿今日的革命理论回顾当年的事迹，我们一定可以发见上述各种失败都不过是枝叶的失败而根本的失败则在党的内部的腐化，换句话说就是党的分子的腐化。本来一个党的内部的腐化往往不在党的事业艰难之日而在党的事业成功之时，因为当事业成功时旧党员往往因懈怠而失去革命性，新党员往往因投机而不能享受革命的训练，新旧分子都易腐化，所以党的内部也就容易全体腐化了。辛亥革命后国民党的大失

---

① 署名启修，选自《广州民国日报》1926 年 9 月 1 日第 866 号第 2 版"社论"。——编者

败就失败在这个内部腐化的上面，只看当时老党员种种违背纪律的行动和新党员种种倚党籍为做官捷径的行为，使国民党既不能保持旧有的革命精神和名誉，又不能产生新的政治生命，反使全国人民把尊崇革命党的心理变而为厌恶国民党的心理，就可以明白这个失败的真相如何了！

这个失败自然是可以设法防止的，俄国一九一七年革命成功之后清洗多数派党的内部，由七十余万党员变而为四十余万人，使他们的党不但不因革命的成功而腐化，而且反依革命的成功而坚固，便是一个例证。假如辛亥年排满革命成功时能注意到防止党的腐化，我们觉得中华民国十五年来的历史一定会是另一种历史的。往者不可追了，我们愿意一切关心国民党和国民革命的人们都能留心党的向上发展不要使他蹈辛亥以后的历史上的覆辙才好！

武汉三镇定了之后，党的军事行动告了一个段落了，党的任务应该侧重政治行动了。我们应该使党的政治的胜利和党的军事的胜利相辅相成，我们不应该使党的军事的胜利和党的政治的失败相抵相消！

拥护省港罢工周之后[①]

省港罢工是应该被拥护的，因为从国民革命运动的观点看来，

----

① 署名启修，选自《广州民国日报》1926 年 9 月 2 日第 867 号第 2 版"社论"。——编者

省港罢工对于中国国民革命运动是有许多的大功绩的。关于这一层已经详述在本报专论栏连日登载的《关于省港罢工之总合的论述》一文里面，［这］里可以不必赘说了。

省港罢工是应该被拥护的，然而一般民众是否认识这个道理，在罢工继续了一年以上的今日，一般民众是否还肯出来拥护，这却是一个大大的疑问。固然我们知道广东的多数民众是认识国民革命的，是从前拥护过省港罢工的，但是继续了一年以上的省港罢工至少在社会上是司空见惯了的，所以能否在今日还能引起一般民众的注意和同情，实在不能不令人悬念不置。

现在拥护省港罢工周在事实上的成功，已经把这个悬念完全打消了。在省港罢工周之间，我们不但看见广州各界对于省港罢工的援助的热心，而且同时看见各属及广西、湖南各省民众对于省港罢工的认识的彻底，这确是值得我们为国民革命前途欣幸的啊！

香港政府代表会说省港罢工是少数人造出来的，并且是少数人用暴力强迫多数人继续下去的。这种挑拨革命民众内部的话，现在亦经拥护省港罢工周的事实的证明而失去效力了。所以英帝国主义者在省港罢工周中没有别的办法，也只好用从来惯用的威吓手段，把沙面的警戒加严一点罢了。

经了这次拥护省港罢工周之后，我们越相信民众是认识国民革命的理论的，所以我们越相信省港罢工的最后胜利毕竟是在我们方面的——假令不是形式上和实质上的完全胜利，至少也是实质上的胜利（说见本日专论栏），所以我们越相信国民革命不久必要成功的！

沉痛的九七纪念[①]

二十五年前的九月七日是中华民族永远不能忘记的国耻日。

在这一天中华民族变成了帝国主义列强的实际的奴隶！因为他们逼迫了我们承认赔偿他们九万万两以上的赔款，使我们中华民族在这种重大负担之下永远供他们的剥削为他们的牛马。

在这一天中华民族的自由独立公然在条约上被他们夺去了，从这一天起便开始现在半自由半独立的地位了，因为从这一天起中华民族便失掉了一个最要紧的自卫权，质言之就是帝国主义列强禁止我们在首都附近及由首都到海口铁路附近设防了。

在这一天中华民族的国家实际上变成列国共管的地方了，因为从这一天起中华民族的北京政府之上便奉戴了一个东交民巷的太上政府了。

在这一天流毒中国最深的军阀统治便开始了，因为从这一天起帝国主义列强所培植的军阀的地方势力如李鸿章、袁世凯等势力公然开始和帝国主义者携手而压倒中枢势力去作卖国的勾当了。

今天我们在国民革命胜利声中纪念二十五周年的九七日，一方面固然对于从前的屈辱觉得十分悲痛，一方面又感觉得国民革命成功之期已经不远，从来所受的压迫不久可望解放，因此，感觉得十

---

① 署名启修，选自《广州民国日报》1926 年 9 月 7 日第 870 号第 2 版
"社论"。"九七纪念"：指《辛丑条约》签订日。——编者

分欣喜。在这一悲一喜之中，我们不得不追想九七纪念的由来同时慎重我们革命的步骤。

九七纪念日固然是帝国主义列强的横暴和侵略造成的，然而由农民出身的义和团革命家没有组织、没有政治训练、没有国际知识、没有革命的理论和策略种种缺点也未尝不是一个原因。因为假使他们没有这些缺点，也许包含中国北五省的农民大革命早已把帝国主义者对中国的压迫解除了，也许今日没有努力国民革命的必要了。

我们今日的国民革命虽然发展得极其顺利，然而我们的组织是否完全，我们的政治训练是否充分，我们的国际知识是否充足，我们的革命理论和策略是否已经完备，这些都是令人悬心的，所以我们的革命步骤应该特别注意，因为一不慎重，便会像二十五年以前的农民大革命一样，把革命成功之期越发弄远了！这一点在今日英舰无理驶入省河的时候，尤值得我们注意，因为英人正希望我们像二十五年以前的义和团革命家一样，于不知不觉之间，发挥上述的缺点，使革命运动发生顿挫啊！

英舰开入省河事件与广州革命的民众[①]

这次英国兵船突然开入省河派兵上岸把守省港码头，真是出乎

---

① 署名启修，选自《广州民国日报》1926 年 9 月 8 日第 871 号第 2 版"社论"。——编者

普通一般人意料外的事。一个多月以前英国不是曾经要求开中英谈判，以解决中英间一切的纠纷，使中英关系恢复平常的状态吗？中英谈判虽已延期，但是中英之间并未发生新的冲突和纠纷，何以英人忽然放下和蔼的面孔来和广州国民政府作对呢？

我们若仔细研究帝国主义者的心理，我们便可以发见英舰开入省河事件并不是意外的事。何以呢？因为中英谈判之能开得成，原是由于英帝国主义者想利用国民革命军北伐的机会向广州国民政府讨好价钱去解决中英间纠纷。到后来在谈判中间讨不着好价钱，已经够使英帝国主义者失望，何况北伐军又节节胜利把英帝国主义者所扶植的吴佩孚打了一个落花流水，使英帝国主义者惊骇不安，他怎么不想另找一个方法对付国民革命运动呢？

英帝国主义者想出的方法不是别的，就是用挑战的态度叫英舰开入省河并叫英兵上岸把守省港码头。他这种举动含有四种用意：第一，想借此引起中英间新的交涉，或新的惨案，他便得一个口实来用武力干涉革命运动，或公然地帮助北洋军阀对付革命军。第二，假如第一层做不到，他希望可依此事件扰乱前方革命军的军心，借以间接地帮助吴佩孚。第三，假如这一层也办不到，他便希望借此弛缓后方民众对于巩固后方的紧张空气，使反动派得乘此机会蠢动。第四，假如第四层也办不到，他至少可希望在事实上乘着北伐的机会用武力中止省港罢工和中英经济绝交。

我们广州革命的民众应如何对付英帝国主义者的阴谋呢？我们假如激动感情起来用实力抵抗英舰或做其他同类举动，我们便要堕入英人的第一层圈套了。我们如若把这件事小题大做张皇起来，我们便要落于他的第二层圈套了。我们如果因此一意对外忘了后方治安的问题，我们便会入了他的第三层圈套了。我们若是不持冷静态度坚忍地继续罢工工作，我们便会上了他的第四个圈套了！

我们广州革命的民众到底应该怎么样呢！我们应该高挂免战牌坚壁清野，等到我们前方得着完全胜利之后再行开关迎敌。为达这个目的，我们应该：

（一）保持隐忍待时的态度，决不要轻于和英帝国主义者交手。

（二）准备我们的实力，预备一方面增援前方，一方面镇压后方，并一方面于机会到来时抵抗帝国主义者。

（三）信任我们的政府，把这件事的交涉全权托付国民政府，我们决以全力作政府的后盾。

（四）严整我们的队伍，勿使反动派乘机进我们队伍里来作煽动挑拨。

（五）准备更大的勇气和更大的忍耐，以便在英帝国主义者进攻的路上暂时作消极抵抗的牺牲。

（六）极力向全国民众及全世界民众宣传英帝国主义者之专横暴戾的真相，使他不能长久地继续暴行。

上海日纱厂工潮并不只是一个工潮[①]

日本帝国主义者对于中国民族是第一等的敌人。这个敌人比任

---

① 署名启修，选自《广州民国日报》1926 年 9 月 10 日第 873 号第 2、3版"社论"。——编者

何帝国主义者都要凶险些，因为其他帝国主义者对于中国只是一个正面的明白的敌人，而日本帝国主义者即除此之外还是一个虎伥、一个鹰犬，这就是说：日本帝国主义者除了直接地压迫并剥削中国之外，还要利用他邻近中国、熟悉中国民情的关系，引领各帝国主义者做种种帝国主义者不知道做或不敢大胆去做的行动。请看罢！外国人到中国开工厂直接剥削中国工人，这件事不是其他帝国主义者几十年间不知道做的，而要等着日本帝国主义者在一八九五年首先来强迫中国承认他们可以做吗？庚子联军共同进攻中国，使中国在事实变为帝国主义列强共管地方，这件事不是因为日本首先向各帝国主义者列强□奋勇打先锋才弄成的吗？明目张胆地扶植中国军阀并帮助中国军阀压迫中国革命运动，这件事不是由日本在东三省扶植张作霖而开始了的吗？诬国民党为赤化，呼国民革命军及北方国民军为赤军，借此造成今年奉直军阀的讨赤联合战线，这件事不是首先由日本帝国主义者的机关新闻鼓吹出来的吗？有这些事件尽够证明日本帝国主义者的虎伥鹰犬的态度了。

　　日本帝国主义者作惯了虎伥鹰犬的事业，现在又在那里蠢动了。最近上海日纱厂工潮就是一个老大的证据。据本报上海特派员的通讯（见昨日本报国内要闻栏），这次纱厂工潮完全是日本帝国主义者故意煽动起来的。日本帝国主义者为什么要煽动起这个风潮呢？他们为的是想进一步压迫工人吗？不是的，因为他们平素压迫中国工人已经到了极点，中国工人自五卅以来已经驯服若牛马，用不着再进一步加压迫了。他们为的是进一步削剥中国工人吗？也不是的，因为现在中国工人的生活已经邻近死亡线再不能忍受更进一步的压迫了。他们到底为的是什么呢？他们为的是想借此引起上海中国工人及革命民众的反抗使孙传芳感受后方的不安宁，以便引孙传芳帮助日本纱厂，以便使孙传芳上日本帝国主义者的圈套，以便使孙传芳在事实上和前几个月的吴佩孚一样不得不和奉张、鲁张联合而为他们打头阵、当炮弹，以便使日本帝国主义者所扶植的势力普遍到全中国，以便使日本帝国主义者不受其他帝国主义者的忌嫉而安然获得广大的地盘，和几个月以前攫得直隶、山东及特别区地盘一样。日本帝国主义者的手段真高妙呀！

不过帝国主义者的眼光照例是只看见利益而不看见弊害的，所以日本帝国主义者虽然手段高妙，然而可惜没有看清革命的势力。他们只知道上海工潮可以拉拢孙传芳而不知道上海工潮可以驱使中国各地方各阶级民众走向反帝国主义的路上去，五卅事件不是前例吗？他们只知道扩张奉张、鲁张的势力而不知道军阀势力的扩张只是速成他的分裂和破灭，冯玉祥、郭松龄的反戈和孙传芳因奉军占上海而讨奉不是最明的证据吗？他们只知道反赤的口号可以迷惑一部分愚昧中国人，而不知道这个口号适足驱使有革命性的明白的中国人看透帝国主义者的用意越发跑到青天白日旗帜下面去，唐生智总指挥及王天培、彭汉章、袁祖铭、方本仁、赖世璜、川军各将领以及两湖的民众，奋勇加入北伐军不是一个有力的证明吗？

革命的民众们！只要我们能认识日本帝国主义者的阴谋，只要我们能针对这个阴谋而谨严我们的阵线，扩大我们的宣传，只要我们能趁这个机会，振起革命的勇气向全国民众中走去组织他们、领导他们，那末，我们一定可以利用日本帝国主义者故意造成的这个上海日纱厂工潮来发展我们的革命势力的。革命的民众们——大家起来罢！利用敌人的进攻力量去推倒敌人自身的机会到来了！

克复武汉后的国民党与省政府制度的改变^①

　　武汉三镇是全国的中心，武汉定而天下皆定的话就是根据这个
形势而来的，所以这句话能够被历史上许多事实证明他含有真理。
现在武汉三镇已克复了，我们一面根据这个历史上的真理，一面参
照现今全国革命势力发展的大势，实在可以断言中国国民革命的成
功在军事上已经有了很坚固的保证，革命势力普及全国的时期当不
远了。但是这个断言决不是说此后国民党的困苦艰难要比以前减
少，因为从革命的理论说来革命党在军事上得了胜利以后的困苦艰
难往往要比以前超过十倍。这是什么缘故呢？因为在朝党的责任无
论如何都要比在野党大，所以前者无论如何要比后者容易招尤招
怨，所以前者的困苦艰难无论如何也都要比后者多。中国国民党从
广东说固然早已是一个在朝党，然而从全国说直到克复武汉的今日
为止，终不能不说是一个在野党。但是这个地位从今日起已有变动
了，国民党已由一个局部的在朝党一变而为西南半壁的在朝党了，
所以国民党的责任和艰难，当这个应从事建设的时代应该比从前注
重军事动作时代加重了。

　　在一般的责任和艰难之中有一个最切要而急待解决的问题，这
就是省政府制度的改变问题。从前国民政府所辖地方既不甚广而一

---

　　① 署名启修，选自《广州民国日报》1926 年 9 月 20 日第 881 号第 2 版
"社论"。——编者

切建设事业又无急切举行的必要，所以从前很简单、很散漫、很不和省党部接近、很难直接和民众团体通声息的制度就可以适用并且可以够用了。现在却不然了，国民政府所辖范围既宽，应举办的事业又大加扩充，所以必定要有另一种的制度才能够适应新的环境。中央政治会议议决在十月一号的中央及省执行委员会联席会议要讨论省政府组织问题，当然也是出于上述的理由。

省政府的制度应该怎样改变呢？这自然是有待于政治会议及上述联席会议的讨论和议决，现在尚无从预言。不过这个问题是一个大问题，不但每个国民党员都要注意他、研究他，而且每个公民也应该发表意见以供国民党最高机关的采择的，所以我们现在也不妨提出来讨论讨论。

我们以为要想适应新的环境以巩固革命势力的基础，省政府的制度改变至少应注意下面四点：

（一）应该使省政府与省党部发生密切的关系，因为必定这样才能符以党治国之实，才能使党里的言论即刻变为政府的行为。

（二）应该使人民的团体如商学农工各种团体能够正式参加省的政治，因为唯有这样才能使民众感觉政治的利益就是他们自己的利益，才能使民众发生政治的兴趣而越发努力参加革命并拥护国民党。

（三）应该完全打破从前半官僚式的机械的政治而建设一个真正的平民的、全省一体实事求是的政治，因为不这样就不能改变数千年来的官僚恶习、不这样就不能有效地建设各种现在必需的重要事业如交通事业、经济事业、教育事业等等。

（四）应该使省政府的各部分如各厅、各局等成一个有统系的机关，打破从前凌乱的弊病，因为不这样就一定不能够有效地实行一个整个的政策，一个有层次、有步骤的政策。

国民革命新时期中的新策略①

国民革命军这回打倒了吴佩孚肃清了两湖克复了武汉，这实在是一个划时期的事件，国民革命运动从这个时期起已经入了一个新时代了。何以呢？因为第一，解放中国民族这件事在从前还只是一个理想，现在照革命势力发展的实况看来已经变成一个实际的事实了。第二，国民革命势力的基础已经由西江流域而扩张到长江流域了。第三，国民党已由局部的在朝党一变而为整个西南半壁的在朝党了。第四，天下中心的武汉已经入到国民革命党的手里了。

这个新时期的出现证明国民党从前的政策和策略是正当的，因为假如不正当，便不会得到那样的胜利而发生这样的新时期。在这个新时期中我们的政策不消说是应该继续不变的。在这里应当考虑的就是策略的问题。我们还是适用旧策略呢？还是另定新策略呢？照革命的理论说，策略本是应该随每个时期的变更而变更的，所以旧时期的策略当然应在新时期开始时加以检审才行。但是如何去检审呢？这自然是一个很不易解决的问题。

我们以为最便利的检审方法莫过于从国民革命的敌人的策略方

---

① 署名启修，选自《广州民国日报》1926 年 9 月 21 日第 882 号第 2 版"社论"。——编者

面入手，因为知己知彼百战百胜，知道了敌人的策略便容易适当地决定自己的策略了。帝国主义者在这个新时期中当然是痛心疾首于国民党，要千方百计设法阻碍国民革命的发展、破坏革命的势力的，但是他们想得出做得到的方法，在各种把戏已经玩够了而仍不能压抑中国国民革命运动的今日，不外乎下述三种：（一）恢复数十年前对中国的直接武力压迫的政策，英国近来在中国各处令兵舰挑衅就是这个政策的发端。（二）分散革命势力的政策，就是说他们趁革命势力扩张革命基础的时候在革命势力所在的各地方惹起对外交涉，使革命势力不能集中在一处而对于帝国主义者及其工具行一个有效的进攻。（三）趁革命新发展的基础尚未十分稳固的时候破坏革命势力的结合，譬如挑拨革命党内部的纷争，煽动民众对革命党的恶感等等。

我们在新时期中对于帝国主义者的策略，应该针对着他们对我们的策略，所以也应有三种：（一）我们应该准备实力和帝国主义者决一死战，在这个战争未实现以前我们务必使各帝国主义者不能联合在武力压迫政策的口号之下，换句话说就是我们应该集中势力攻击一个帝国主义者。（二）我们应该停止各省对帝国主义者的小冲突而集中并储蓄一切革命势力以备新时期的全国总攻击时之用，换句话就是我们应从局部的斗争转到全国总攻击的准备。（三）我们应该团结内部、整顿内政使全国人民对于我们的信用越发坚固，使全国民众越发痛恨帝国主义者之离间挑拨，而群趋于青天白日旗帜之下。

新时期的新策略的大方向既定，我们便应将各个问题譬如省政府制度问题、省港罢工问题、各省军事运动问题、党务整理问题等等，根据这个大方向，从新审查一番以定一个新方针。因为不如是便难免发生事实走在前面而革命党跟在后面的弊病，这便失了革命党领导革命的意义了。

河南人又起来了[①]

连日上海电报樊钟秀部已与北伐军会师武胜关，任应岐、李振亚、马允德、袁家骥等部，已在郑州宣告独立，吴退保定，（昨日本报）樊部赵天清二十日围许昌、偃城、临颖车站，樊并限三日内取开封。由此看来，河南人又全部起来革命了，河南肃清之期又当不远了！

本来吴贼佩孚备有三窟：（一）武汉，（二）洛阳，（三）保定，以便失此得彼，不致骤然完全失掉了根据地。不料"千夫所指，无病而死"的谚语果然是有道理的，深谋远虑的吴贼到底敌不住全国爱国民众的公意，纵然备有三窟，对于革命势力的猛烈发展竟毫没有用处，旬月之间连失了二窟，眼看着最后一窟的保定也将快要被鲁张夺去了。军阀的末日真正来得快啊！

但是现在足以使我们注意的，实不在乎吴贼的失掉窟穴，而在乎河南民众的起来参加革命。河南在最近十几年中，经过白狼赵倜兄弟、吴佩孚、张福来、憨玉琨、岳维峻、寇英杰各土匪及军阀军

---

① 署名启修，选自《广州民国日报》1926 年 9 月 25 日第 885 号第 2 版"社论"。——编者

队的蹂躏，实已十室九空，人民困苦到了求死不得、欲生不能之境。因此河南破产的农民受环境的压迫不得不猛然起来组织自卫军性质的红枪会。这些红枪会固然有一部分是不知革命是何物的，然而大部分却受了樊部军队及国民党员活动的影响，已逐渐知道唯有国民革命能救中国、能救河南农民的困苦，所以北伐义师一到武汉，他们也便响应起来了。河南人本来勇敢善战，人口又众，所以河南人的加入国民革命军，实在是中国国民革命运动的一大进展。我们敢说他在国民革命运动上的功效非常巨大，因为他在黄河流域的地位，实在和两湖在长江流域，广东在西江流域一样，非常重大。河南人起来了，黄河流域也有了非常之好的革命根据地了，全国革命民众，大家百尺竿头更进一步努力起来罢，中国自由独立之期不远了！

如何认识对英策略的形式变更？①

关于对英策略形式变更问题，我们在这几天的社论上已经详细讨论过。不过以前的讨论是断片的，还未能把这个问题的全体作整个的有条理的总结，因此我们觉得为使全国民众得一个清澈的认识起见，尚有总括起来说几句话的必要。

第一，对英问题延长至一年以上，我们天天等着英帝国主义者

① 署名启修，选自《广州民国日报》1926年9月30日第888号第2版"社论"。——编者

的屈服而他们居然不惜偌大的损失顽抗到底。在这个经过期间我们的革命势力却增大了，我们的工作基础也扩张了，所以我们不必老守着困死香港等他降服的办法而应该变更策略自谋胜利。

第二，我们此次一面放松封锁政策、一面计划抽收外货消费税的办法就是变更策略自谋胜利的办法，因为在这种新策略的下面，（一）则可以挫英帝国主义者炮舰政策的凶锋使他无所借口，（二）则可以进一步整顿内部团结内部以准备进一步对帝国主义者的总攻击，（三）则可以在这个期间扩大反英的战线，变广东的反英事件为全国的反英事件，以保证我们的最后胜利。所以我们应该拥护此次策略的形式变更。

第三，此次策略的形式变更完全是自谋胜利的办法，决不是一种屈服或妥协，因为我们在这种策略形式改变的下面不但未对于任何方面负有任何义务，而且的的确确保持着随时进取及变更方法的自由。请问屈服或妥协的时候能够有这样的自由吗？当然谁也知道那是不能够的，所以我们说这次变更形式是自谋胜利的办法。

第四，要实行这个自谋胜利的办法，自然应该有财政上的手段，所以国民政府这次才不得不计划抽收外货消费税。这种消费税对于用外货的民众，当然在形式上是增加了些少的负担的。但是我们若想到这是自谋胜利时的必要方法，这是保证香港衰落的保证金，这是发展广东经济使他成为独立的并统一的经济的必由之路，这是一种有利的投资，那末，我们爱国的有革命历史和革命性的广东民众，难道还要惜此区区吗？我们只看英外交部对于抽收计划不能不放弃从来的主张而大大让步表示可以赞同，只看香港政府听着这个抽税计划而发抖，只看英外交部为此不惜和香港政府抬杠，就

可以明白抽收新税计划对于他们的打击如何巨大，同时对于我们的
如何有利了。

苏孙与奉张斗法的第一幕[①]

苏孙与奉张同是最能以巧滑制胜的人，这次因吴贼的失败而他
俩的势力重见接触，必定要大大地斗一场法。苏孙的法宝有二：
（一）祭起北洋正统和讨赤的旗帜来继承吴佩孚招摇，（二）老实投
降国民革命军打起讨伐军阀的旗帜。但奉张的法宝却有三个：（一）
阳为援鄂援赣而实则攫取苏皖豫，（二）正式进攻苏皖报去年夹沟
之仇，（三）坐镇北京以静观时变。以二斗三，弄起法来，必定五
花八门好看非常。这是我们在十天以前曾经论过的。

现在苏孙与奉张斗法的第一幕已经实现了。我们看罢！苏孙手
法仿佛很巧妙，因为他有时露出要举第一个讨赤的法宝的形势，有
时又露出讨伐军阀的法宝的意向，使国民党和奉张不能知道他的真
意他便可从中取利似的。实则苏孙始终是外强中干，色厉内荏，心
里实在想投降国民革命军，而徒以还有一线侥幸成功的希望之故，
手里又舍不得吴贼给他的江西，口头只管请求奉张出兵，而心里则
悬旌似的恐怕奉张借此机会报夹沟之仇。所以苏孙近来的举动真有
似勇实怯、又欲战又欲降之观。但是在这种踌躇为难、举棋不定的

---

① 署名启修，选自《广州民国日报》1926 年 10 月 2 日第 890 号第 2 版
"社论"。——编者

时候，江西战事已失败了，奉张也乐得不睬他了，弄得两个法宝都无多大效力了，真正可惜得很呀！

返过来看奉张，我们看见他最初拿第一法宝试试苏孙，苏孙害怕，不允他由津浦路运兵南下，他便收回第一法宝而放出第三法宝来，于是北京治安权也轻轻地拿到手里了，杜阁也快变为梁阁成靳阁了，安福系也出来捧场，预备重新拉出政治上生命已绝的段祺瑞来组织临时政府以便由国民会议产生宪法、由宪法产生奉张为正式总统了，甚至日本人的《顺天时报》也出来替奉张主张休兵息民、理财养望的政策了！奉张真巧妙啊！他一面对苏孙做了人情，一面对国民革命军也送了秋波，一面复满足了北方人民渴望和平的希望，真可谓一举而数得啊！

第一幕的斗法，的确是苏孙败而奉张胜了，我们拭目以观第二幕罢！假如苏孙仍然举棋不定，那苏孙恐怕就要全部亏输了！

我们军事胜利的保证①

昨日黄埔中央政治军事学校第四期学生二千余人在东较场行毕业典礼，事详本日本报要闻栏。当湖北的吴贼遗孽已告肃清，江西、河南亦将次第底定的今日，我们又欢迎这二千余名一以当千、为民前锋的革命战士从学校里走出来，欢送他们到前方战线上去，

---

① 署名启修，选自《广州民国日报》1926 年 10 月 5 日第 891 号第 2 版"社论"。——编者

这是很值得我们注意的一件事！

这些一以当千、为民前锋的革命战士，从学校出来跑到战场上去，在目前的状况下面，至少可以发生五种很好的影响：第一，在前方苦战恶斗了数月的十余万革命将士，听着又有这样一以当千的生力军多数加入前线，他们一定越发会百尺竿头更进一步地努力杀敌。第二，在前方尚希冀作最后抵抗的残敌，听着些这一以当千的生力军加入战线，一定会心惊胆落、望风逃窜。第三，在后方不大明瞭革命理论和战争理论的人们听着这些生力军加入前线，一定会把惧怕吴贼反攻、苏孙反攻的杞扰，一概除去。第四，那些观望风色的中立军人，听着这些生力军加入前线，知道革命军的胜利要因此巩固，一定会争着投降于国民革命军以免坐失弃暗投明的时机。第五，革命势力新到地方的人民，听着这些生力军加入前线，一定会越发坚固其拥护国民革命军的决心，越发会帮助国民革命军作战。

这五种影响都是足以进一步巩固我们的军事胜利的，所以这些一以当千、为民前锋的革命勇士这次的毕业，就是我们军事胜利的进一步的保证。我们的军事胜利有了确实的保证了，所以革命的成功也随着有了很好的保证了！

国民革命运动的新与民众时期①

自国民革命军克复武汉之后，国民革命运动已到一个新的时期，因此国民党已由在野党地位一跃而变为西南半壁的在朝党，因此国民党在政治上的责任比较从前更见扩张，因此国民党对于各种问题的策略不能不稍加变更——这些都是我们屡次讨论过的。在这个新策略下面我们应该使民众团体和商学农工教各种团体正式加入省政府和地方政府，使他们能够积极参加省和地方的政治，这也是我们曾经说过的。现在我们觉得在新策略下面不但要使民众参加政治，而且要希望民众积极起来担负一切政治及政治外的工作，然后这些新时期的新策略才能实行有效。

举例来说罢！建筑黄埔港，完成粤汉路，以期广东的经济基础、政治地位越发能臻巩固，这确是新时期中应取的新策略。但是，如果广东民众尤其是广东的商民不积极起来投资企业，不积极起来负担他们应该负担的责任，不积极起来进行于他们自己最有利益的这些事业，那末，国民党和国民政府的筑港修路的策略如何能见诸实行呢？又如使民众参加省政及地方政治，这也确是今日最切要的策略，然而假如民众团体不积极起来负担这种责任，不积极起来发表他们的要求，不积极起来共同建设三民主义的中国，那末，

---

① 署名启修，选自《广州民国日报》1926 年 10 月 6 日第 892 号第 2 版"社论"。——编者

国民党和国民政府的策略虽然极好，又怎能够实现而奏功效呢？

这样说来，我们就可以明白新时期中的民众应该如何自处了。新时期是民众意见应被尊重的时期，是民众之声即刻就该变为政治上的事实的时期，是民众与党共同建设中国的时期，所以新时期民众应该积极参加政治，负担建设工作，应该坚固民众的自信，应该表现民众的要求！

我们为使民众之声能够彻于全国，民众的要求能够有表示的机会，我们预备从此以后在本报设一"民众意见"一栏，以便登载一切关于建设的问题，如省政府制度问题、地方政府制度问题，及其他筑路、筑港、兴学、保工、卫农种种问题的民众意见。广东的民众们，积极起来负担你们在新时期中应负担的使命罢！

我们对外地位稳定之后^①

在两三星期以前，我们北伐军刚刚到达武汉，吴贼势力还未全部瓦解的时候，我们的对外地位，回想起来，真正危险极了。在那时候，英帝国主义者看见他在长江流域的工具吴佩孚将被革命势力推倒，不免着急起来，于是在心慌意乱之中，竟利用他从来惯用的传统政策。第一，他想利用炮舰政策，一面威吓中国革命势力，一面想挑拨起中国民众的无意识的反抗，以便联合各国重行庚子故

---

① 署名启修，选自《广州民国日报》1926 年 10 月 7 日第 893 号第 2 版"社论"。——编者

事。第二，他想学日本助奉张倒郭松龄及日本联合各国抗议国民军在大沽设防故智，以便直接间接地帮助吴贼遏阻国民革命势力的发展，英炮舰在长江一带横行，就是这种意思的表现。第三，他想在国际上鼓动一种反中国运动，要想借口国民革命势力又复发展，中国南北永难统一，要求各国共同干涉中国内政，以便保护列强在华的条约上权利（?），北京使团的会议就是一个证据。

但是，英帝国主义者这些救急的方法都是白用了，吴贼佩孚的失败终于决定了，英帝国主义者的诡计也终于无效了。他第一条政策对于坚忍镇静、知进知退的革命民众，完全失了效力。他第二条政策又因国民革命军的奋迅神速的进攻使吴贼一蹶不振，更无适用的机会。他第三条政策也因列强的利害冲突和意见不一致而归于失败了。所以英帝国主义者也不得不趁风转舵了，所以他对于在广东的中英问题，也表示让步了。英帝国主义者退守之后，我们的对外地位也就稳定起来了。请看罢！列强不是已经承认我军封锁武昌了吗？不是承认我军在长江一定地点安置水雷了吗？不是承认我军的驻汉交涉员了吗？这些不是我们对外地位的稳定是什么？

不过我们对外地位只管稳定，我们对于帝国主义者的提防却要格外加紧。因为帝国主义者们原是惟利是视的，他们是做惯"翻手为云覆手雨"的勾当的，他们目前对于我们的让步和沉默，难免就是明日他们对我们进攻或呐喊的前兆。所以我们固然决不要害怕他们，然而同时也决不要安心于他们的和颜悦色。我们最要紧的，是如何巩固并增加我们的实力。只要我们实力能够巩固充实，我们便立在不败之地，不怕他们捣鬼了。

孙传芳不亡何待?[①]

孙传芳滑头极了。只看他起初对于湘对鄂赣战事坐观风色，欲收渔人之利，说什么"人不我犯我亦不犯人"主义，到后来看见革命势力轻容易就打破了吴贼势力，恐怕不但不能得渔人之利或者反要受池鱼之灾，于是才想参加战事，于是才今天遣使到粤，明天派人赴奉，今日订密约，明天又发通电，活现出一条两头蛇的景象。只看他在已经调兵遣将集中闽赣鄂边境一带的时候还说什么"只图保境安民"，还浼人出来呼吁和平。只看他在沿南浔路实行作战的时候，还覆电平和代表，说什么"即刻通令停战"。只看他经屡次电令刘玉春死守武昌，欲令武昌城内人民多受困苦，还说什么"三爱主义"。只看他这些举动，就可以知道孙传芳滑天下之大滑了。

不过大滑头最怕的是碰着顶诚实的人，因为在这时候，无论他油滑不油滑，在顶诚实人方面，总是一样的。现在和孙传芳作对的人们之中顶诚实的就是国民革命军。国民革命军对主义最诚实，对国、对民、对党当然也最诚实，所以国民革命军不打谎语，不虚张声势，不设城府，只要是革命的都可以容纳，不讲私情，只要是反于革命利益的都是敌人，不希望取巧成功而只靠自己的牺牲精神，不希望利用他人而专靠自己实力。这些事情都是滑头的人们所不屑

---

① 署名启修，选自《广州民国日报》1926 年 10 月 8 日第 894 号第 2 版"社论"。——编者

做的，然而国民革命军却专要这样做，所以国民革命军是最诚实的。

　　大滑头孙传芳遇着这个顶诚实的国民革命军可没有办法了，不但没有办法，而且反转上当了。我们革命军明明说我们无论如何非肃清江西的吴贼余孽不可，孙传芳却认为这是威吓他的话，一直到南昌失守才大吃一惊。革命军明明对他说福建民军是倾向国民政府的，叫他不必作由闽攻粤的妄想，孙传芳偏不信而令周荫人蠢动，一直到李凤翔反正、民军蜂起才狼狈而逃。革命军明明对他说革命军封锁武昌是因为不忍人民死于炮火之下，并不是无能力，也不是无兵力东下九江，孙传芳偏不相信，直到我第七军直陷德安、包围九江，把孙军在江西截为数段，孙传芳才知道革命军实力是充足的，但是九江已失（参看本日前方消息），悔也来不及了。革命军明明告诉他浙江是倾向我们的，孙传芳却不相信，一直到夏超要独立，他才觉悟着革命军是不欺他的。

　　号称五省王的孙传芳，匝月之间快要失掉了江西、福建、浙江三省，再过几天，恐怕苏皖也有些难保——这确是对于中国军阀的一个好教训。顺革命潮流者昌，逆革命潮流者亡，这两句话已经是一个屡经证明的公理。除非孙传芳赶快投降，若其不然，他不亡何待？

北伐胜利声中的双十节①

自有双十节以来只有今年的双十节是在胜利的欢声中庆祝的，所以只有今年的双十节在实际上能合乎国庆日的本义。在这个的确可庆可贺的双十节的时候我们应该如何追忆过去，认识现在和警惕将来？这个问题的答案已有中央宣传部的宣传大纲详细说明，用不着我们在这里赘说了，我们觉得此时要特别提出的只是我们应该在国庆日希望大家努力做去的几个要求。我们第一应该希望的，就是在武昌的前敌将士能够在双十节这一天把固守武昌的残敌完全扑灭；因为若是残敌还在武昌，我们总感觉到这个胜利声中的双十节有点美中不足。我们第二应该希望的，就是我们全体党员从这个双十节起，真正全部动员起来，一方面努力杀敌，一方面努力从事建设事业；因我们若不如此，我们总觉得机会偶一错过，我们便难免重演辛亥故事，使反动和投机分子反转抓住权力，又把国民革命成功之期拖延下去。我们第三应该希望的，就是全国民众从这一个双十节起，把谁是民众的友、谁是民众的敌这个问题，根据十五年来的历史，探切地认识清楚，一齐跑到青天白日的旗帜下来，因为他们若不如此，我们总觉得他们的安宁幸福和我们的三民主义都没有即刻实现的保证，真果这样，那末，对于国家，就没有多大可庆可

---

① 署名启修，选自《广州民国日报》1926 年 10 月 9 日第 895 号第 2 版"社论"。——编者

贺的地方了。我们第四应该希望的，就是全国民众从这一天起都能够明白这次变更对英策略的意义，能够遵照新的策略去扩大战线，准备在适当时期对帝国主义者，下一总攻击以期取消不平等条约，解放中国使他为一自由独立的国家；因为全国民众若不如此，我们恐怕帝国主义者伺隙而动，又要把我们在过去一年间得着的胜利夺了回去。我们第五应该希望的，就是全世界被压迫的民众和被压迫的民族都能够和我们同庆这个胜利声中的国庆节，因为他们若不如此，我们总觉得帝国主义的基础就很难依我们一方的努力而根本动摇，总觉得中国国民革命的成功必会因此迟缓，而世界革命的成功之期当然也就会随着迁延下去。

反英策略变更后全国人民应有的觉悟[①]

昨天十二时省港罢工委员会已把各处纠察队撤回，放弃经济封锁策略了，从此以后反英运动已入于另一时期了，局部的反英运动变而为全国的运动，罢工工友们孤军奋斗的运动变而为全国人民共同奋斗的运动了。在一个民国以来最有意义的国庆日，采取一个一定可以制胜的新策略，这是多么值得我们注意的事！

在这里我们第一要认识封锁政策在过去的效力和罢工工友在过去革命工作上功绩的伟大。第二要认识罢工工友在过去十五个月中

---

① 署名启修，选自《广州民国日报》1926 年 10 月 11 日第 897 号第 2 版"社论"。——编者

牺牲的巨大，应赞同政府以新征消费出产税收入专为解决罢工工友生活之用的计划。第三要认清这次变更对英策略完全是自动的，我们并不与英帝国主义者缔结任何协商并交换任何条件，所以我们完全保有此后关于反英政策的变动的自由。第四要认识新对英策略的真意义。

关于前三点我们在前已屡次讨论过了，现在不必赘说。关于第四点我们还有讨论的必要，因为有许多人还不明白新对英政策的真意义。因此他们还没有在新反英政策下应有的觉悟，因此他们实在还有误入歧途的危险，所以我们应当指出新策略的真意义以纠正他们的错误。

误解反英新策略的人有两种：

（一）一种人以为在反英新策略下面我们应该在国民政府势力所及之地严厉地实行对英杯葛，搜烧英货，由公团禁人购买英货，或售货于英人，并由公团妨害国人使用英国货币，乘坐英国船只，犹如我们在五四运动以后排斥日货一样。这个见解是最错不过的。第一，请问这种消极的手段能达救国破敌的目的吗？当然不能够，我们不必多说，只看印度排斥英货运动的失败或无效，便明白了。第二，印度是英属国，所以举国一致的强迫排斥英货运动只能发生国内政治问题，若中国使用全国强迫排斥英货的手段，当然要即刻发生国际问题即中英战争问题。这不消说是与新时期中力避小冲突以准备将来下总攻击的原意相背驰的。第三，经济学上的供求法则是有普遍性的，只有富于革命性的人才能不依这个法则行动而肯出重价买坏货。至于一般人民，则到底是要依供求法则而行动的。除非他们已经革命化，否则要求他们不依这个法则行动，就是等于驱他们向着敌人走。所以在现今宣传尚未普及的状况之下，要求他们不依经济学上的铁则行动，确是最危险的事！（二）一种人以为在反英新策略下面，我们可以无限地退让，不但撤退纠察队，不准任何团体强迫人民排斥英货、英船、英币，而且我们为顾全六省的革命基础和既得的胜利起见，不妨暂时停止反英运动及反帝国主义运动以免英及其他帝国主义者合以谋我。这种见解当然也是错的。因为第一，反帝国主义运动是我们取得全国民众信用之基本工作，停止这个就简直是等于自杀了。第二，帝国主义者何等狡猾，他看见我们退让害怕，他一定要得步进步、得尺进尺的，如果那样，就会没有止境，恐怕我们不久便要坠于外崇国信的悲惨地位了。第三，这种无限退让一方面既不能满帝国主义者的欲望，一方面又失民众对于我们的希望，所以结局既得的六省革命基础，恐怕也未必可保。

以上两种人的见解，都是错误的，那末，到底什么才是反英新策略的真意义呢？新策略的真意义是（一）扩大反英的宣传，使全国人民知道英国帝国主义者的可恶可怕，使人民知道五卅、六·二三、万县案等次惨杀的真相而自发地痛恨英帝国主义者。（二）因此使全国人民自动地排斥英货、英船、英币，使我们有反英运动之实而英帝国主义者并不能因此有所借口而甘冒不韪以行干涉。（三）使全国人民在自动地恨英帝国主义者及自动地对英经济绝交的基础上面，把国民心理统一起来，以便进一步作共同对帝国主义者的总攻击的准备。（四）如此，使国民党及国民政府一面能保持反帝国主义者的根本政策，把人民抓住，一方面又能在无所借口的期间，实际上去做建设事业以巩固革命基础，蓄养革命势力，这便是反英新政策的真意义！

中央及各省执行委员联席会议与中国人民①

我们在武昌前敌的忠勇的将士，果然不负全国人民的希望，于今年的国庆日，把武昌的残敌肃清了。今年的国庆日真可以算得自有国庆日以来第一个真正的国庆日了。同时湖北军事可以算得完全告终结了，那些受了上海报纸宣传的影响，害怕吴贼及孙贼反攻的人们，在我们扫除了武昌残敌和剿灭了孙逆精锐的今日，当然也可以安心来庆祝我们军事的胜利了。我们现在的主要任务只在如何巩固我们旧有和新得的革命基础，去从事建设事业以准备进一步对剥夺中国自由平等的敌人，行总攻击了。

恰好在这个时机，中央及各省执行委员联席会议准备实行开会，我们实不能不称赞时机的适当。我们更进一步详看联席会议议案起草委员谈话会的纪录（见今日本报要闻栏，虽然还不能窥见全豹），我们更不能不佩服中国国民党虑事的周到和计划的精密。我们看罢！第一次谈话会决定了"国民政府的发展"议题，第二次、第三次谈话会决定了"省政府与国民政府的关系"议题，第四次谈话会决定了"省党部与省政府之关系"议题，第五次谈话会决定了"对促进和平与秩序之恢复"议题、"对外政策"议题、"对于人民

① 署名启修，选自《广州民国日报》1926 年 10 月 14 日第 898 号第 2 版"社论"。——编者

权利"议题、"对于人民之经济救济"议题、"财政建设"议题、"行政的建设"议题及"对于平民教育之普及"议题等等。这是多么伟大的实际建设计划啊！

这些议题在将来的联席会议上是否每个都能够成立通过？这是目前不能预测的。但是这些议题，都是极合乎目前的需要而其内容的决定又很周到适当，这个却是有目共睹的。现在要究研的就是：中国人民对于联席会议的态度应该如何？（一）人民应该站在袖手旁观的地位吗？（二）抑或简直不闻不问吗？（三）抑或不但要注意这个会议的经过，而且要进一步发表人民对于各种议题的意见以供会议的采择吗？第一种态度当然是不对的，因为联席会议全然是为人民的利益而开的，假如在这个会议的当时人民毫不发表自己的意见，万一联席会议的决定有一部分不合人民的需求，岂不是徒贻国民政府与人民间的意见不一致于将来而种下纠纷的种子吗？第二种态度更不对了，因为除了他有方才说的毛病之外，他还有另一个毛病。如果人民采取一种不闻不问的态度，那末，就令联席会议所决定的，完完全全是对的，是合乎人民利益的，这个决定也不见得能够完全实行。何以呢？因为一切政策都是以人民的利益为对象的，所以一切政策必定要在人民了解他知道他不反乎人民利益的时候，才能实行有效，所以就令政策是好的，如若人民对他不闻不问，这个好政策决不能实行有效，甚或惹起不好的结果也未可知，所以第二种态度，可以说是完全错了！第一种和第二种态度都是错的，所以只有第三种态度是对的，因为第三种态度恰是第一种、第二种态度的反面！

我们相信现在中国人民已经了解政治和革命了，已经了解并信服国民党和国民政府了，所以我们相信中国人民对于这次联席会议一定会采取第三种态度，所以我们在本纸上预备着"人民意见与建设"栏，以便替中国全国人民发表关于上述各种议题和其他建设问题的意见。全中国人民努力起来罢！开始建设民众政治的时机到了！

祝中央及各省执行委员联席会议的成功①

两次延期开会的中央及各省执行委员联席会议，今日将于万众欢呼北伐胜利之际，在万目睽睽之中，举行第一次正式会议了。这个联席会议的开幕是最合乎时机的，而且在此会议上应该讨论决定的问题也尽都是最合乎目前需要的。昨天在本报社论上我们已经说过了。这个联席会议在中国国民革命运动进行上所占地位的重大，实不亚于十三年正月的第一次全国代表大会。简单说来，第一次全国代表大会可以说是确切地决定国民党如何在夺取政权时代进行破敌工作的会，这次的联席会议可以说是决定国民党如何在巩固政权时代进行建设工作的会，二者所注重的目标虽然不同，然而他的重要程度却是差不多的，因为当革命运动在某一个时期开始进行时，最要紧的就是决定这个整个时期的工作计划，这个工作计划的当否足以影响这整个时期中革命工作的成败，而第一次全国代表大会和

①　署名启修，选自《广州民国日报》1926 年 10 月 15 日第 899 号第 2 版"社论"。——编者

这次联席会议都是一个决定整个时期中的工作计划的会，所以二者在这个意义上面，其重要程度是相等的。第一次全国代表大会所决定的工作计划非常正确而适当，所以国民党在这个大会以后不上三年便拿住了全中国大部分地方的政权，而且还有不久可以统一全国政权的希望，所以第一次全国代表大会是一个成功的大会。我们希望并相信这次联席会议也是一个成功的大会，也是一个能够决定最正确、最适当的建设计划，使三民主义不久就逐渐地实现于中国的大会。我们这个希望和相信，并不是无根据的，因为从实际上说现在一切足供参考的材料比当时较多，现在一切党的组织比当时严密，现在莅会的委员，人数也比当时多，经验也比当时富，在当时那种状况下面，还得着一个大大的成功，所以在现今的状况下面，当然更可以成功的了。这次联席会议的成功，就是三民主义在建设方面的成功的张本，所以我们愿与全中国人民共祝这次联席会议的成功并祝各委员对于国民革命的努力！

罪恶滔天的北京现伪阁[①]

　　北京伪政府的伪内阁从来都是偷窃中国国民的主权和名义去做各种卖国勾当的。所以从来的伪内阁都是经我们向国内外声明他的僭窃，否认他所做的一切行动的法律效力的。所以这些伪内阁所做

———————————

　　① 署名启修，选自《广州民国日报》1926 年 10 月 18 日第 900 号第 2 版"社论"。——编者

的卖国殃民的行动譬如以中国国民全体的名义借入外债，缔结对外条约，开催关税会议，替帝国主义者压迫中国国民的爱国运动及其他等等，都因为受了我们严厉的指摘和攻击而被全中国爱国民众认识真相并否认其法律上的效力了。

从来的北京伪阁虽然做了许多卖国殃民的行为，犯了许多不能宽宥的罪恶，然而到底在表面上还挂了一块代表中国国民全体的假招牌，到底还时时假借一个为国家顾全大局（例如段贼祺瑞的外崇国信之说），或为国民争回利权（例如赞成关税会议的人的主张）的自欺欺人的伪口实，到底还不敢公然把一个伪内阁当成帝国主义者的工具，公然地替帝国主义者说话，想把五卅以来许多革命志士费了莫大的牺牲而仅仅争回了的一些国权，从新奉送给帝国主义者。

但是北京现在的伪内阁，即以有名的卖国大家顾维钧为长的伪内阁，可不同了，他们居然敢做从来北京伪阁所不敢做的罪恶了，他们的罪恶真正滔天了！他们犯罪的确证在哪里呢？就在他们反对广州国民政府之新近抽收出产消费税（见本日京电）！我们在前两星期屡次说过，这次国民政府所抽的新税，完全属于内国税的范围之中，本是中国政府根据自己的租税主权当然可以抽收的，本是帝国主义者没有任何理由可以容啄的。北京从前的各伪内阁虽然也有想抽这种税的，然而因为他们是受帝国主义者的支配的，所以帝国主义者硬说这种税足以侵害帝国主义者条约上既得权利而不准各伪内阁去干，所以各伪内阁也只好罢休。自五卅事件以后，全国民众，尤其是广东民众，在国民党指导之下，牺牲了无数的生命和精力才做成功了一个反英帝国主义者的大运动，使英国的香港失去了繁荣，使英国对华贸易受了莫大的打击。英帝国主义者用尽方法都破坏不了这个运动，逼得无法，才承认国民政府和国民党的实力而实行退让，才承认这个他从来不肯承认的消费出产税。所以这次国民政府所抽的消费出产税，在对外关系上说，一方面是英帝国主义者屈服于革命运动的表示，一方面即是全国民众自五卅以来年余的奋斗牺牲所得的一点具体的结果。这结果虽然甚微，然而却是用革命方法屈服帝国主义者的一个起点，所以只要是中国人，都应该尊重并保存这点结果的。何物北京顾伪阁，居然敢犯从前各伪阁所不敢犯的罪恶了！居然想直接从全国革命民众的手里，替帝国主义者夺回我们既获的一点点胜利！

我们可以正告全国民众！顾伪阁从这件事起，不但是卖国殃民的反革命，而且已表示他们不愿意为中国人了，我们若是中国人，我们就不应该承认顾伪阁全体阁员还是中国人，我们若还听顾伪阁的愚弄，我们便不是中国人了！顾伪阁的恶贯盈满了！我们还不赶快起来打倒这一群穷凶极恶的卖国贼吗？

孙传芳果然进退维谷了[①]

孙传芳对于这次国民革命军的北伐，本来只有两条应付的路途：一是投降国民革命军，做一个识时务的俊杰；一是继承吴佩孚

---

① 署名启修，选自《广州民国日报》1926 年 10 月 21 日第 903 号第 2 版"社论"。——编者

的北洋正统和所谓讨赤事业，索性和仇人奉张结拜成为弟兄，□□□□□□□□□董其贺式的英雄。这是我们在三星期以前就说过的。不过这两条路途，都是只能博得英名而要失却实利和权力的，所以滑头透顶的孙传芳，当然不愿意彻底去做，而时势又逼得他不能不做一点，所以孙传芳始终只是采取一个若进若退、又欲战又欲和的态度。这个态度只足惹起更大的不利益，而将逼到一个进退失据、名实两失之境，这也是我们从前约略说过的。

现在孙传芳虽然身临前敌，也救不了谢鸿勋的破灭和其他在江西部队的败北，而后方更比他老滑而识时务的夏超将军，却已看破革命潮流而与革命军合作了，陈调元、周凤岐及陈仪等的部队，也跟着动摇起来了，眼看着浙江已去，上海将失，南京也快要受浙鲁军的袭击而保不住了。孙传芳在这个时候，进既无兵可用，退又无根据地可守，欲在此时与革命军合作，则等于无条件缴械，未免对不起谢鸿勋以下无数的死伤将士，欲于此时投鲁张，亦等于狭路降仇，不但为普通军人气节上所不许，而且恐亦为鲁莽的鲁张所不容。孙传芳果然进退维谷了！

孙传芳若尚有一点人心，有一点所谓爱国、爱民、爱世的诚意，则他今日宜走的路，只有把一切名利权势的念头，完全抛开，诚心诚意地把江苏、安徽、福建的政权拿出来奉还于三省的人民，一来免得更造许多罪孽，二来也可借此忏悔。孙传芳如果真是一个老巧的人，想来一定不惜如此做下去。不过孙传芳现在为丁文江等一般研究系走狗所包围，这些走狗，自民国成立以来，都是日以挑拨军阀火并压迫人民为事，惟恐造孽不深的人们，恐怕未必肯让孙传芳放下屠刀立地成佛罢！

孙传芳的破灭，又给了我们一个证据，证明军阀无论如何是抵抗不过革命的潮流的，证明帝国主义的金钱和祸国殃民的申公豹式的研究系的挑拨鼓动是不能扶助军阀的。"顺革命潮流者昌，逆革命潮流者亡"，真变成一个如日月经天、江河行地的大道理了！我们愿相信此理者更进一步巩固其信念，愿尚怀疑者要竭诚相信，愿不相信此理者看见这个证明而憬悟一番！

最不幸的江苏人①

在帝国主义者经济侵略、政治侵略及文化侵略的下面，全中国人民当然都是要受痛苦的，当然都说不上享受什么安宁幸福的。不过依地理的关系，各省人民所受痛苦却免不了有一个先后轻重之别。在这个关系上看来，各省人民中受害最先最烈者首推广东人，其次就是江苏人。广东人现在依总理和国民党员数十年间之奋斗努力，已经走上自由解放的光明路途了，眼望着若照着现在的路途走去时不久就可享受完全的安宁幸福了。因此现在若问中国全国人民中何处的人民最为不幸，我们敢立刻回答说这是江苏人。何以说江苏人最不幸呢？这个可以分两点说明。

从对外关系上说来，江苏位于扬子江之口而且保有天然良好商港——上海，所以帝国主义者要侵略扬子江流域必先从江苏下手，

---

① 署名启修，选自《广州民国日报》1926 年 10 月 22 日第 904 号第 2 版"社论"。——编者

所以在扬子江流域中，江苏旧有的农工业，最先呈破产失业的现象，所以江苏最先发生遍地枭匪的景象，所以江苏的社会最先产业化，所以江苏最先发生贫富悬绝的状况，所以江苏最先发生产业的无产阶级及随着产业发展而生的种种社会弊害，所以江苏贫民之不得不卖儿鬻女去作悲惨的营生，实在和广东穷民之不得不卖身为猪仔去到外洋做牛马式的苦工，同是受帝国主义者的经济侵略之赐。到了今日，江苏人已被亡国的上海这个附骨疽所侵蚀而奄奄欲死了，上海势力之足以支配江苏，已甚于从前香港势力之支配广东了，总而言之，江苏已完全次殖民地化了！

在国内关系上，江苏人更为不幸。因为江苏最先产业化，所以江苏的资本比较集中，金融比较灵活，所以祸国殃民的军阀想攫来做招兵买马、升官发财的根据地的，就是江苏。因为江苏全省已为帝国主义者的上海所支配，所以凡是想利用这个关系去勾结帝国主义者以巩固地位扩充势力的军阀，都放不开江苏。你看，从民国二年以来，江苏人不是始终在北洋军阀的马蹄之下吗？冯国璋、李纯、齐燮元、卢永祥、杨宇霆、孙传芳等北洋军阀不是都把江苏人看成被征服者而尽量剥削其膏脂吗？这已经十分不幸了。还有更不幸的，这些军阀勾结帝国主义者去剥夺人民的自由，锢蔽人民的思想，箝制人民的行动，使江苏人民在这十几年中连一点反抗军阀的机会都得不着，更莫说像他省人民一样，去作实际的反抗运动了！到了今日，锦绣的江南已被贫民的褴褛所遮蔽，中国文化中心的江苏，已成北洋军阀蹂躏东南的巢窟了！

在这样大不幸下面的江苏人，如何才能重享幸福呢？这个问题，非常容易答复。因为江苏和广东的位置很相类似，所以只须依

照广东逐渐脱离不幸的先例就够了。广东能够逐渐脱离帝国主义者
及军阀的压迫蹂躏，全靠广东民众的革命化，具体地说，就是靠广
东民众能够随着总理及国民党的领导，站在青天白日旗下去和帝国
主义者及军阀作殊死的斗争。所以江苏人要想脱离不幸，只有起来
参加国民革命之一法。

在平时，江苏的地位是很不利于参加国民革命军的，但是现在
可不同了。现在国民革命军已经达到江苏的西界和南界，而孙传芳
的势力又刚在奔溃之时，所以正是江苏人起来革命的时机到来了。
这个时机，很有稍纵即逝的危险，因为据昨天上海电报（见连日本
报）孙传芳似乎要倒行逆施，不要脸孔地，去向鲁张作狭路降仇的
丑事了，鲁军似乎已集中临城了，假如鲁军真正重履江南，恐怕江
苏人的革命的机运，又要受顿挫了。江苏人赶快起来罢！时哉不可
失！时哉不可失！

革命势力的集中与步调的一致[①]

中国国民革命势力，自十三年改组以来，便逐渐普及于全国各
地方及各阶级了，不过因这二年多中间，各处军阀势力尚强，所以
革命势力，老没有集中的机会，所以虽然在五卅事件时，全国一致
反对英国帝国主义者，发生了一个很好的革命时机，也没有能够在

---

① 署名启修，选自《广州民国日报》1926 年 10 月 23 日第 905 号第 2 版
"社论"。——编者

革命运动上得到多大的进步。今年国民革命军出师北伐，一举而克长岳，再进而复武汉，于是江西、福建也不成问题了，贵州、四川也收复了，浙江也反正了，河南也起来了，陕甘也从绝望之境而复苏了。总而言之，革命势力，在地理上已经脱离分散在各地方的状况而打成一片了，在社会关系上已经实现农工商学兵的一致联合了，在军事上已经立了一个整个的强有力的为数不下五十万的国民革命军了。革命的势力确已集中了。

革命势力的集中，自然是表示革命运动的进步的，所以革命势力的进一步的发展，自然是可以豫期的，所以各处反革命势力的存在，自然也是不足虑的。然而势力集中的反面，本来包含着势力的复杂，所以势力集中固然有可以使革命运动更向前发展的利，同时也就不免携来一个可以使革命运动的步调不能一致的弊，所以真正要使此后革命进行顺畅无阻，就应该于集中势力之外，更谋革命势力全体步调一致之法。

步调如何才能够一致呢？要使步调能够一致，照知难行易的真理讲来，最要的，莫过于使革命势力的思想一致。现在总理遗嘱、三民主义、建国方略、建国大纲，及第一次、第二次全国代表大会的议决案等等，早已经被革命的民众深刻地认识着，彻底地遵循着了，所以关于革命的主义、建国的方略、党纲及党的主要政策等，当然不会发生意见的不统一，当然也就不会发生步调的不一致了。现在可以发生步调的不一致的，只有关于最近将来应取的策略一点，只有关于随着革命基础的扩张及革命势力的集中而生之种种新形势的新策略一点。譬如各省政府如何组织，国民会议如何筹备，对外政策如何决定，各省工农运动如何促进等等，都不是依从前的简单政纲可以解决的，而是要斟酌新形势去另下一番研究的。所以关于这些新的问题，当然难免意见的不一致，同时也就难免步调的不一致了。

在这个意义上，我们感觉到这次中央及各省联席会议，实在负有重大的使命，实在负有使思想一致，同时就是使此后革命势力的步调一致的使命。所以我们不嫌絮烦，要重复向中国全国国民及革命的民众申说一遍，要请大家不断地注意联席会议的决议案并充分了解联席会议的决议案，因为只有这样才使全国民众的思想一致，同时才能使全国民众的步调一致，也只有这样才能免除因势力集中而来的危险！

再论我们对外地位的稳固^①

两星期前，我们曾经说过，我们现在的对外地位，依种种具体的事实，证明已经稳固了，不过我们断不能因对外地位的稳固而不提防帝国主义者，因为我们若不加意提防，就恐他们要乘机侵害我们。现在依这两星期的经过看来，我们觉得我们前次说的话，一点也没有说错。何以呢？因为我们现在对外地位比两星期前，更加一层的稳固了，而同时帝国主义者的乘机侵略，也已经开始了。

在这两星期中，各帝国主义者政府已经决定决不干涉广州革命

---

① 署名启修，选自《广州民国日报》1926 年 10 月 25 日第 906 号第 2 版"社论"。——编者

政府抽收新税，汉口及广州各国领事团，已正式向我们各地的外交当局，一律地正式往来酬酢，且有露出愿接受广州国民政府将来派出各国的代表之意的。而一方面他们对于北方的顾维钧伪阁，则态度并不一致，有一二国简直不承认顾伪阁，不愿和他酬酢。这些不是我们对外地位稳固是什么？这些已经证明他们愿意承认我们了。

但是这个是可欣喜的事吗？从一方面看来，自然是可喜的事，因为对外地位的稳固，就是表明对内势力越发有扩大的希望。然而从另一方面看来，这个地位稳固，却含着一个可忧的事。什么事呢？就是帝国主义者可以趁这个机会，这个恭维我们、正式承认我们的机会，把不平等条约的锁练加在我们身上。这时候，我们接受这条锁练不接受呢？若是接受，那末，我们就正中了帝国主义者的苦肉计，我们将要因这个接受而失掉了对全国革命民众的信任。若是不接受，那末，我们就难免国内所谓稳健派趁此煽动我们党内性质温和，尚未彻底明白革命策略的同志们，使他们起来呼喊保全既得的势力，使我们革命战线上因此发生裂痕。所以在这时候我们若不提醒全国民众，我们就要处于上述的进退维谷之境，我们就要担很大的忧虑。

我们怎么样提醒民众呢？我们要告诉民众说，帝国主义者承认国民政府的表示原是一条苦肉计。要告诉民众说，不要希望速得列强的承认，因为过早的正式承认是要附带一条锁练的。要告诉民众说，要积极地进一步去巩固革命势力，因为势力巩固之后就不怕他们不作无条件的承认。要告诉民众说，一切革命的失败均是因为要用妥协方法去保持既得的胜利而失败的。要告诉民众说，只有不妥协的奋斗才能促进成功，保持胜利！

孙传芳大开倒车[①]

这里说的开倒车，不是指政治上的意义，也不是指文化上的意义。在政治关系上，孙传芳无主义，无理想，只是一个争夺权位和势利的军阀，所以说不上倒车不倒车。就是从文化上，也是一样，孙传芳根本上配不上说什么倒车不倒车。他表面上虽然和章疯子捣鬼，弄什么投壶之礼，说什么中国固有文化，其实他心中哪有这么一回事，他不过把章疯子这般老古董拿来开开心、撑撑门面罢了。

这里说的开倒车，只是就军事上的意义说的。据昨今两日的电讯，孙传芳在进不能投降国民革命军，退不能投诚鲁张的今日，他不采用奉还苏皖闽三省政权于人民的最上策，而偏要采用最下策，退保江浙的最下策，以冀多造罪孽、苟延残喘了。孙传芳本是由闽浙一隅抓住机会而向外发展成为所谓五省王的，所以在今日进退维谷之际，他当然会想到退保江浙希冀更待将来的机会。不过他完全把现在的时局看错了，完全把革命的潮流忽略了，所以在军事上做出开倒车的笨事了。

现在（一）福建、江西已成为革命势力所及之区，（二）浙江民众已接受国民革命的洗礼，（三）前方国民革命军步步跟随孙传芳残军，使他没有安全退却的可能，（四）浙江夏军长采取河南樊

---

① 署名启修，选自《广州民国日报》1926 年 10 月 26 日第 907 号第 2 版"社论"。——编者

军长的战术，孙军进则退，孙军退则进的战术，不与孙传芳决战，只使孙军后方不宁，疲于奔命。这四点都是孙传芳决不能保守江浙，尤其是不能保守浙江的主要原因。孙传芳不知这种原因而希图仍然恢复一年以前的状况，真是发梦。在这种意义上可以说是孙传芳大开倒车了。

开倒车的人，决没有不中途颠覆的，所以孙传芳不过可以借此和丁文江辈研究系走狗多造一些罪孽，以待恶贯盈满罢了。但是在我们方面却又得着一个实例，证明军阀是"不到黄河心不死"的，证明申公豹式的挑拨大家是不到失了行动自由之日决不停止造孽的挑拨的。

改造司法与联席会议[①]

国民革命运动发展到军事胜利确定的时期，当然就会要求以新法律为基础的秩序之确立，何以故？因为法的秩序的确立原是一切建设事业的基础，而军事的胜利之后，最要紧的，又莫过于建设事业。所以法的秩序之确立，在一方面可以说是军事胜利确定后的必然伴随的现象，在他一方面，也可以说是一切建设事业的先决条件。

国民革命军现在确已得到西江流域及长江流域的决定的胜利

---

① 署名启修，选自《广州民国日报》1926 年 10 月 28 日第 908 号第 2 版"社论"。——编者

了，国民党确已由在野的政党一变而为握有中国全领土一半政权的在朝党了，所以从今日起确有积极地在这些地方从事建设事业的必要了，所以造成新的法的秩序一事，也变成刻不容缓的了。在这时候，徐季龙先生提出改造司法的计划，这真可以说是最合时宜的。

徐季龙先生的改造司法计划全体，已详见前月本报要闻栏，现在不必赘说。括其要点，总不外乎改订实体法及手续法，淘汰并养成法律人才，改良司法设备、整顿司法实况等等□□□□□□□□□的法律的秩序，以应国民革命建设上之新要求。这种用意，自然是非常之好，没有一点可加非难的。不料存心捣乱的反动派，遇事都想借以挑拨是非，对于改造司法的计划，也乘机大造谣言，不说国民政府将行土地四四二制的法律，就说将立限制继承权、财产权的法律，甚至于说徐谦先生要把苏俄的现行法律搬到中国来。他们造出这些可笑的谣言，无非是想借端生事，使民众相惊以伯有，使一般将因改造司法而失去地位的人们快快心；而去附和他们（反动派）以便扰乱后方罢了。

这些谣言又无稽，又可笑，我们觉得本不值得一驳，然而为国民革命的发展计，似乎又不能不驳。好了，现在有比我们的驳论还好的事实了。这是什么呢？就是中央及各省联席会议关于一般经济及农民工人等的决议案。这些决议案本是国民革命在建设时期的政策大纲，从法律上说，当然也就是这时期的法的秩序的纲领。在这些决议案上，我们丝毫也不能发见和谣言所传者相类的东西，所以上述那些谣言之徒为一种谣言，就可以不辩而自明了。

我们在这里更说一遍，我们愿全国民众不要轻信无稽的谣言，而要时时注意国民党的一切主义政纲宣言及决议案，努力去了解他并相信他。

革命的胜利与外交的胜利[①]

我们前十几天曾说过：革命的胜利是要包含军事的胜利和政治的胜利二者的，因为真要达到革命的目的，实非一方面以武力打倒敌人，一方面以主义取得民众对革命党的信用，不可。这个话当然是对的，不过因为是在十几天以前的环境下面说的，所以说得还不完全。

真正完全地说来，革命的胜利，除了第一步军事的胜利，第二步政治的胜利之外，还应该包含第三步的外交的胜利，然后才算真正的革命胜利。何以呢？因为中国的革命是国民革命，是要取消不平等条约的革命，换句话说，因为中国国民革命除了打倒国内的军阀，获得国内民众的信用之外，还要打倒压迫中国的帝国主义，使中国能变成自由独立的国家。

这个外交的胜利，在一切半殖民地和殖民地的国民革命上，都是必要的条件，中国不幸处在半殖民地的地位，所以中国的革命成功也必定要有外交的胜利才行。这个胜利不能求之于军事的胜利之前，因为大家知道弱者无外交，大家知道外交必以实力为后盾，所以没有军事的胜利，也就没有外交的胜利。同时这个外交胜利，也

---

① 署名启修，选自《广州民国日报》1926 年 10 月 29 日第 909 号第 2 版"社论"。——编者

不能求之于政治的胜利之前，因为大家知道外交的胜利全靠民众的后援，而这个后援之实现必定在革命党获得民众信用之后，就是说在政治的胜利之后。

现在我们革命军在军事上已经得了决定的胜利，全国民众也正争着跑到国民党旗帜下面，所以可以说已经获到军事的及政治的胜利了，所以可以说进而谋外交胜利的时机到了。在这时候听说中央及各省联席会议议定了最近对外政策（虽然还不知道内容）五条，这真可谓制于机先的适宜处置了。在这里我们一面不能不佩服国民党计划的周密，一面又不能不希望国民党速将此种政策公布，以便全国民众有所遵循，一方面更不能不希望全国民众一致起来注意外交，研究外交并拥护国民党的外交政策，以便于军事的胜利及政治的胜利之外，更进一步，确实地获到外交的胜利，以完成国民革命的胜利！

联席会议闭会以后[①]

中央执行委员及各省市区执行委员会代表联席会议，继续不断地开了十二次会议，于本月廿八日正式宣告闭会了。联席会议在这十二次会议中，已经把国民革命运动新时期内所需要的一切问题，如中央政府地点，省及地方政府组织及权限，国民党内部问题如迎

---

① 署名启修，选自《广州民国日报》1926 年 10 月 30 日第 910 号第 2 版"社论"。——编者

汪精卫先生问题及党员服兵役等，国民政府的对外政策，国民会议问题，国民党农工政策的详细规定，国民党的经济政策等，都详细讨论过而加以决定了。这些决定差不多没有一条是闲文，没有一句是空话，简直可以说精密周到，无懈可击，件件都是合乎目前客观事实的需要的。所以可以说这一次联席会议是一个成功的会议。

联席会议是设定国民革命在建设时期中的全盘计划的，这个全盘计划的设计，既然告了成功，又加以联席会议议决了一个"联席会议决议案"，即须切实执行，只□□三次全国代表大会□□□□□□□□□□案，所以我们敢大胆地说，国民革命运动□□□□□□成功，也有了保障了！所以我们在联席会议闭会之后，可以表示满足，可以为国民革命前途喜幸！

然而在满足和喜幸的当中，又未尝没有觉得美中不足的地方。这是什么呢？就是觉得民众方面对于联席会议还没有多大的表示。前次我们曾经反覆说过：国民党本是保护民众利益的党，所以国民党的政策，都是有益于民众的政策，然而要使这些政策有效地实行起来，尚非民众了解这些政策并信用这些政策不可。在这个意义上，我们很希望民众表示他们的意见。然而在事实上，我们除了看见一二党部及后方工作会议些微有一点拥护的表示之外，关于其他民众团体几毫无所闻，这岂不是憾事？这岂不是美中不足吗？不过联席会议刚刚闭会，或许民众团体的表示尚未准备完成，所以我们在感觉不足之中，还抱有无穷的希望！

如何获得外交的胜利?[①]

要想真正得到国民革命的胜利，则除军事的胜利及政治的胜利之外，还须要得到外交的胜利——这是我们前天详细讨论过的。但是如何才能获得外交的胜利呢? 这个问题，是一个很复杂的问题，我们有详加考虑的必要。

从大体说来，我们觉得要获得外交的胜利，至少必须有三个必要的先决条件：第一，我们必须确实地并且详密地调察帝国主义列强的国情，他们相互间的利害一致或利害冲突的关系，及他们在对华政策上的底意，因为必定这样做了之后，我们才能利用他们的弱点，使他们间的步调一致成为不可能，并使他们间的裂痕日深一日。第二，我们必须确定我们对帝国主义列强的根本政策，并根据这个根本政策去决定对他们每个列强的态度，因为必定这样才能使我们不为他的表面让步所诱，才能使我们不为他们的苦肉计所乘，也必定这样才能使我们自己方面的意见统一，行动一致。第三，我们必须统一我们的外交，我们必须打破列强在国民政府属下各省进行各省单独外交的诡谋，而使他们在来和我们交涉时只能走国民政府外交部这一个门，因为必定这样我们才能以我们的外交统一势力，去对付他们方面的根本上外交政策的不统一，而获得胜利，也

---

① 署名启修，选自《广州民国日报》1926 年 11 月 1 日第 911 号第 2 版"社论"。——编者

必定这样才能防范我们方面从前常常发生的弊害，即因外交政策上的意见不一致而来的内部分裂的弊害（例如打倒帝国主义口号初提出时及五卅以后专一反英或兼反英日的问题发生时的内部分裂）。

若是这三种先决条件都能满足地成立，那末，我们已经有知彼知己之实，必定可以站在百战百胜之地，纵横肆应，所向无不如意了！不过还有一层，外交的胜利虽有赖于正确的政策和强有力的武力，然而最后的后盾，还是不外乎全国人民的举国一致的精神，所以我们也可以说：获得外交胜利的最要方法，在使民众注意外交，了解外交并拥护外交。

帝国主义列强与我们（一）[①]

帝国主义列强向来是仇视我们的，向来是不承认我们足以代表中国人民的，所以他们向来都是帮助卖国军阀压迫我们的革命运动，向来都是煽动中国反革命分子在社会各方面破坏并中伤我们革命党。这些事情都是全国人民很知道清楚的，用不着在这里更累累赘赘地列举事实来证明。

但是，自从我们革命军克复武汉后，帝国主义列强对我们的态度就渐渐地改变了，他们由仇视而变成表面中立，由表面中立而变成和我们暗送秋波了，他们由不承认而渐渐变成默认，更将由默认

---

① 署名启修，选自《广州民国日报》1926 年 11 月 2 日第 912 号第 2 版“社论”。——编者

而渐渐变成表面上承认我们是有统治实力的交战团体了。我们在论"我们对外地位的稳固"二篇小文里面①，已经把足以证明他们态度逐渐变更的事实，说得很多，现在这里不必赘说。除曾经说过的各种事实之外，我们虽然也还拿着几种更重要的事实，但因时机未到，我们现在还不便宣布。总之，帝国主义列强对我们的态度，的确是在开始变更中，就是最反对我们的帝国主义者也是在打算改变对我们的态度中，这是毫无可疑的事实。

　　帝国主义列强为什么要开始改变或打算改变他们对我们的态度呢？是因为他们忽然了解我们的革命运动了吗？当然不是，因为他们的利益根本上就是和国民革命的利益相冲突，他们无论如何不会根本了解我们。是因为他们觉得他们所利用的军阀太不中用，太无统治中国的能力，因而转向我们，承认我们的统治吗？当然更不是，因为他们对我们虽然改变态度，然而他们并没有停止和卖国的军阀相勾结的事。然则他们到底为的是什么呢？简单说来，他们要开始或打算改变他们对我们的态度，是因为我们不但在各方面的军事胜利，表示了我们的实力，而且在政治方面尤其是在外交方面，表示我们的统一力和组织力。详细说来，就是因为我们克复了武汉，肃清了江西的大半，击破了周荫人，动摇了江浙，因为国民军已向中原出发，因为各地小军阀们已经动摇起来，因为国民政府能够有统驭力，有组织力，能够使后方日益巩固，能够使外交政策统一，能够很巧妙地对付帝国主义者的武力政策。因为在上述情形下

────────────

　　① 参见本册所收《我们对外地位稳定之后》、《再论我们对外地位的稳固》二文。——编者

面，帝国主义列强既不能单独的武力压迫我们，又不能联合一致来干涉我们，所以他们就不能不改变他们对我们的态度了。

帝国主义列强与我们（二）①

帝国主义列强因为我们在军事上表示了实力，在政治上及外交上表示了组织力及统一力，所以他们要开始改变或打算改变他们对我们的态度，这是一点也不错的。现在成为问题的就是：他们可能改变的程度如何？他们当然不会即刻就承认我们取消不平等条约的主张，因为照帝国主义者的本质和历史看来，不经武力斗争而归还所夺权利的先例，是不会有的，也从来没有过的。他们这次改变态度，大概有三个限度：第一，他们只想在使我们担一个被列强承认的虚名，而实际上仍套上不平等条约的锁练的限度之内，改变他们的态度，因为这样他们就可夺去我们抵抗他们的有力武器而使我们失掉对全国民众的信用。第二，他们只想在不关大局的小部分例如承认抽收消费新税或承认我们派出的代表等问题，佯为让步，而于大关节如关税自主、取消领事裁判权等，则极力坚持，以冀行其朝三暮四的诈术。第三，他们只想在名义上承认我们的主张而在实际上则设法阻碍我们主张的实现，例如承认在一定年限内并在某种条件之下可以废止不平等条约，以冀借此挑拨我们的内部使我们内部

① 署名启修，选自《广州民国日报》1926年11月3日第913号第2版"社论"。——编者

的急进派及缓进派之间发生裂痕。他们在以上三个限度内可以改变态度，要想他们再进一步，一定是不可能的。

既然这样，我们应该怎样对付他们呢？我们应该时时刻刻目不转睛地注视我们的目标，即以革命的方法使中国成为自由独立国家的目标，我们应该不忘记"用武力被夺去的，只有用武力才可以夺回来"的格言，我们应该继续努力用革命的方法实现我们的目的。所以我们不必贪得一个被列强承认的虚名，也不必一定拒绝和他们往来酬酢。我们只有坚持我们取消不平等条约的主张，只要是合乎这个主张的，不管他是合案交涉也好，分案交涉也好，我们可以和他们谈判，只要是背乎这个主张的，哪怕目前有多大现实的利益，我们也只有一律拒绝之一法。

比约问题是中国革命民众势力的试金石①

宣告《中比通商条约》期满解除一事，是值得我们十分注意的事，因为这件事从革命的观点看来，是中国革命民众是否有正确认识和真实力量的试金石。

要想中国国民革命成功，首先就非取销一切不平等条约不可，这是总理昭示我们的。未满期的不平等条约尚要取消，则已满期的不平等条约，决不能延长期限或复新条款，当然是不待言的。假如

---

① 署名启修，选自《广州民国日报》1926年11月4日第914号第2版"社论"。——编者

中国革命的民众不能一致地主张比约期满解除并一致地努力使宣告期满解除之事实现，那末，就证明革命民众尚未了解国民革命的真意义，也尚未有革命的真实力量了。此其一。

北京的顾伪阁不足以代表中国国民，卖国殃民的顾维钧等等不配说宣告中比条约期满解除，更不配说谈判中比商约，这是谁也知道的。假如革命的民众竟想叫顾伪阁去宣告去谈判，那末，不但革命的民众毕竟要和五卅交涉等等一样，会被卖国贼辈利用民众的血汗和牺牲，去换取倘来的功名富贵，而且民众的认识和力量，也就轻轻地被卖国贼辈问了鼎的轻重，恐怕从此以后卖国贼辈，更要毫无顾忌地胆大妄为了。些其二。

这次废约运动当然是要受帝国主义者和其工具军阀官僚等的压迫的，比京不律塞尔拘捕并驱逐中国留学生及华侨，就是一个开始，此后当然还有压迫摧残威吓相继而起的。在这里，假如中国革命民众不能够坚持到底，不能够对抗一个武力比较微弱的帝国主义者，不能够禁受那列强共同干涉的威吓，那末，取消不平等条约这个口号不但在对外方面将要失掉了重大的意义，就是在对国内民众方面，也将失去一半号召民众的效力了。此其三。

比约是应该宣告期满解除的，然而依上面说的，我们革命民众一不谨慎，就有发生重大结果的危险，所以我们要努力干，要否认顾伪阁的交涉谈判权，要表示我们革命民众的力量，要坚持到底，要借这个试金石证明我们有正确的革命认识和真实的革命力量！

比约问题与中国国际地位^①

中国自辛丑辱国条约以来，国际地位一落千丈，无论从法律上、政治上、经济上哪一方面说，都是降在次殖民地的地位了。所以从那一年起，中国在国际法上失掉一般国家都应该有的完全主权，从那一年起，中国政府的头上就戴上了一个东交民巷的太上政府，从那一年起中国完全变成帝国主义列强的投货场、投资场并原料采取场了。

这个次殖民地的地位，虽在辛亥革命推倒满清朝庭之后，也还没有丝毫变更，直到民国十三年国民党改组的时候，才开始上升，因为从这时起，国际场上才知道中国有了真正代表民族利益的政党，才知道中国民族也有了现代意义的民族意义和觉醒了。后来中国国际地位因苏联承认中国为独立自主的一等国而复进一步，因五卅运动及省港罢工运动而再进一步，因国民革命军在长江流域的军事胜利而更升高一步。到了今日，几乎世界上一切革命的民众无不以中国革命的成败为自己的成败，世界上一切反革命的势力也莫不以中国反革命势力的消失为他们的势力消失了。请看罢！从五卅以来，不是世界上被压迫民族及民众都愿意中国能够自由独立，愿意帮助中国的革命运动吗？目前不是在莫斯科、伦敦、巴黎、柏林等

---

①　署名启修，选自《广州民国日报》1926 年 11 月 5 日第 915 号第 2 版"社论"。——编者

处还盛开着"不干涉中国会"吗？在他方面，不是英国、法国、日本的帝国主义者生怕中国革命成功影响到他们生存的根本，所以极力提倡干涉中国之说吗？不是连已无家可归的白俄旧帝国主义者及和中国毫无直接利害关系的意国法西党，都要主张用武力干涉中国了吗？这些事实，不管他是赞成中国革命的，或反对中国革命的，总而言之，都是表示中国已经成为世界问题的中心，换句话说，表示中国革命运动已经成为可以左右世界革命的运动了，更换句话说，就是表示中国民族和中国国家在国际上的地位已经提高了。

但是这个已经提高了的国际地位，现在却遇着一个危险时机了！这是什么？就是比约问题。我们昨天已经说过：在革命的观点上看来，我们能否宣告中比商约期满解除这件事，是中国革命民众是否有正确的革命认识和真正的革命力量的试金石。现在我们更要说：我们能否宣告中比商约期满解除这件事，还可以影响我们的国际地位。何以呢？第一，因为我们口口声声要取消不平等条约，如果现在连一个已满期的不平等条约都取消不了，都没有非取消不可的决心，那末，那些期望中国革命可以左右世界革命的我们的友人，就要大大地失望灰心，那些害怕中国革命成功影响到他们生命的我们的敌人，也就会安心释虑，进一步来压迫我们，来设法降落我们已提高的国际地位了。第二，因为口口声声都叫着打倒帝国主义，假如现在连一个比较势力微弱的帝国主义者，都不敢去反抗，那末，那些强大的帝国主义者，就更要猖狂无忌地把我们踏下十八层地狱了。

俄国革命纪念日的中俄联欢会之意义 [①]

今日的中国已成世界问题的中心，中国的国民革命运动已经成为可以左右世界革命的运动，所以差不多世界上一切革命的民众莫不以中国革命的成败为自己的成败，世界上一切反革命的势力也莫不以中国反革命势力的消失为他们的势力消失了。这是我们在昨天的社论上详细说过的。站在这个观点上来观察俄国十月革命，我们应该认定俄国十月革命和中国现在的国民革命一样，同是廿世纪的世界革命的一部分，不过一个走在前、一个走在后罢了。二者间的关系，恰和一七八三年的美国独立革命成功与一七八九年的法国大革命间的关系一样，假如美国独立革命是法国大革命及以后各国政治革命的导火线，则俄国革命也就是中国国民革命及其他继中国而起的世界革命各部分的导火线，所以我们也应该和法国革命家不惜讴歌祝贺美国的革命一样，用极诚恳的态度，去和俄国的工农群众及全世界被压迫民众，一同讴歌庆祝这个划时代的开始解放被压迫民族及民众的十一月七号才行，因为假如中国革命的民众不能够这样，那末，中国革命民众就会认不清世界革命的意义，认不清俄国革命的性质并认不清中国国民革命运动的实体之嫌了。同时，站在这个观点上我们盼望一切庆祝俄国十月革命纪念日的人们，不管他

---

① 署名启修，选自《广州民国日报》1926 年 11 月 6 日第 916 号第 2 版"社论"。——编者

是中国人也好，俄国人也好，中俄二国以外的人也好，总要在这个十一月七号，念及俄国革命只是世界革命的一个先锋，中国现在的国民革命运动就是世界革命进程上的一个后续部队，总要一面庆祝俄国的十一月七号，一面要努力参加并帮助中国国民革命的进行才好，因为必定这样才能真正完成庆祝十月革命的意义，才能真能了解中国国民革命的本质。明天要于庆祝俄国十月革命纪念日之后，开中俄联欢会了。我们希望莅中俄联欢会的人们，要站在上述两个观点上面，去庆祝俄国革命过去的成功，去祝贺中国国民革命现正进行中的成功，并预祝此后一切解放被压迫民族及民众的世界革命各部分的成功，因为必定这样然后庆祝不会变成虚礼，也必定这样然后联欢不至变成寻常的应酬！

打倒万恶的外交系分子①

所谓外交系的分子，几乎全部都是寡廉鲜耻的洋奴和奴颜婢膝只知向着富有权势金钱的主子摇尾乞怜的走狗。他们或是说得一口很好的洋话或是博得一个什么博士、学士的头衔，所以他们当洋奴的手段特别高，他们做走狗的本事也特别大。他们在过去的行为，真值得廉耻丧尽无恶不作几个字的批语。譬如颜惠庆、顾维钧、王宠惠、罗文干、汤尔和及其他某某博士、某某公使、某某督办等

---

① 署名启修，选自《广州民国日报》1926 年 11 月 9 日第 917 号第 2 版 "社论"。——编者

等，或者为曹琨、吴佩孚包办卖国，或者为段祺瑞包办关税会议和法权会议，或者借奥款卖国自肥，或者利用金佛郎案及德发债票案和外国资本家共同分肥，等等事件，都证明他们的罪戾甚于军阀，他们的万恶甚于安福系及曹章陆。然而因为他们一方面保有博士、学士的头衔，一方面复利用外洋留学生的招牌侵入全国教育界，拿虚伪的学术智识去文饰他们的罪恶，所以中国国民不易识破他们的奸诈，还只以为他们是中国的好人，中国的干才！

这个万恶的外交系分子，最近看见革命势力的发展，不但不知悔悟，反恐革命成功之后失掉他们卖国作恶的机会，越发作起永不可逭的罪恶了。请看罢！

（一）他们以北京伪阁员的资格，替帝国主义者反对革命党及国民政府用热血争来的内国消费税，这证明他们已经不是中国人了。

（二）他们（顾维钧、王宠惠、罗文干、汤尔和及其他什么博士、什么公使）想延长或更新中比条约到关税会议、法权会议完了以后，这证明他们完全和帝国主义者一鼻孔出气，完全做的是帝国主义者的阁员。

（三）他们要糊哩糊涂地解决万县惨案，想借此去讨好英帝国主义者，这证明他们的罪恶还甚于军阀杨森。

（四）他们想利用北京的伪阁去替日英帝国主义者拉拢，以便替日英帝国主义者平分在中国的权利，均担所谓讨赤费的负担，这证明他们完全自绝于国人！

（五）他们想〔借〕清算道胜银行的机会，把汇丰银行的势力愈发增大，想趁所谓关税会议未有结果以前，把关税存放权，进一步稳稳地放在他们主人的手里，这证明他们对帝国主义者的献殷勤、卖气力，真是无所不用其极，他们的生存简直就是等于不要我们一般国民尤其是革命民众生存！

中国全国民众！中国革命的民众们！倒底我们还要生存不要？假如我们还要生存，我们就要尽情揭发外交系分子的罪恶，我们就要认清他们的洋奴和走狗的本体，我们就要谨防这些洋奴和走狗暗暗地侵入革命的战线，像民国元年唐绍仪替袁世凯在国民党内作反间一样，来捣乱我们的内部，我们就要极力劝告全国的教育家和智识界极力驱逐这些洋奴走狗出教育界，以免留学生和智识界的名誉为这些洋奴走狗破坏无遗！

孙传芳恶贯盈满了！[①]

孙传芳若真正是一个识时务的枭杰，若真正是一个能够相信他自己所谓三爱主义还不失为一骗人把戏的人，那末，他在他的精锐如谢鸿勋等部被革命消灭之时，早就该悄悄收兵而去了，因为在这个时候他不能保住江西已成为明白显著的事实，如若勉强继续战争，结果不过徒使他的部下送死，徒使江西人民多受惊恐罢了，于战局前途并不会发生如何影响。即退一万步说，孙传芳在后方的江浙发生变动之时，总应该通电下野，把浙苏皖三省的政权交还三省

---

① 署名启修，选自《广州民国日报》1926 年 11 月 11 日第 918 号第 2 版"社论"。——编者

的人民了，因为在这时候，种种客观的事实不但证明他决不能在前线获胜，而且证明苏浙的民众已经不愿再继续为孙传芳私人的战争而被牺牲了。

然而孙传芳枉自聪明一世，只因保持五省地盘去继承北洋之心太切，为研究系的丁文江、蒋方震辈所包围，弄得利令智昏，连上述的明白的事理，都看不清楚，一定要多造罪孽，一定要弄到"不到黄河心不死"的境地，才肯溜之大吉。这真可以叫做自作孽不可逭了。现在九江、武穴、湖口几个长江要害地点，已在庆祝总理诞生的声中被革命军克复，南昌至九江间被革命军缴械的孙军，不下三四万，江西全省已告肃清，福州的克复，亦指日可靠，浙江被福建、江西两方面的攻击，加以夏周陈的军队，当然更无容孙传芳窜据的道理，江苏的白宝山，安徽的王普，固然也想趁势独立起来以期保持实力，安徽的陈调元当然更不忘情于苏皖二省的并吞计划。在这种形势下面，孙传芳只有两条路：不趁早亡命，就束手被擒，此处更无别路可通了。

从革命的眼光看来，当然我们要希望江浙皖三省的民众赶快起来擒住孙传芳，不要使他漏网，因为孙传芳明知不可战而战，战则徒苦人民。这和刘玉春明知不可守而守，守则徒害百姓，同是罪该万死的。现在刘玉春已有会国民审判以平湖北人民公愤的消息，我们对于孙传芳，当然也希望人民能够起来审判他，以平五省人民之公愤！五省民众赶快起来罢！孙传芳恶贯盈满了！我们要像前一个月在第十四双十节的庆祝声中擒住残民以逞的刘玉春和陈嘉谟一样，在总理诞生的庆祝声中擒住罪该万死的孙传芳！

总理与中国及世界[①]

国民革命的客观条件

一切国民革命都是有三重目的的，即第一要解除帝国主义者的束缚去建设独立的国家，第二要推翻勾结帝国主义者的封建余孽去建设民权政治，第三要打破国内外资本主义的压迫去建设友爱互助的经济组织。所以国民革命必定发生在殖民地或半殖民地的地方，因为只有在这些地方才能同时并有三重目的。反转来说，凡是殖民地或半殖民地，必定都有发生国民革命的可能，因为在这些地方必有帝国主义者的束缚，勾结帝国主义者的封建余孽及国内外资本主义的压迫，而这些革命的客观条件又必然地引起革命的主观条件，即民族的反抗和觉悟。中国的国民革命是一般国民革命之一，当然也逃不出这个公例。

国民革命的父亲

有了革命的客观条件和主观条件之后，就有国民革命的可能了，然而还不见得一定就会发生革命，犹如自动车有了发动机和汽油之后，虽然有使自动车前进的可能，然而还不一定就能够前进一样。要想使这自动车前进，还须加以一种推动力，使发动机和汽油结合起来，而成一个势力，所以要想使革命的客观条件和主观条件

---

① 署名启修，选自《广州民国日报》1926 年 11 月 12 日第 919 号第 2 版"社论"。——编者

结合起来而成一个革命的势力，也还须一种推进力，即还须一种先知先觉者的提唱、领导、鼓吹和指示。这个先知先觉者虽然也是在一定的客观条件产生出来的，然而没有他则革命的客观条件与主观条件不能结合，革命的势力因之也不能充分形成和发展，所以这个先知先觉者，也可以称为革命之父。中国国民革命之父是谁？自然就是中国国民党总理孙中山先生！

革命的父亲负有重大责任

一般国民革命的父亲，都负有很重大的责任，一个地方的国民革命能否成功及这个成功的迟速快慢，全看他父亲的提唱、领导、鼓吹、指示的得法不得法。俄国革命的成功是因为有很好的父亲列宁为革命而奋斗。土耳其革命的成功也因为他有了克玛尔。印度的甘地太过于温和，所以印度革命迟迟不能成功。埃及的撒格露尔稍有妥协性，所以埃及革命也不得不经许多挫折。

总理与中国

没有总理这样一个最好的先知先觉，最良的父亲，当然就没有中国有组织的革命运动，当然也就会没有中华民国。若果没有有组织的革命运动和中华民国，当然也就不会有像现在这样有组织力而普及中国全国各地方的各阶级的中国国民党。如果没有这个中国国民党，当然更不会有现在北伐的胜利和随着这个北伐胜利而来的中国革命势力在国际上地位的提高，当然也就没有现在很可以看得见的中国自由解放的希望。所以总理与中国的关系非常密切，没有总理的诞生，恐怕还是满族的中国，连现在这样半殖民地的地位也都没有了！还说什么推倒满清，更说什么国民革命的成功希望！

总理与世界

中国国民革命是可以左右世界革命的前途的。在廿世纪的世界革命进程中，俄国革命是先锋，中国国民革命是后继部队，假如中国国民革命能够继续先锋队的俄国革命而告成功，那末，世界革命的成功就可以说是有了一大半了。但是，上面说过，如果没有总理的诞生，就不会有国民革命的成功，所以如果没有总理的诞生，当然也就难有世界革命成功的希望，所以总理的诞生，的确是和有关全人类幸福的世界革命有大关系的。

为中国全国民众及全世界被压迫民众而行的纪念

没有总理，就没有中国现有的将告成功的国民革命，就没有现在的世界革命的圆满进行，所以我们纪念总理的诞生，不仅是要借此表示我们一切总理信徒的信念，不仅是要表示我们对于总理伟大人格的崇敬，而且是要借此与全中国人民同祝中国国民革命的胜利，同庆中国民众的自由解放，并且要借此和全世界被压迫民众同歌人类解放的福音，同倾世界革命步步向着成功方面走去的希望！

要顾到中国革命的目的

在今天这个总理诞生日，我们决不要随便热闹一场，就过去了。假如这样，那就是把总理神圣化，把总理的诞生日看成耶稣生日，那就未免唐突总理，侮辱总理了。总理的革命运动是为民众的革命运动，总理的国民党是一个为民众谋利益的党，所以总理并不是一个高不可攀的神圣，而是一个唤醒民众，组织民众，解放民众，为民众利益而牺牲一切的人格者。必定这样认清总理和总理手造的党，然后才真能达到纪念总理诞生日的本意。

不要忘记中国革命在世界革命上的使命

单是在上述一个意义上纪念总理还是不够的，因为假如仅是那样，就未免有狭义爱国主义者嫌疑，就未免认不清中国国民革命的真意义，同时也就不免对不起总理，并对不起全世界人类了。

要记得总理给我们的一个大教训

单是在上述两个意义上纪念总理的诞生，也还不够，因为上述两点不过是一个原则，还没有说到目前急切需要的策略。目前需要的是什么策略呢？这要看目前革命运动的环境。现在革命军胜利了，国民党站在执政权的地位了，这个形势恰与辛亥革命后的局势相当。辛亥的革命，在实质上，的确是一个失败，现在我们现在要不蹈覆辙，我们就要牢牢记着总理关于这个失败所下的解释。依总理的解释，这次的失败有四种大原因：第一，是只有一部分智识分子实际参加革命，而多数民众则对于革命只持袖手旁观的冷淡态度。第二，这一部分的智识分子，意见复不一致（见总理致陈英士信）。第三，党员不能接受总理学说和政纲的全部而只接受一部分，如三民主义本是一个主义的三方面，而当时的党员，有只持民族（排满）一主义的，有只持民族主义和民权主义（立宪）的。他们不了解一切革命都是政治、经济及社会三方面的，而总以为只接受总理主义的一部分便算是革命，并且他们所接受的一部分，也还是曲解，以排满为民族主义，以立宪为民权主义，弄得一塌糊涂，所以革命不能成功。第四，一般党员没有充分的训练和严格的规律，所以不能使革命的组织成为一个有机的组织而只有一些机械的形式的规则。辛亥革命因这四个原因而失败了，我们若不以辛亥为殷鉴，我们就会对不起总理，也就失了纪念总理诞生的意义了。

要明白总理改组国民党的真意义

目前急切需要的策略，第二就是党本身的主义和政纲的统一解释。自总理去世后，关于主义的解释和政纲的解释，都发生了一些异议，因此惹起了不少的纠纷。现在革命军事胜利，不能不急谋解释的统一了。总理关于主义及政纲的最近的解释，当然是第一次全国代表大会的宣言。这个宣言，是为改组而发的，所以我们要想解释统一就该应不忘记改组的意义。国民党改组的意义有三：第一，是把国民党改成一个公开于全国各阶级的革命民众的党，换句话说，就是把党的基础放在多数民众的身上。第二，把三民主义的内容确定，确定民族主义为一方面使中国民族自求解放、一方面使中国境内各民族一律平等（境外民族更不必说）的主义，确定民权为于间接民权之外复行直接民权的主义，确定民生主义为一种为使中国经济向上发展起见，根据中国大多数重要阶级的具体需要而决定的，永远免除政治上、经济上、社会上一切剥削的运动。第三，是决定种种具体的政策，使民众了解国民党要行的是什么，民众可以由国民党得到的是什么。这些具体的政策，都是根据过去的经验和当时的急需而决定的，所以非常适合客观的环境。现在国民党的成功，就是由这些政策而来。将来的成功的程度，不消说得，也是要靠这些政策是否能够一一见诸实行，一一被民众了解而决的。以上三点都是总理改组国民党的真意义，都是在主义和政纲的统一解释上非常重要的，所以我们在纪念总理诞生的今日，还应不忘记这一点！

要担负保存并光大总理遗业的责任

总而言之，总理是中国国民革命的父亲，父亲虽死，然而他遗下来的这个遗业是非常伟大而艰辛的。我们后死的人们应该保存这个遗业，光大这个遗业并根据上述几点去做，然后才不枉为总理的信徒，才不辜负今日纪念总理诞生的意义！

江西军事有了决定胜利以后的急务[①]

孙传芳虽然狡猾而倔强，然而终不能打破"顺革命势力者昌，逆革命势力者亡"的公理，而终于全军在江西被革命军打得四散溃灭了。现在国民革命军一方面在鄂北安全巩固地保有武胜三关，坚固了北向的门户，他方面在长江握住了武穴田家镇、九江湖口的天险，牢牢地抓着了长江的锁钥，所以湖南、湖北、江西三省的军事，可以说是完全得着决定的胜利了。

不过我们屡次说过，国民革命的胜利是要包含军事的胜利、政治的胜利和外交的胜利的，所以在军事的胜利之后，我们还要加倍努力，才能得到革命的真正胜利。换句话说，就是要努力进一步获得政治的胜利和外交的胜利。这是我们现在的急务！

我们如何才能获得政治的胜利呢？第一，自然是要扩大党的组织，使党的活动深入于民众，并使民众信用党，尊重党并出死力来拥护党的本身和党的政策。第二，要使党在平时的宣言和政纲，于既得军事胜利之后，能够逐渐实行起来，使民众知道党的预约是可以兑现的，使民众知道革命党不但可以铲除民贼，而且可以进一步做财政、金融、交通、实业等建设事业，以增进民众的和平幸福。

---

① 署名启修，选自《广州民国日报》1926 年 11 月 15 日第 920 号第 2 版"社论"。——编者

第三，要使我们军政日益统一起来，成一个更伟大的革命势力，以便于必要时巩固我们既得的军事胜利，巩固民众在革命势力下的既得幸福，并预备进一步消灭全国的反革命势力和全世界的帝国主义者。

我们如何才能获得外交的胜利呢？这在前两星期的社论上我们已经详细说过①，总不外要利用我们方面的外交政策的统一，去打破帝国主义方面的对华政策的不统一罢了。

据最近的消息（参看本日要闻），国民党中央党部及国民政府已经决定派徐谦、顾孟馀、陈友仁、宋子文、孙科五同志即日出发，到两湖、江西去谋党务的扩张，财政、交通等政策的统一，实业计划的设立和统一的外交政策的实行了。这真是最切合时机的处置，真是能够务所当急了！我们以十二分的诚意，希望被派的人们能够满足地实施他们所担负的任务，同时并希望一般民众能了解这次派人赴两湖、江西去指导党务、政务的重要意义！

列强抗议国民政府抽收新税之里面②

国民革命军这次以迅雷疾风的手段，在江西攻破孙传芳，旬日之间使号称十万的孙军，全都溃灭，几于片甲不回。拿成功的神速

---

① 参见本册所收《如何获得外交的胜利？》一文。——编者
② 署名启修，选自《广州民国日报》1926 年 11 月 16 日第 921 号第 2 版"社论"。——编者

和敌人的惨败说来，这次的胜利尤甚于上次克复武汉之役，怪不得自九江、南昌陷落以后一般军阀莫不胆战心惊，一般帝国主义尤其是英帝国主义也都失去他们最后的希望——使孙传芳继承吴佩孚做他们走狗的希望，而发苦闷的叹声了。国民革命军，江西得了决定的胜利之后，仿佛我们的对外地位要更加巩固了。乃不料在我们的庆祝胜利的欢声中，忽然接到帝国主义列强抗议国民政府抽收新税的共同通牒，美法二国并于共同通牒之外，还有单独的抗议。这真奇怪得狠！他们不是早已宣传不共同抗议了吗？他们何以不早不迟，恰于我们获到军事的决定胜利之时出面抗议呢？并且听说他们这次抗议，并不是单对国民政府，而是以完全同文的通牒对张宗昌（因为张宗昌在山东也新抽了一种税）的，不过把广东二字换成山东二字罢了。这又是什么缘故呢？这些问题都是值得我们研究的。

我们若详细研究起来，一定可以发见列强共同抗议的里面含有种种把戏：第一，列强要趁我们庆祝胜利的时候和我们办外交，以为一面可以乘我们的欣喜关头，取得意外的结果，一面又可借以示威以挑拨我们战线上的温和派的知止不殆的心理，使他们趋于妥协，同时就是使我们战线发生裂痕。第二，帝国主义列强把广州国民政府和山东的张宗昌放在同一位置，这表示帝国主义者已经决定要用各个击破的外交手段，不但分裂国民政府的外交政策，并且要分裂全中国民族的民众外交势力了。第三，美法二国特别有单独通牒，而与中国并国民政府关系最深的英日二国反没有单独通牒，这表示列强的一致仍然是一个表面的一致，英日二国还是使用二重外交政策（英国外交有外交部与殖民部之别，日本有参谋及陆军部与外交部之别），他们之间还是有很大的裂痕的，只看日本清浦首相在中国各处的演说及英国国会的对华空气，就明白了。第四，日英帝国主义者同意于以同样通牒对山东抗议，这表示英日二国的无诚意抗议，因为张宗昌原是他们认为最后的有力的工具的，他们决不会真正对他抗议。

帝国主义列强的把戏虽然很多，但是到底瞒不过革命民众，因为中国革命民众已经有了充分的国际智识和革命策略了。所以帝国主义列强只管弄把戏，我们相信中国革命民众决不会为他们而失掉了目标，并失错了步骤的。我们相信全国民众对于列强这次的共同抗议，对于这次列强的新侵略，对于这次列强的干涉我们内国租税自主权，一定是要猛然起来加以攻击的，一定是要对全世界民众表明我们是要抵抗帝国主义者一直到底的。

西北国民革命军应有的使命与西北政治工作人员应有的责任（一）①

西北国民革命军在国民军时代对于革命虽曾有过不少的贡献，譬如打破曹吴之武力统一计划，援助五卅运动，及努力反奉战争等等，然而从国民革命运动的全体看来，只能说是一出开场戏，还算不得正本戏。西北国民革命军的正本戏，还在将来，现在我们要说的，就是西北国民革命军在这个正本戏上应演的脚色。

谁也知道：中国国民革命运动的成功，在军事的立场看来，应

---

① 署名启修，选自《广州民国日报》1926 年 11 月 17 日第 922 号第 2 版"社论"。——编者

分两个阶段，即第一是用武力推翻军阀的阶段，和第二用实力打倒帝国主义的阶段。只是在第一阶段上成功，还算不得真正的国民革命成功。必定要第二阶段上也成功，才是真正的成功。如何才能使第一阶段的革命运动成功呢？方法自然是非常之多，譬如组织民众，领导工农等等都是不可少的，但是，若只从军事上说，我们可以说应该以南部为革命势力的根据地，由南往西北进展，使民众的革命势力日益扩大，然后一举而摧陷军阀官僚的巢穴北京。这不是随便瞎说而是富有理由的。因为一则北方是北洋军阀的根据地，离北愈远，革命势力愈易发展；二则因西南一带交通比较不便，北洋军阀比较不能得到帝国主义者的直接援助；三则西南各省工农比较多受军阀和帝国主义者的压迫，比较多感觉革命的需要，所以在推翻军阀的阶段上，由南部入手组织革命势力，由南向西北发展，是很合乎事理的。

但是，到了国民革命的打倒帝国主义的阶段上，情形却不同了。打倒帝国主义不是空口说白话，而是要用实力打倒的，因为受武力压迫的人们，只有用武力才可以解除这个压迫。在我们用实力打倒帝国主义时，敌人倒底从哪一方面来和我们对抗呢？自然他们可以从各方面来，然而以庚子故事看来，并从帝国主义者始终想利用北京伪政府，始终把北京伪政府权力放在东交民巷公使团之下的态度看来，主要的敌人，当然还是从东北方面进来，因为一则我们在东北无险可守，二则他们在东北有有力的工具可用，三则他们必定选择民众革命势力较不发展之地点和我们决战。

帝国主义者既然一定要在中国东北部和国民革命势力决战，我们怎么办呢？避他么？当然不可能，因为无论敌人在什么地点，我们都得要不避险阻去打倒他的。积极进攻么？但是东北都是苦寒之地，又大半是一望平原，而且帝国主义者的长处又在于他们的大炮、坦克车、自动车队和马队，他们这些东西正好在这些地方摆布！从这几个条件看来，西南部的革命势力要想和帝国主义者在这些地方对抗，是非常吃亏的。要想不吃亏，只有在西北方面，利用更好的地势和更便利的民情，练成更有力的炮队、坦克车队、自动车队和马队，去打倒他们。然而现在能够在西北方面做这些工作的，只有西北国民革命军，所以西北国民革命军在国民革命的打倒帝国主义的阶段上，有极重大的使命的！这是西北国民革命军要自己觉悟的，也是一切革命民众应该认清的。

西北国民革命军应有的使命与西北政治工作人员应有的责任（二）①

西北国民革命军在国民革命运动的打倒帝国主义的阶段上负有极重大的使命，我们在昨天的社论上已经说得很明白了。现在我们要研究研究倒底西北国民革命军能够负这个客观的历史给与他们的使命不能够。

西北国民革命军在过去表示他们有很高的战斗力，很好的训练和军纪（虽然有一小部分军纪不佳），表示他们勤苦耐劳，纯良勇敢（这是徐季龙同志对西北军所下的批语），表示他们屡次抵抗强

---

① 署名启修，选自《广州民国日报》1926 年 11 月 18 日第 923 号第 2 版"社论"。——编者

有力的军阀，充分发挥了他们的革命性。这些都是多数革命的民众一致公认的，用不着多说。现在成问题的就是：只靠这些特性就能够担负上述的大使命吗？抑还要具备其他的特色，才能担负这个大使命呢？上述的特性，站在一个普通的军队的立场看来，的确已经是很好的了，然而若站在国民革命的观点上看来，却是还大大地不充分。何以呢？因为国民革命是有三重目的的，即第一要解除帝国主义者的束缚去建设独立的国家，第二要推翻勾结帝国主义者的封建余孽去建设民权政治，第三要打破国内外资本主义的压迫去建设友爱互助的经济组织，换句话说，就是国民革命一定是三民主义革命。所以担负这个革命的军队一定要是一个服膺三民主义的军队。而西北国民革命军到现在为止，却还不算得是一个服膺三民主义的军队，从上面所述的特色看来，已经是很明白的，所以西北国民革命军在现在的状况下面，还不能说是已经有了负担前述使命的能力。

怎样才能使西北国民革命军具有这个必要的能力呢？当然唯一的方法是在那里做政治工作，使西北国民革命军受三民主义的政治训练。说到这里，我们就不能不指出西北政治工作人员应有的责任，我们同时也就不能不希望一切西北工作人员尤其是新近由中央派往的工作人员能够彻底尽他们的责任。

西北政治工作人员应该确实正当地向西北国民革命军全体解释三民主义和三民主义的主要策略，不可有遗漏也不可有无益的添增，更不可有有意的曲解和修正。这本是任何三民主义信徒在任何地方都应该如此的，但是我们觉得在西北方面做政治工作的人尤其应该如此，因为西北国民革命军处在一种特殊的环境下面，一不注意很容易发生错误。譬如拿民族主义来说，西北国民革命军从来处于汉民族、回民族及蒙古民族杂居之地，素来沾染以汉族势力凌辱蒙回的狭义民族主义的倾向，我们做政治工作的人非拿总理的民族主义，即对内民族自求解放、对外境内民族一切平等的民族主义，去纠正西北国民革命军从来的错误不可。否则不但对不起总理和党，而且也足以使西北国民革命军不能够担负他们的使命，因为没有蒙回民族参加中国国民革命工作，我们也就没有练成可以抵抗帝国主义者的骑兵队的可能了。又如民权主义，也是一样，到西北做政治工作的人必定要把西北国民革命军从来认爱民、惠民、保民的封建式的愚民方法为民权的谬误观念，根本打破才行。否则总理的民权主义即直接民权及间接民权二者俱备的民权主义，便不能深入于西北国民革命军的脑筋，将来便不免还□害怕民众，躲避民众甚至于间接帮助军阀枪杀民众（如三·一八惨案）的事件发生，便不免不能副总理唤醒民众、联合民众以行革命的策略了。更如民生主义，也是一样，西北工作人员必定要拿总理的民生主义即一种根据多数人民具体要求使中国现代化、使中国经济向上发展的民生主义，去打破西北国民革命军从来以兵作工、以兵开垦单是奖励节约而不知世界经济发展趋势的复古的安民、裕民主义才好，否则总理的民生主义便没有在西北深入民众的希望，同时保护农工，保护人民具体利益的国民革命策略，在西北也就会变成虚文了。

西北国民革命军负有特殊的使命，所以赴西北政治工作人们，也负有特别的责任，西北政治工作人员要特别努力起来，一般革命民众要特别注意西北革命势力的发展，特别督促西北政治工作人员才行！

段祺瑞及其徒党之蠢动①

据最近的消息，卖国积贼段祺瑞及其徒党安福系分子又欲乘全国时局的开展而其头攫取渔人之利了。欺骗我党总理，残杀全国人民，摧残爱国运动的段祺瑞及其徒党，自本年四月被逐出北京以后，全国多数民众，特别是西北国民军人士，都以为在这一次，段祺瑞的政治生命总算完了，安福系总算休了。不料我们总理反对段祺瑞的善后会议之言还在我们耳边，段祺瑞所放的所谓讨赤战争的火种还在延烧，段祺瑞在伪国务院门口所流的爱国烈士的热血犹未冻冷的今日，段祺瑞及其徒党又要回来了！其实，在熟知革命历史和革命理论的人看来，这是毫不足怪的，因为历史上的事实和理论上的推论都明白告诉我们说：打倒反革命和消灭反革命是两件不同的事，反革命的势力，在只被打倒而未被消灭的时候，总是要千方百计设法恢复他们的势力的。在本年四月，段祺瑞的势力只是被人打倒，而并未被人消灭，所以他和他的徒党今日又有复出的运动，简直可以说是"此事理之当然不足怪也"。

段祺瑞及其徒党这次运动复出，有成功的可能没有呢？有的。何以故？因为有四种形势于他们的运动有利：第一是日奉间的裂痕（日本吉田总领事劝告张作霖，及张作霖所捧的顾伪阁想把道胜银

---

① 署名启修，选自《广州民国日报》1926年11月19日第924号第2版"社论"。——编者

行所存庚子赔款全数移存汇丰银行时，日本方面大不高兴，这些都是很明白的证据）使段祺瑞及安福系以日本第二工具的资格，在北方政局上陡加巨大的潜势力。第二是奉鲁间的裂痕（张学良和褚玉璞争直隶地盘，奉因英国的关系不欲乘孙传芳之危而鲁不悦，奉强夺鲁方的海圻兵舰，鲁方谋臣杨度受张学良的压迫而失掉了伪阁的内务一席，等等事情都是明白的证据）使段派重享和前年冯张势力对抗时一样的渔人之利。第三是直系的破灭，使段派能够自由在北方活动不受任何种的掣肘。第四是国民党用全力讨伐吴孙之时机，使段派巧妙地偷窃北京伪政府的政权。

不过可到底只是一个可能，不见得一定会实现，所以段祺瑞及其徒党的复出运动是否成功，得要看此后时局如何发展而决。站在革命的观点上看来，段贼的复出，在北方是政局的更进一步的逆转，所以是一切革命民众所当反对的。所以一切革命的民众要站稳观点，看定目标，毫不妥协地向前挺进，去做我们革命的事业，去阻止循环式的军阀复活，去消灭反革命的势力。在这里最要紧的，还是不要忘记段祺瑞曾经破坏我们总理的国民会议计划，不要忘记段祺瑞曾经点了所谓讨赤战争的火种，使北方数省人民受尽兵匪之祸，并不要忘记段祺瑞曾经为帝国主义者在伪国务院门口命卫兵枪杀了徒手的爱国群众七十余名！

中原逐吴，谁是捷足者？[①]

江西肃清以后，闽皖浙苏俱已不成问题，目前全国视线所集的地方，当然是河南，是吴贼佩孚逃在那里捣乱的河南。吴贼佩孚鼠窜到河南之后，今天说下令反攻武胜关，明天说下令孙传芳和鄂内的观望分子夹击武汉，只是瞎说大话，有类疯狂。现在见孙传芳已败，又说要进攻陕西了，不消说，这更是滑稽可笑之极。结局吴贼佩孚不过在河南坐待有力者去生擒他，在未被擒前说说大话，聊以自慰而已。现在我们要注意的是谁可以生擒着他的问题。

第一个很值得注意的，是张宗昌。他的势力对于河南实有从山东、直隶两方面包抄的形势，并且他的兵力已经休息了数月，当然足以对付吴佩孚的残兵败将而有余。虽然近来上海方面传说鲁张要取苏皖，恐怕未必可靠，因为一则不先得河南而直取苏皖，这和不先得热察二区而直取直隶一样，是很危险的事；二则据可信的消息，奉张决不愿鲁张南下以重苏皖人民对奉鲁之恶感；三则奉鲁方的后台老板早已表示不愿奉方染指长江的意思。所以现今鲁张集中重兵津浦、京汉二路的主要目的，实在驱逐吴佩孚攫取河南。

第二个想取河南的当然是屡次想造成新直系的靳云鹗。他兵力虽不多，但在目前的状况下面，他若打出驱吴保豫的招牌，许多豫

---

① 署名启修，选自《广州民国日报》1926 年 11 月 20 日第 925 号第 2 版"社论"。——编者

省观望不定的小军阀必定会跟着他瞎跑，所以他暂时取得河南的一小部分也是可能的事。

第三个当然是革命的势力了。现在樊军休养有日，正可乘吴贼闻孙败而胆落之际，大举进攻，一方面西北国民革命军又已乘胜积极东出潼关，捣吴贼之背，加以河南许多将领久已和革命军通款，所以革命势力联合起来擒住吴佩孚，肃清河南，也是十分可能的事。

中原逐吴，倒底谁是捷足者呢？以兵力论，鲁张似占上着，然而兵力多寡并不是胜负所分的唯一原因，已经这次湖南北和江西战事，充分证明白了，所以张宗昌只靠兵力是决不会有胜算的。兵力之外，可以为决胜的要素的，是将士的为主义而牺牲的精神，和人民的为自己利益而行的自动的援助二者。关于这两点，当然没有谁能够赶得上国民革命军的，而且国民革命军远站在一个大屋建瓴的地势上，所以河南的胜利必定也是革命军的无疑。

北洋军阀与法西主义（一）[①]

北洋军阀的势力，自国民军的成立，就减少了三分之一，自这次吴佩孚、孙传芳的溃败，更失去了三分之一，现在剩下的，不过全数的三分之一罢了。照革命的理论说来，他们势力越减少，他们

[①] 署名启修，选自《广州民国日报》1926年11月22日第926号第2版"社论"。"法西主义"：今译法西斯主义。——编者

261

一定越发要设法维持残余的势力，千方百计，无所不至。据最近北京消息，靳云鹏在奉张及直系残势力之下，果然要以中国的莫索里尼自居，要想乞灵于法西主义，要想雇用北京的反动派学者组织所谓国家主义的团体，以维持日薄西山的北洋军阀的生命了。照样学样，真不自是！北洋军阀想利用法西主义和棒喝团，本不始于今日，只看孙传芳之杀刘华和段祺瑞之枪杀并棒击伪国务院门口的爱国群众，就知道他们早要走这条路，不过到今日才有不知自量的靳云鹏出来明目张胆主张罢了。所以我们对于北洋军阀的乞灵于法西主义，并不视为奇事，我们只视为可喜的事，因为这样事情的发生，适是证明北洋军阀的末日将近！

北洋军阀乞灵于法西主义，当然也和他们乞灵于武力统一、联省自治和所谓讨赤救国等方法一样，决不能够因此就会延长北洋军阀的濒死的生命的。何以呢？因为法西主义照理论和历史看来只有在两种环境的下面，即在（一）普通立宪制度已经失了威信，不足以发展民权，保障人民利益的时候，（二）一般民众没有组织力量和革命力量，既不能建设间接兼直接的民权制度，又不能起来革命，推翻压制政治，建设农工政治的时候，才能发生出来，而中国并没有这两个条件，所以法西主义万不能行于中国。我们试看罢！一方面中国还是封建政治，并没经过真正的普通立宪政治，所以立宪制度还为许多人所崇信，总理的民权主义尤为大多数人民所信服；他方面人民的组织力量和革命力量，已经有一日千里的进步，已经表示他们有建设新政治的能力了。在这种状况下面，北洋军阀若要模仿法西主义，结果不过是弄成一个变相的封建政治罢了，结局信仰民权主义的人，还是要为打倒这个变相封建政治而奋斗，已经觉悟了自己力量的全国民众，也还是要为打倒这个变相封建政治而革命的，所以北洋军阀要模仿法西主义，真是一个笑话！

北洋军阀与法西主义（二）①

北洋军阀想乞灵于法西主义以救其濒死的生命，如昨天我们说过的，已经是一个很大的笑话了。我们若再进一步看看他们将如何乞灵于法西主义，我们一定更要发现更大的笑话。北洋军阀打算如何输入法西主义呢？据电信，他们想请北京所谓反动派的学者组织国家主义者的团体从事鼓吹，这是一。他们想拿北洋军队组成棒喝团，这是二。想拿这两个方法乞灵于法西主义，这真是滑稽之极了！

北洋军阀以为一切主义都有理论，所以望文生义，以为国家主义就是法西主义的理论。好一个牛头不对马嘴！法西主义原来发达日浅（从七年以前起），只有一种事实，还没有什么一贯的理论，也不会有一贯的理论，不过因为意大利的自称法西主义者行了许多暗杀、惨杀，对于智识阶级的压迫，对于有觉悟的工农群众的暴虐，及对于一般人民的民权和自由的剥夺等等，所以世人把这些残暴恣睢和由立宪退到专制复古的事实，叫做法西主义罢了。哪有什么理论？至于国家主义，那原是一种狭义的民族主义，后来早已变

---

① 署名启修，选自《广州民国日报》1926 年 11 月 23 日第 927 号第 2 版"社论"。——编者

成帝国主义笼络并欺弄国内民众的工具，和这个法西主义实在渺不相干。北洋军阀把他混而为一，岂不令人喷饭？

至于北洋军阀要想把北洋军队改成棒喝团，也是滑稽之极。何以故？因为意国棒喝团分子只有退伍的军人，并非在伍的军人，他们只是以一些流氓滥崽为中坚去捣乱，并不是除这棒喝团之外就没有有纪律的军队了。如照北洋军阀的想像，则他们的土匪军队早已可称为棒喝团了，何必改变才成为棒喝团呢？北洋土匪军队之所以成为土匪军队，就因为他具有一个棒喝团即残暴压民团体的性质，而没一毫训练和纪律，假如北洋军阀还要进一步学棒喝团去肆行残暴，那就无异自促其濒死的生命而即刻断气了。岂不矛盾至极，可笑之至？

北洋军阀所以弄出这些大笑话，大概是因为他们上了几个所谓反动派学者的当，即所谓中国的国家主义者的当。所谓中国的国家主义者：平素主张以暗杀手段打倒敌人，对于段祺瑞的残杀爱国群众很表同情和欢喜，又常在他们的报纸上暗示北洋军阀可以拿着国民党员和共产党员就马上枪毙，所以一部分人都说中国的国家主义者近乎法西主义者，而中国的国家主义者也不要面孔地俨然自以为就是中国的法西主义者了。其实，中国的国家主义者，只是中国式的投机的小政客，只是一些会借新名词出出风头、挑拨是非的申公豹罢了，哪里够得上说是以实行残暴压制为生命的法西主义者？也许中国的国家主义者心里有那样的狠毒，但是他们哪里有法西主义者的残暴的魄力（？）呢？假如我们说帝国主义者是白色恐怖，法西主义者是黑色恐怖，那末，中国的国家主义者就是一个黑白相混而成的灰色的混血儿。因为他们祖述李士特和菲希特，并称赞克里蒙梭及卑士马克，就是表示他们只是帝国主义者的应声虫和吠声狗，他们称赞法西主义的成功，羡慕现今意大利的荣华（？），就是表示他们虽不懂得法西主义，却又已愿意做法西主义者的应声虫和吠声狗了。换句话说，中国的国家主义者，本是一些研究系式的投机挑拨分子，不过因时代不同，所以不采用研究系的什么贤人政治和武力统一的口号，而采用欧战后乘着反动势力而复活的国家主义的口号和法西主义者的暗杀残暴的口号罢了，所以他们口里只管说得强硬，但是一遇军阀的宠顾（如段祺瑞之利用他们来行三·一八的残杀，孙传芳叫他们到东南大学去当教授利用他们做所谓讨赤事业，四川的军阀利用他们去排斥成都大学的国民党分子），或帝国主义者一盼（例如英帝国主义者用六十万磅讨赤费，叫他们做所谓讨赤宣传）或敌党的秋波（例如研究系对于国家主义者的吊膀子），他们就露出本来面目了。这次北洋军阀想乞灵于法西主义，固然是上了他们国家主义者的当，然而同时国家主义者勾结军阀的诡谋，又露出一回马脚了。

一切革命的人应该认识北洋军阀的滑稽可笑，同时并应该认识所谓国家主义者的卑鄙可怜！

失意的孙传芳与得意的张作霖[①]

著名滑头的孙传芳，在江西军事尚未发动之时，极力在国民党

---

① 署名启修，选自《广州民国日报》1926 年 11 月 24 日第 928 号第 2 版"社论"。——编者

265

与奉方之间，大弄纵横捭阖的手段，希图坐收渔人之利，那时我们已说过他这种滑头终局必定失败，后来的事实果然被我们料中了。其后江西军事发动，孙传芳又极力向奉方拉拢，希图玩远交近攻的把戏去骗奉张时，我们又说过他的法宝太少，一定敌不过奉天，后来果然奉张在坐视孙传芳溃灭的时候，做起总统梦来了。最近在孙传芳溃败之后，我们又说过孙传芳只有三策：上策是奉还浙苏皖政权于三省人民，借这一个投降民众的方法，去忏悔前非；中策是赶快到海上去做亡命客，使陈调元、陈仪、王普等去自决；下策是做狭路降仇的丑事去投降奉方。我们并说过，因孙传芳受着不到黄河心不死的申公豹式的研究系如丁文江等包围，他一定会取下策，现在果然不出我们所料，孙传芳已到天津献降表去了！

孙传芳何以会出此下策呢？当然因为他是一个军阀！所以他始终只抱定拼死抓着地盘，不到他人要他的命的时候决不放手的秘诀，以为虽然把苏皖让给奉天，他到底还有一个浙江，可以退保一隅，预备卷土重来。其实这又是利令智昏时的一个大大的错误，因为我们前次说过，目前的浙江在西境和南境都与革命势力接触，而浙江的民众又已觉悟起来，趋赴于青天白日旗帜之下，所以万不能容孙传芳像前两年一样在那里安安稳稳占据着的。所以孙传芳此次投降奉天的结果，不但丧失了他去年通电讨胡的英名，丢尽了北洋军阀所自夸的军人义气的丑，而且赔了夫人又折兵，他心里希望的浙江也一定是不可保的。我们看看！不是陈仪已调兵回浙，实行浙人治浙的计划了吗？

孙传芳降奉，奉张收留不收留呢？当然收留。不过是否进取苏皖，却是一个疑问，因为一方面据可信的消息，奉张的后台老板的确不愿奉张南下苏皖，重蹈去年失败的覆辙（因为今年的形势和去年相差不远，而且奉方兵士久已疲于战斗），奉张一定不能不相当地尊重后台老板的意见；一方面奉张的总统梦做得正熟，岂肯妄动大兵冒险远征，使他方面得乘其敌。所谓奉军的南下，结局不过虚张声势，实则只想于其间利用外交手腕取得津浦北段、陇海全线及京汉路北段之支配权，以便造成可以进战退守的局势，而安稳地做他北京伪政府的大总统而已。但是，军阀的举动往往是会为时势所逼，做到骑虎难下的地步的，所以奉军或竟因不得已的事实而重蹈去年南下的覆辙，也不是绝对不可能的。我们且静看时局的发展罢。

我们国民革命军从来是主张和平主义的，只有在不能用和平手段解决问题时，才不得已而出于用兵之一途，所以我们对于孙张的关系，当然可持旁观的态度。孙是不足道了。假如奉张方面，（一）不积极地对我们进攻，（二）不无理地压迫北方民众，逼得北方民众起而革命，（三）竟能洗心革面，改过向上，则国民革命军当然不会干预北洋军阀间的任何关系的。

如何欢迎邓演达、张发奎二同志？[①]

这次国民革命军出师北伐，在三数月间扫除了国民革命的两大

<hr>

① 署名启修，选自《广州民国日报》1926 年 11 月 26 日第 930 号第 2 版"社论"。——编者

障碍吴孙二贼，肃清了湖南、湖北、江西、福建四省，得着中国革命史上未曾有的成功——这当然不是侥幸得来的。这种成功的由来，固然极其复杂，例如党的组织的坚固，党的指挥之得宜，国民革命军战略之神出鬼没及其他在敌方的原因如轻视革命军等等，都是使我们军事得着胜利的因子，然而主要的成功原因还是在前敌将士的勇往杀敌和前方民众的竭诚拥护国民党。这是可以拿屡次战报上所载的事实来证明的，并且也是敌人和敌人的靠山帝国主义者所公认的。

但是前敌将士何以那样骁勇，前方民众何以肯竭力帮助革命军呢？当然，主要的原因就是我们有政治部和切实的政治工作，使将士知道作战的意义和革命军的使命，使前方民众知道革命军是为民众的利益而战，是为解除他们的束缚痛苦而战，因此，使革命军和前方民众站在一条战线，协力向共同的敌人军阀作战！这也是经几个月来的事实明白证明，谁也不能否认的。

现在总揽前方政治工作的邓演达主任为进一步计划并实施政治工作起见，由前方回到广州了，在前方屡次冲锋陷阵，立下无数奇功，令敌人望风畏惧称为铁军的第四军师长张发奎也同时为进一步计划并实行破敌方略起见，由前方回来了，我们站在上述这次北伐成功由来的观点上，当然不能不欢迎这位在前方负政治工作全责的邓演达和这位铁军将领的张发奎。

不过我们说的欢迎，并不是普通的欢迎，并不是要拍拍掌恭维他们几句。或和他们握一回手，甚至于请他们赴一次酒宴。我们的欢迎，是站在下述五点意义上说的：

（一）我们不是欢迎一个邓主任邓演达和一个张师长张发奎，

我们欢迎的是代表前方数十万军事政治及其他种种工作人员的邓演达和张发奎。

（二）我们不仅是欢迎同志邓演达和张发奎，而并且是欢迎牺牲一切去实际为革命的利益努力奋斗的同志邓演达和张发奎。

（三）我们不是想趁热闹讲虚礼而来欢迎，而是欢迎邓演达和张发奎能够把在前方政治及军事工作中得着的经验告诉我们。

（四）我们欢迎邓演达和张发奎能够告诉我们前方民众在军事胜利之后，如何感觉政治的胜利和外交的胜利之切迫，使我们能够有进一步获得这一种胜利的决心。

（五）我们欢迎邓演达和张发奎能够告诉我们，那些尚被军阀盘据省分的人民如何痛苦并如何希望依革命军之手而得解放，使我们能够有一个在短时间中打倒一切军阀的准备。

只有站在这些意义来欢迎邓演达和张发奎，才是有意义的欢迎呵！

苏皖人民还不起来吗?[①]

苏皖人民受北洋军阀的压迫已经十五年了。在这十五年间直接地只饱尝了冯国璋、李纯、齐燮元、卢永祥、杨宇霆、孙传芳、张勋、倪嗣冲、段芝贵等军阀的暴虐，忍受了倪家军、辫子军、胡子

---

① 署名启修，选自《广州民国日报》1926 年 11 月 27 日第 931 号第 2 版"社论"。——编者

军、白俄军及其他一切土匪军队的残忍，间接地只备尝帝国主义者、中国买办阶级、官僚、土豪、劣绅的种种剥削，弄得三江文明锦绣之区，翻为土匪充斥、饿殍载道之地。二省人民受苦也受够了，中国全国人民，也再经不起军阀等的压迫和帝国主义者等的剥削而起来实行国民革命了。依国民党和国民革命军的献身的努力奋斗，终于在短期中把国民革命道途上的三大障碍（军阀）之二的吴佩孚和孙传芳打倒了。于是剩下的大小军阀都恐慌起来了，都发抖起来了，败军之将的孙传芳和周荫人也悄悄逃窜，觍靦向其仇人投降，希望借兵报新仇了。于是一般不知革命军利害的躁进者，更想趁这时候，把肥沃的江南、江北变成胡军的牧场了。苏皖人民这时候还不赶快起来把自己的运命抓在自己的手中吗？现在孙军阀势力刚倒，张军阀的势力未到的时候，不是绝好的收回人民权利的机会吗？现在两湖、江西、闽浙人民都恢复了人民的自由了，都和全国各地方的革命民众，一致希望并愿意帮助你们收回民权，全国数十万国民革命军都准备动员为你们先锋，只候你们起义的宣言了。这还不是最好的机会吗？你们此时不起来革命，还要坐待更残忍暴戾的军阀到来压迫你们吗？苏皖人民赶快起来自决罢！全国人民都在等候你们，准备作你们的后盾了！

读广东省政府改组成立宣言之后[①]

中国国民革命运动自肃清了两湖之后，已进到一个新的时期，已由打倒敌人的时期，进而为一面打倒敌人、一面努力建设以巩固既获得的革命基础的时期了。所以自肃清了两湖之后，国民党政府的施政方针和党的策略都应从新检审一番，以便斟酌损益而使他能适应新的时期下的新环境。这是我们在几个月间屡次说过的。上次中央及各省联席会议决定这新时期的大政方针，我们或觉到很大的满意，现在广东新改组的省政府，根据联席会议的议决案而改组的省政府，新近发表了一个改组成立的宣言，使我们又感觉到一回更大的满意。何以说更大呢？因为这个宣言表示改组后的省政府有实行联席会议各种议决案的决心和有依照议决案的大纲去设法实行的能力，因为这个决心和这个能力又是推进国民革命和解除全国民众生活痛苦的因子！

在国民革命的打倒敌人时代，广东是国民革命的根据地，在革命运动上尽了伟大的责任。在国民革命的一面打倒敌人、一面从事建设的时代，广东应该一面仍是革命的根据地，一面却是建设事业的模范省，这不但从主观方面看来，一切革命民众都希望广东如此，而且从客观方面看来，也只有久为革命根据地的广东才能够如

---

① 署名启修，选自《广州民国日报》1926 年 11 月 30 日第 933 号第 2 版"社论"。——编者

此。在这一点意义上我们不能不以十二万分的热诚，祝改组后的省政府能够使广东省为革命的模范省，同时并责望省政府努力去实现他们的宣言。

为达这个目的，我们在这里想特别指出的，有以下三点：第一，改组后的省政府应该把他在宣言上的计划，实行到底，因为虎头蛇尾的实行往往等于"只能空言不能实行"，甚或比这个还坏。第二，改组后省政府应该把宣言上所说的最低限的四个急切政策，即消灭土匪，解决劳资纠纷，整顿地方政治，解决农村纠纷四个政策，同时使他们实现，因为这四个目的原是互相关联的，不同时做去，便要发生"扶得东来西又倒"的毛病，结果还是达不到预定目的。第三，省党部和地方人民团体应该时时刻刻监视并督促省政府去实行他的宣言，这并不是不信用改组后的省政府，实在是因为一切政治都有公开地使人监视督促的必要，否则因政治本身的特性，就有腐败或敷衍的危险。这一点，特别是在中央党部迁往武昌之后，尤为重要。

英帝国主义者与张作霖[①]

张作霖原来是日本帝国主义者提拔起来的，所以他和日本帝国主义者的关系非常密切，差不多我们可以从张作霖的言论和行动上

---

① 署名启修，选自《广州民国日报》1926 年 12 月 1 日第 934 号第 2 版"社论"。——编者

探出日本帝国主义者对华政策的方向，单看这一点，也可知张与日的关系如何了。但是自从顾维钧依张学良的提拔而继续组织伪内阁之后，奉张在种种方面已露出逢迎英帝国主义者意旨的痕迹（例如把道胜银行应存庚款拨归汇丰银行，奉张、鲁张居然肯违背驻奉天吉田总领事的劝告而作出兵下江南的计划），到现在我们接到"天津英领替奉系军阀在英租界逮捕国民党员十四员，引渡于奉系军阀，奉系军阀已将此十四人判决死刑"的消息，我们才拿着奉张又被英帝国主义者当成北洋正统的继承者使他继承吴佩孚、孙传芳的遗业的证据了。

在英领事引渡天津租界内国民党员事件本身上，英帝国主义者又露出一回他的凶残的面孔，又表示一回英帝国主义者永远是中国国民革命之生死冤家。我们全国国民在这个机会上，当然应该全体起来抗议英帝国主义者的帮凶行为，对全国民众宣传抵抗英帝国主义进攻的有效计划，并对全世界宣言英帝国主义者的残忍和狠毒。这是不待言的，也是一般革命民众已经跳起来进行着的，所以我们在这里不必多说。

我们现在要特别指出的，是英帝国主义者在这个事件上和张作霖的关系。这件事明明表示三件事：第一，表示英帝国主义者对国民政府又换了一个策略了，换句话说，表示他在用了炮舰政策、分裂我们革命势力内部政策和以承认的美名实行束缚革命党政府的政策等等都无效力之后，又回复到以中国人制中国人的惯用政策上面去，想利用张作霖年来积蓄的武力来制服革命势力了。第二，表示张作霖真已添了一个后台老板，在形式上虽是日英帝国主义者的携手，仿佛可以威吓中国革命势力，在实际上已经种了日英为张作霖而起绝大冲突的种子了。第三，表示英帝国主义者已经很巧妙地拿帮张作霖统一中国和国民革命军苦战已久、有虚可乘的花言巧语，说动了张作霖，使他变为吴佩孚、孙传芳的继承者，来尝全国国民革命军的刺刀风味了。

当然英帝国主义者和张作霖在上述的理解上完全犯了一个幻觉的错误。第一，全国国民、国民党和国民政府早已看破了黔驴之技，万不能容英帝国主义者重复施行以左宗棠、李鸿章制服李秀成的手段，万不能容英帝国主义者施行以中国人制中国之策。第二，日英帝国主义联合起来压迫中国革命势力的威吓□□□知帝国主义的本质，熟悉革命策略的国民党及一般革命民众，□□□无效力的，只不过表示英帝国主义者的时代错误而已。第三，帮助张作霖统一中国，简直是一个笑话，只看帮助袁世凯统一中国或帮助曹吴统一中国的过去历史，就知道这是一个什么意□了。至谓国民革命军久战疲弊，有虚可乘，更是笑话，他们真健忘，难道事过还没有一个月，他们就忘记了孙传芳的大失败就在于迷信这个有虚可乘吗？他们难道不知俄国革命时，能以有主义的党军在艰难困苦的物质环境之中，战胜了国外和国内的一切反对势力吗？

我们现在要告诉全国革命民众：英国帝国主义者勾结张作霖只是足以促日英的冲突和奉系军阀的崩坏的，我们丝毫不用愤怒和烦恼。我们只须巩固我们革命的实力，以备最后决战之用。革命的民众！国民革命的成功为日不远了！

辟所谓常识家们的休养兵力说①

　　所谓常识家原来只是富于常识的人们，配不上讨论专门的事件。若是常识家只在应付社会上普通事件上应用他的常识去指导常识不足的人们，那于社会全体的利益上，也是很有益的。但是，假如常识家逾越了这个范围想拿常识去判断专门的事件，那就很易引导民众走入歧途，使社会全体发不利的影响，所谓常识家也就变为社会的罪人了。现代的革命家是一种高妙的专门技术、一种以很深奥的科学为基础的专门技术，所以他的策略本来就不是所谓常识家所能判断的，当然也不是他们所应该判断的。但是，在事实上往往发见所谓常识家们随便用常识去揣摩并判断革命党的策略，这是很危险的，我们不可不时时刻刻指出他们的错误以免革命的民众受他们不好的影响。

　　现在我们又发见一个指出他们错误的机会了。在九江、南昌被国民革命军克复之后，我们就发见一般常识家们极力主张国民革命军只好暂时保持赣鄂不可再去进攻苏皖，因为他们觉得革命军转战数月，已经疲倦非常，有休养的必要。现今张宗昌声言以二十万大兵南下苏皖，这些常识家根据他们的常识，以为这样大批的生力军对于久疲的革命军实在是一个劲敌，所以常识家们现在往往露出恐

---

　　① 署名启修，选自《广州民国日报》1926 年 12 月 3 日第 936 号第 2 版"社论"。——编者

惧和烦闷的口吻，暗暗地主张革命军对奉鲁军之南下进攻苏浙人民，应当暂时忍耐保守，不去援救，俟兵力休养数月之后，再作道理。

这些话乍听起来，仿佛是很有道理的，其实从革命的理论看来，完全是错误的。他们错误的第一点，在把革命军看成普通的军队，所以他们把普通军队战争的道理误用到革命战争去，所以他们主张久疲的军队应该休养。其实革命军队不是单靠物质的优势而是兼靠主义的力量的，所以只要主义能够深入于军队，不怕是在久疲之后，也是一定可以获胜的。近例如国民革命军这次在两湖和江西的作战，远例如俄国大革命，都是在物质环境非常困难之中，得到世人所不及料的胜利，都是一个明白的证据。他们错误的第二点，在误认只有革命军队是革命的势力而不晓得革命军队只是革命势力的先锋，军队的后面还有无数的革命群众，所以他们只拿军队人数的多寡来较定革命军和反动军队力势力强弱。其实革命党的势力并不在他军队势力的大小，最明白的证据就是革命势力在最初总是没有正式军队。没有正式军队而可以在革命过程当中造成革命军队，难道有了正式军队之后，还愁没有方法由无数的革命群众中增加正式军队的人数吗？太平天国革命军出永安州时不是只有三千人，而到南京时便已有三十余万人吗？俄国十月革命爆发时不是只有八千红卫军而后来数个月内便变成数十万红军吗？不是三年之后与波兰交战时已有五百万红军吗？所以拿兵数多寡批评革命军的人，对于革命理论还完全是一个门外汉。他们第三个错处，在不知道革命的势力只有在不断的奋斗中才能发展，只有在彻底的进攻国民公敌时才能获得全国民的同情和赏赞而日益增大。假如革命党在革命进程中有丝毫畏葸，持盈保泰或妥协的行为，那末，革命党在实际上便要失去其革命党的地位而与革命民众脱离。譬如太平天国革命党停滞南京，辛亥革命时之和袁世凯妥协，巴黎公社革命时革命党之不进攻反对党，都很明白地表示因违背上述原则而归于失败了。所以所谓常识家的退婴意见，完全不合乎这个原理的。

我们敢明白地告诉全国革命的群众说：从革命的理论说来，休养兵力说完全是一种错误的见解，若不加以注意，他实有于不知不觉之中引导革命运动到失败境地去的可能，所以我们一方面要认识他的错误，同时也要根据革命的正确理论，努力作不断的和不妥协的奋斗！

革命的理论①

一、概论

（A）导言：我们进此学校，来做什么呢？为的是学习革命。本校是养成革命的干部人才的一个学校，所以对于党的使命及革命的前途，是很重大的关系的。本校之目的，既在养成革命的人才，所以我们对于革命的理论——革命的认识和方法，必须研究清楚；因为，在现在的各军，尤其是在北伐期中相继投诚的各军，大多数的政治认识还是很浅，所有革命的历史大抵还是有限，对于党的主义和策略，也都只有相当的了解，甚至还有若干兵士，根本上就不知民众利益为何物，当此时若不即刻加以训练，使每军皆为真正有训练、有主义之党军，则将来革命前途，恐还有限；甚至于和太平革命及辛亥革命一样，仍然变成流产；要使现在的革命运动成功，

① 陈启修在中央军事政治学校讲演，王化教、蔡炳贤、徐家瑾记录，选自《中央副刊》1927 年 3 月 24 日第 3 号，第 1～3 版；4 月 2 日第 12 号，第 1～2 版；4 月 9 日第 18 号，第 1～5 版。《中央副刊》是武汉《中央日报》的副刊。——编者

不至流产，这责任，都是本校学生的责任，都是学军事政治的党校学生们的任务。我们欲想达到此种任务和目的，那末对于革命的根本，必须先要有一番认识，简言之，即须知道革命的人生观，同时也须知道革命的方法。

（B）革命的人生观和革命方法：在我们革命者，若无革命的人生观，可以说，说没有坚决的志向，仅能依人行事、人云亦云而已。果然那样，则不免有腐化的危险。为欲杜绝此种危险，必须建立一革命的人生观为个人之南针，如我总理及列宁诸伟人之坚定，有百折不回之志，耐九死一生之巨艰，养成牺牲奋斗的真精神。这样，才是一个革命的人。但是，有了人生观之后，还不能说就算了事。因为，革命之本身，是复杂的，我们要革命，必须有一种特别的见地，不致临复杂之迷雾，而至误入歧途。所以我们对于革命事业，除有彻底的认识之外，还有一种责任，就是学习革命的方法。如此，我们整个的责任，才算完全。

（C）什么是革命：革命的本身，极为复杂，故其意义，亦极为宽广，除政治革命之外，尚有什么宗教革命、思想革命、工业革命等等，不一而足；因此，我们对于它——革命的意义，必须用一个科学的方法，归纳起来，得着一个简便的定义，以便我们的研究和记忆。革命的定义，有广狭之分：

（a）广义的——革命是为达到群众某种目的，要用群众的力量，将旧的社会制度根本推翻而代以新的组织的努力过程中的一切行动。

生物学上有一个未解决的问题，即为突变和渐变的问题。这个问题，于生物学上，很为重要，两面各有所得，亦各有所失，至今还在争端。这个生物学上的理论——突变和渐变，也可以用之于社会学上而成为革命和改良说。有人说：革命比之如生物学的突变，改良比之如生物学的渐变。他以为革命都是突变，如产业革命，是突变的，法国的大革命，也是突变，以及俄国的十月革命，也为突变。实则不然，即如苏俄之十月革命，表面上是一九一七年十月成功，实在到一九二一年才成功，他的成功并非短期的，并非一时可以有此成功的，他在十月之前，就有长期的人的努力，为达到群众的某种目的而努力了。故革命决不是一刹时就成功，他是有目的的，若将革命看做无目的，非人为，那就是运命论了。一切革命，都是有组织的，有首领的。但是单有首领，也是不行的。首领只不过能代表群众，以他个人的行动，代表群众的行动；他之为首领，亦不过是先知先觉，较之努力些罢了。若无群众之信仰和组织，若不以群众的团结力量拥护领袖，那末他是不能成功的。盖革命固非个人之事，亦非个人所能为力。宗教革命非路得一人之力，产业革命更非瓦特一人之力，他们后面是有无数的群众的。所以革命非个人的，且非英雄主义的。革命不是改良。前面定义说过："推翻旧的社会制度，而代以新的组织"才是革命。社会制度推翻，是根本的事，不把根本破坏，而只图在旧基础上去改良，那决不会达到目的的。还有人以为革命是专事破坏的，革命党人几乎是暴徒。这都是误解。真正的革命，是在破坏后的建设。

（b）狭义的——狭义的革命，即政治革命，如列宁、总理，皆为政治革命者。政治革命，实为广义革命之一。至于政治革命的定义：为达到群众、政治的目的，用群众力量，推翻旧的政治组织，建设新的政治组织的努力过程中的一切行动。

这里先须说明白，政治是什么。何谓政治呢？可以说是社会上少数人压迫多数人的一种现象。换言之，即一部分人用武力统治一部分人的现象。然则何须有此政治呢？因为，一般统治者——少数人，欲自己之势力巩固，经济利益增加，遂不得不以政治的方法，压迫一般被统治者——多数人，盖不如此，则统治者将不能自存，而有被颠覆之患！所以说：政治是少数人的、一部分的，此部分人欲将他部分人之经济结果收归自己时，即不能不用武力以行政治。

何谓政治革命呢？即是被统治、被压迫者因久处统治阶级压迫势力之下，不能生活，一旦觉悟，遂群起反抗，以自己的力量，将统治者的权力推翻，而建设自己的威权，以期享受自由和平。换言之：被统治、被压迫者，为达到其目的，而用群众的力量，推翻统治压迫者，而代以自己的新的政治的努力，就是政治革命。

（D）政治革命的种类：我们为明了国民革命之意义，须得先将政治革命的种类说一说。政治革命的种类本来无固定的名词，今以历史之眼光，特分为五种，述之如下：

（1）推翻封建制度的革命——此种理论在诸位的政治学讲义上，必有很详细的说明。封建制度，在任何地方，都必有发生。发生后，就生毛病。为免除此种毛病，所以就有推翻他的一种革命。如中国古井田制革为郡县制，此因在封建社会的经济不统一。以经济之不统一，遂致社会现象不安，故此社会有革新之需要，而遂有此革命。即如各国，在十七、十八世纪之时，也有封建制度之政治革命。如日本一八六八年之明治维新，亦以此而推翻封建制度，在此之前，日本是极不统一。所以说：凡封建不统一的事业，将他统一起来，此种经历，即谓之推翻封建的政治革命。

（2）民主革命——在十九世纪之上半期，由法国之大革命到一七八〇年之上下，皆为民主革命时代。此种革命是推翻独裁的君主而代以立宪。在封建制度推翻时，商人以经济统一之要求之实现，遂努力于推翻的事业，故封建社会推翻后，商人阶级的经济，日形发展，至此遂表现资产商业过大。于是乃有产业革命，将小手工业变为大工业。然而以商业资本与君主间之利害不一致，于是君主与资产商人阶级，遂有冲突发生。故此商人阶级遂要求君主有宪法而有"宪法运动"之发生。总之，在此十九世纪之下半期的革命，其共同标准，皆在欲有民宪国会及司法独立的民主政治。

（3）民族革命——民族革命与国民革命，在表面上说，似乎相同，但实则不同。欧美各国，皆有民族革命之发生，发生以后，人民亦必有一部分之权利；然以一国家合数民族而成，此各民族间的利益，极不统一，所以国内常有大民族压迫弱小的民族之事。弱小的民族以被压迫过甚之故，遂起而求自由平等，而至脱离大民族。譬如一八三〇年荷兰的革命是：现在的比利时本为古之荷兰统治，以民族有异，利益冲突之故，现在的比利时，遂于一八三〇年脱荷兰而独立，此种推翻荷兰的压迫手段而求独立，即为民族革命。此外一七一九年之美国革命，亦为民族革命。民族的意义，非仅语言文字、习俗信仰之同一，重要者尚在经济。民族主义之发生，即为经济问题之发生。所谓民族的语言文字统一乃在经济的基础上统一。在一七一九年前的美国，本属英殖民地，每年纳税属制于英，后以英之削剥过甚，而美则欲成为工业发达之独立国，因此，在美之全体英人，皆起而反抗，故而有此一七一九革命之发生——此盖以经济利益之冲突而发生民族革命。

再看近年来，爱尔兰之独立运动之勃兴，亦为民族革命之实例。爱与英，虽不如英对印度压迫厉害，然而爱人终不以为满足，势必有此革命。此可见一国中有二民族时，强者势必压迫弱者，而弱民族则势必脱离大民族，所以有此不可少的民族革命。

（4）社会革命——社会革命与政治革命，不应相对待而应为政治革命之一种。凡无产阶级起而推翻资产阶级的统治而欲用无产阶级代替的努力过程全体。一八七一年之巴黎公社革命，一九一七年之十月革命，匈牙利之一九一九革命，这些都是社会革命，都有背景。盖在国内资产阶级为向外发展，以期侵占燃料、取得市场，而与外国开战，一面竭力剥削国内无产阶级，以充军费，遂有的阶级的斗争。斗争的结果，无产者获得政权，并利用政权以获经济的胜利，即为社会革命的成功。现在世界各国，都有一点基础，异日必有爆发的一天。

（5）国民革命——自十九世纪以后，始有国民革命之可言，因其对象为帝国主义，他的目的不是单纯的，因殖民地有三种压迫，国民革命就是有这三种压迫地方的人底革命。所谓殖民地的对面有宗主国——如无宗主国，帝国主义方面，便不成其为殖民地——故第一层压迫是宗主国与帝国主义。殖民地经济落后，政治上、经济上必有封建制度的存在，帝国主义者利用封建余孽来压迫，如印度虽有皇帝，实则无权，安南、波斯、埃及都是这样的。在中国虽无皇帝，只得保存军阀了！这是第二层压迫。本地人依赖帝国主义者生存的，如买办阶级是。这种买办阶级，对于经济的剥削，必须加倍。——帝国主义不愿以人剥削者给他，必须他自己再去剥削，这是第二层的压迫。殖民地的所民如打倒一种压迫，仍不是能达到目的，故为根除苦痛计，非同时起来推翻帝国主义、封建余孽、洋奴资产阶级不可。（这一种革命，不是三民主义的革命么？但是为什么又称国民革命？因为总理发明三民主义之前已经有了国民革命的事实）所以中国现在只主张打倒帝国主义的是错误，只主张打倒军阀的也是错误，只主张打倒资产阶级的，更是错误了！

二、革命的认识

（一）革命是必然发生的。革命的目的，已述于上，不过革命到底是偶然的，抑是必然发生的，这个还应研究。我们看无论何种革命，决非由于一人而起，必有他经济的背景。举例言之，封建政治时代，经济的不统一，各地厘卡之多，使货物不流通，资产阶级才起来推翻封建制度了。当民主政治之后，资产阶级得了政权，无产阶级受了压迫，便自己起来攫取政权，国民革命也是因殖民地人民生活的困苦而出此。总此以观，各种革命，决不是偶然的，因为某种经济关系有了变动，自然影响到政治而与政治发生冲突，革命便是必然的结果。没有经济背景，就没有革命。有革命之发生，就不免有此经济关系的背景。

（二）革命有不断性。革命是带有不断的性质，有人说，一切革命成功，就可以久远安逸而享受太平生活。此为荒谬之论。政治革命既依经济关系而发生，经济关系亦并非久定不变，而是与时俱进，有不断的变迁，所有革命也与经济同时变迁，而有各种的样式，不断的出现。并非一次革命成功后，就可以不革命。固然革命成功后，暂时可以停一会，但是革命决非一劳永逸的。除非经济关系没有变动，一切人数都能各尽所能各取所需，才无革命之可言。

（三）革命和改良同为社会真理。革命与改良哪一个方法好？这是历史上一大问题。往往有倾向改良而反封革命者，因此改良与革命遂成相反对的两派，故吾人有认识其理论的根据的必要。在进化论上有突变与渐变两说。主渐变说者谓一切生物的种类都是渐渐变化而成的，例如猿之变人，须经几万年之长时间，余可类推。主突变说者，谓生物的种类都系突然变化而成的，例如鸡卵的成雏，突然脱壳而出，又如牵牛花可用人工骤然改变其颜色。以上两说，哪一说是真理，在生物学上迄今尚未解决，而此两说适可与促进社会的革命与改良两说相比拟。其实突变渐变均非真理。应知一切事物，都由渐变至相当程度而突变。如水加热，其分子必渐渐变化。但至一定热度，又必突然化汽上升。水的温度渐渐减低而突然变冰，亦同此理。可知一切事物，无完全渐变而成，亦无一时突变而成之理。故唯物史观中有"量能变质"的原则。例如说女子本属弱者，但增加其量使成一军，何至不能化弱为强，战胜男子组织的军队？又如直接民权，在小国行之已久，颇着成效；在最大国里就觉困难。社会组织亦是这样，亦先由渐渐改良至某程度，而无法进展，此时必须用非常的革命手段，使社会呈一突然进步之境地。所以改良与革命是相成而非相离的。所以对于改良和革命，我们须看为社会之普通状况。在社会状况有改良之必要时，则行改良。若改良之力小而不能进化时，则用革命以改造之。应知改良和革命，同为社会上之普通现象，同为进化的一种真理，比之如突变论和渐变论之同为真理一样。

（四）如何估定革命的价值。革命之于社会是否有益？是否必要？人类是否因革命而后能进化？革命是否有益于人类？我们敢回答说"是的"。先前已说过，革命是因经济的变动而来。经济的变动好吗？谁也不敢说不好（如茹毛饮血进化到现在的衣食住所就可明白），而且是必然的。如畜牧时代进至农业时代，因天然物不能使人类的欲望满足，使人类不得不思解决之力，而去支配植物。于是才有耕种这回事。由农业时代进至工商业时代，亦然。革命既是随经济变动而来，可知革命亦何尝不是必然的。倘使徒有经济的变动则不革命，那末民族必然陷于灭亡之地步！我们可以明白革命是有益的。有人因革命含有破坏性，而起来反对。殊不知革命固有破坏，但同时有更良的建设，如妊妇生产时，其痛苦不堪，然这为生之痛苦而含有希望的，绝非死的痛苦可比！

（五）如何应付革命？革命既是真理，有益的，必要的，我们便应该参加革命。但此系人生观问题，为古今哲学家所不能解决的大问题，应该详加研究。我们既认识他的价值，便该决定革命的人生观。革命的人生观是什么？根据过去社会进化的历史——革命的历史，找出其进化的原理，据此以决定的人生观，谓之革命的人生观，即唯物史观的人生观。全部社会进化的历史，是人类离开自然的历史，如古代人类一方面受自然界的支配、压迫；一方面本身又在万人与万人的斗争中，和禽兽无关。后来人类能够渐渐利用自然，支配自然，而不为所阻碍，如利用水火木石，能满足人的欲望：虽海之阔，天之高，人亦能制造航空航海器等以战胜它。即是人类社会本身，亦是这样，先由互斗而后有部落国家的组织，再进而为人类协助的组织。这就是日渐脱离自然的证据。至其原因，自然由于人能制造生产工具，如制犁锄及一切复杂的工具，使生产关系亦因而复杂了，所有社会关系也复杂了。如封建时代为小国的组织，而现在却变为列强的大国组织，比从前复杂得多。所以文化的向上，归根由于人类不断的将生产关系的改良——经济的改善。但是上面说过，有了经济变动就一定有革命，所以同时亦可说，人类因革命而进化，又可以说人类的历史根本是革命的历史。人生观虽不易解决，但亦可向历史上去找解决之法。人之所以为人，就因人有革命的人生观，亦可以说唯物的人生观。唯物史观上有一原则："不但要说明宇宙，而且要创造宇宙"。人类社会的进化，是人类自己造的，故吾人必须促进他而不应单以知道为满足。现在有误解唯物史者，谓社会既然是因经济的变动而自然进化，又何必组党革命？不知经济条件，是人类自己创造的，并非坐着等待的。革命的条件有二：一客观的；二主观的。徒有客观的条件，而无主观的努力，那末客观的条件一定仍不能发挥，故革命只有可能性还不够，必须有推动力才行。人的推动力即是主观的条件。革命好比自动车的进行一样，有了发动机和汽油（客观的条件），还须更有人力（主观的条件）推动发动机，然后这个汽车才能进行，不然，便始终只有进行的可能而不能实际进行了。

三、革命的方法

我们既知道革命是必然的到来，不断的发生，而且根据我们革命的人生观，又不得不去参加革命，推动革命，以求社会的进化了。但是如何去革命呢？讲革命的方法，最好拿各个事实来说明。现在限于时间，只好约略的举出几个。

革命的方法应该分成下面几点去研究：

（一）如何观察革命的条件？革命的条件，有客观的、主观的两种。假使我们只从一地方一时间或者一部分去观察革命的条件，结果一定会发生很大的错误；必定要整个的全面的去观察，所得的结论，所下的判断，才能正确。

俄国一九一七年的革命，是社会革命，是无产阶级推翻压迫他们剥削他们的资本阶级的革命。俄国产业之发达，不及英德；工人之数量与实力，也不及英德；为什么这社会革命不发生于英德而独发生于客观条件不完备的俄国且告了成功呢？

在俄国未发生社会革命前，第二国际的右派说："社会革命的爆发，一定在英国或德国。因为英国工人的数量，占全国人口的百分之五十二，已超过了人口之半；德国工人的数量，也几及半数。"又说："社会革命的时机，必定要等到各国工人的数量和实力，发展到和英德一样。否则不能成功，因为社会革命是有世界性的。"他们根据他们这近视的观察，所以不主张即刻准备武装暴动而只做宣传组织的工作。他们尽全力去争议席，以便做宣传的工作而发展工人的力量。且认帝国主义之战争，可促成工人之发展而不反对。第二国际的左派对右派这近视的观察以及根据观察结果所推论出来的理论，加以坚决的反对。因为右派误解了马克斯的理论，看错了客观的条件。马克斯说："一切斗争，都是相对的。胜利与否，要看敌人的势力如何。"就是说：敌人的势力比我大，便易失败；敌人的势力比我小，方可成功。英德工人的势力诚然大，要知英德资本阶级的势力更大；俄国工人的力量，和英德工人比较起来，固然很小，然俄国资本阶级的力量比俄国工人力量更小，所以革命不必一定发生于产业发达，工人数大的英德。"革命是爆发在敌人势力最软弱的地方。"帝国主义因争夺市场而竞争而猜忌而诉诸武力的时候，便是世界革命爆发的时机：因为这时候敌人的力量非常脆弱，经不起我们的一击。所以社会革命的时机，不必等到各国工人都发展到和英德一样。

欧战起来的时候，在左派以为时机到了，特提出"化国外战争为国内战争"的口号，领导全世界工人向资本阶级进攻。可是大多数右派根据他近视观察的推论，不以为然，反提出"保护祖国"的口号而出卖工人。结果是失败。列宁拿左派的理论到俄国去实行，果然成功了。

这是很显然的，右派因只观察到革命条件的局部而产生谬误的理论与行动而失败，左派因能观察革命条件的全体而成功产生正确的理论与行动而成功，所以我们对于革命的条件，应观察其全体不应囿于局部。

（二）如何审查革命的要求？革命是因经济的变迁而发生。经济变迁，民众便发生要求，所以革命是最大多数民众的要求。先知先觉者看出了社会的矛盾，体会了民众的要求，便起来领导民众革命。不知民众的要求，即无从革命。

那末，我们怎样去审查民众的要求呢？

"我们不要凭空论去审查而要从事实上去审查。"就是说：我们不要专凭理论而要看事实。只重理论而忽略事实，结果往往走入歧途而失败。

现在可以举个例：一九一九年的《凡尔塞条约》，使德国沦为殖民地。德国人民以为这次的大战，是德皇个人的罪恶，德皇既然下野了，协约国便不应如此的压迫我们，剥削我们，愤恨达了极点。德国共产党的卢森堡派以为时机到了，可以利用民众的愤恨，根据民众的要求来实行革命。列宁派以为理论上是这样，可是事实上不然。德人虽愤恨协约国的压迫，然战后生活困难，家庭悲惨，人民求和平的心理异常迫切；若起来革命必与协约国抗，必再诉诸武力。再诉诸武力是与人民求和平的心理相违背，人民一定不愿意。卢森堡派不以列宁派为然而起事，结果因民众之不愿参加而失败，后四年的德国革命的失败，也是因为他们忽略了事实。一九二三年因法国进兵鲁尔，德国金融恐慌，马克跌价——跌到百万分之一，一般中等人家个个破产，个个叫苦，卢森堡以为中等阶级沦为无产阶级了，中等阶级也迫切地需要革命了，现在不革命还待何时？列宁派又因为他们忽略了事实而加以反对。中等人家破产，确是革命的现象。但马克跌落，不能影响于工人与农民。工人无储蓄，一日做工，即得一日之工资，马克跌落暂时可与彼无关；农民可不出售他的粮食，也非时不以为大苦。此时要革命的，只是极少数的中等阶级。卢森堡派硬头去做，结果又遭失败，因为没有大多数工农群众的踊跃参加。这两次的失败，都是因为他们只凭理论而不肯去看事实。所以我们对革命民众的要求，不要凭空论去审查，而要从事实上去审查。不要随便说受帝国主义压迫的中国农工一定革命，要看看中国某处农工群众是否有革命要求的表现再下判断。

（三）如何应付革命的困难？革命是以科学的眼光去认识理论，再加以技术而施行的。革命欲推翻旧的组织而代以新的组织，本身非常复杂，在他的过程中，一定免不了困难，而且有许多困难。

我们对于困难的来临，怎样处置呢？猛进固不好，灰心更不对，我们要"从矛盾中找出路"。革命的过程中，随时发生矛盾的现象——尤其是将要成功的时候。矛盾虽多，困难虽大，然决不是没有出路，我们要细心地坚忍地去找。能找到出路的便成功，不能找到出路的便失败。

革命已有相当成功的现在，就有许多矛盾的现象，困难的问题，摆在我们的面前。革命势力发展到长江流域后，工人工资增加到两三倍，农民也有相当的利益，于是大商人便叫苦道："国民革命是为各阶级谋利益的，为什么放弃我们的利益而不顾？这样我们革命做什么？"这便是革命中的矛盾现象呀！假使我们革命党，我们革命的领袖，看见了这种矛盾的现象而不从矛盾中去找出路加以指导，加以解释，便会发生很大的危险。甚至武装的同志——兵士们也受了敌人不良的暗示，"你们在前线拼命杀敌，胜利后只看见工人加资，农民减租，而你们兵士的饷不但没有加，而且还几个月没有发，你们也要罢工。"我们在这种矛盾中应对大商人说："我们痛苦的来源是帝国主义与军阀。现在横在我们前面的敌人还没有整个打倒，关税仍未自主，输运仍不便利，欲获得利益，惟有继续参加革命，至肃清敌人为止。工人在帝国主义与军阀的两重压迫之下的生活，本是非人的生活，所以不得不提前稍稍的解放他。一个商人和一个工人比较起来，还是商人生活优裕得多。我们应忍住一时的痛苦，去求最后的胜利。"同时应诚恳地对兵士们解释道："改善诸位的生活，载在政纲上，政府哪有忽略的道理？只是敌人尚未肃清，军饷浩大，财政困难，万无方法来实行。况且革命军人，是时代的牺牲者，是为一切被压迫阶级奋斗的。革命成功后，一切被压迫阶级都得到解放，工农前身的兵士，当然不是例外，而且要重重的酬劳苦功高的诸位。"

一九〇五年俄国革命失败后，俄皇的压迫更加严历，革命的进行，异常困难，猛进者主张暗杀，后退者主张放弃，会议中的议席，也可以不要去争。列宁看见了这种困难，便从矛盾中去找出路。革命是民众的，暗杀只是一时的兴奋剂，无大效果。压迫利害，我们可以从秘密中严密组织，加紧训练，以待时机的再来。议席是最好的宣传工具，不可放弃。结果，列宁所找出的出路是大道。

看了前面两件事，可以知道困难当前时，革命者应从矛盾中去找出路。

（四）如何进行革命事业？进行革命事业，少不了下面的三个条件：一、宣传；二、组织；三、活动。革命不是英雄的伟举，也不是少数人的行动，而是全体民众的事业。不宣传，民众从哪里知道你们的主义；更从哪里知道你们的主义是适合于他们的需要，是为他们谋利益的，而来参加，而来拥护。组织便是力量。只宣传而不组织，一群无训练、无纪律、无策略的乌合之众，哪里能担任革命的工作？宣传了，组织了，而忘记了活动，也是一样的不能成功。不积极准备暴动，不用尽各种形式去争斗，这种宣传是神话，这种组织是装潢，无补于事。所以三者不可缺一，要相辅而行。

（五）如何使革命容易成功？我们知道了革命的战术与策略，方能使革命容易成功。战术、策略与政策，三者的意义是相同的，不过施行的时间有长短的不同。政策是在相当的长期中不稍变动的，除非目的已经达到。如本党的打倒帝国主义，在中国未得自由与平等，帝国主义未全部打倒时，这个政策是不会变更的，是要努力向这个目标前进的。战术的施行期比较短。如先打倒英帝国主义。打倒一切帝国主义，是我们的政策；但同时去打倒，敌人必联合进攻，扑灭我们；所以我们只要先打倒其中的一个，这个打倒，其余的便可顺流而下。英帝国主义是最有力的帝国主义，也就是最□弱的帝国主义。英国距中国远，要诉诸武力，运输就感不便，且国内的无产阶级兴起，国外的殖民地发生离心力，即欲联合日美来共同干涉也不可能。因为日本的出品，大半销售在中国。中国反英，正是他扩张商业势力的时机，□肯反与之联合？美国资本过剩，正希望投资于经济落后的中国。对于握有中国经济大权的英国，正很无法挤开以便插足。我们反英，他一定是袖手旁观。我们看出英帝国主义是最强而又最弱的一个，所以我们暂时放弃其他而只集全力以打倒英帝国主义。这在最近的汉浔案件中，便可看出我们的战术的正确与有效。至于策略的时间更短。同是一打倒英帝国主义，往往因空间时间的不同而异其策略。五卅是向英帝国主义直接进攻的时期。后来英帝国主义借手张作霖压迫我们摧残我们的时候，我们便不得不改变策略，改为消极的抵制，以免重大的牺牲。全国各地之排货，香港之罢工，便是实行此政策。到北伐期中久攻武昌未下时，英帝国主义为援助吴佩孚以冀保持其在长江势力计，便直接向我们进攻，以分散我们的势力，捣乱我们的后方，如在广州汕头之海军上陆而与罢工纠察队寻衅。这时我们若仍封锁香港，必要与之直接冲突。一直接冲突，北伐便受打击，便中了英帝国主义的诡计。所以我政府无条件的取消封锁政策。在普通人看来，以为是屈服了，实则不然。武昌攻下，赣闽克复后，吴孙二大军阀已经崩溃，革命势力已经雄厚，我们便掉过头来扩大反英运动，用民众的力量收回汉口、九江的租界了。这就是策略的变动。

现在先讲战术，战术分我们的和敌人的两方面：

（甲）我们的方面

A. 集中我们的力量进攻敌人的弱点。两军兵力相等作战时，军事家往往以我的上等军，攻敌人的中等军；以我的中等军，攻敌人的下等军；以我的下等军，攻敌人的上等军；结果，下等军虽然失败了，而上中两军均获胜利。分头进攻敌人或进攻敌人的强处，都是要失败的。必定要集中我们的力量进攻敌人的弱点，才有胜利之可言。

B. 选择于我们有利、于敌人有害的适当时机猛力进攻。革命要择时机。乘于我们有利、于敌人有害的时机猛力进攻，则用力小而成功大。

C. 不要失去目标。一件事未成功时，不可动移我们的目标。任便移动，东一捣，西一戳，则一敌未灭，他敌又起，敌人必联合向我进攻，所以北伐时先只提出"打倒吴佩孚"的目标。这时孙传芳屯兵赣边，袖手旁观，乘我军与吴贼战疲时，一举而坐享共利。张作霖以为离我更远了，且坐在壁上看你们拼个你死我活。我军遂利用得集中全力于最短期中扑灭吴佩孚。吴佩孚击灭了，这个目标打倒了，方提出第二个目标——打倒孙传芳。孙传芳败溃，最近才提出第三个目标——打倒奉系军阀。所以我们作战时不要失去目标才容易成功。刚才说的英国人在我们围攻武昌的时候，忽然在广州挑衅，就是要想移转我们的目标。

D. 要知道必要的进攻与必要的退却有同等的价值。不在必要时而进攻，固然徒损实力；必要时而不退却，也是徒遭牺牲。必要时的退却，是退一步进两步的退却，是有计划的退却，不是被敌人击退的退却，这种退却与必要时的进攻有同等价值。如前面所讲的去年久攻武昌未下，英帝国主义捣乱后方而自动放弃香港罢工便是。

（乙）敌人的方面

A. 使敌人目标改变。敌人向我们进攻时，必要设法使他的目标时时变更而努力分散。帝国主义者就常用此种战术。俾斯麦克看见国内工人要起来革命，便提出一外交问题转移之。日帝国主义出兵满洲，全中国人民一致热烈地反奉时，便造出苏俄出兵西伯里亚的谣言，以图转移我国人民的目标。我们对敌人应如何利用这"转移目标"的武器呀！

B. 分化敌人。敌人的势力集合则强，分散则弱。敌人的队伍中，一定有若干份子是觉悟的，有若干份子是无所为的。我们应积极地宣传，秘密地联络，使敌人内部发生派别，不能一致，使觉悟的份子反正过来加入我们的队伍，无所为的份子在作战中能保持中立的态度，即罪恶相等的，也要致他们各自争长而生内讧，北伐中对军阀使用这"分化敌人"的战术处很多，不必细举。

C. 使敌人方面有间谍。欲达到上面的两个目的，必定要有间谍，在敌人的营垒里能成功。"打入反动势力范围里"的口号就是为此。

以上讲的是战术，以下讲策略。策略有二：

1. 与民众接近。革命是大多数民众的事业。没有民众，就没有革命。跟在民众后面走，固然不对；远远的站在民众前面，也要失败；应随时随地紧紧的站在民众前面领导他们。这样，方能得到他们的认识、同情与参加。

2. 作事要有纲有目。许多事摆在我们的面前，急待我们来解决；许多敌人阻碍我们的去路，急要我们去打倒，我们是次第举行呢还是同时并进，为能力计，为效果计，我们应分别轻重，定出纲目，次第做去。如打倒英帝国主义是打倒帝国主义之纲，稳固外交是现在军事未已时各种政务之纲。

（六）如何保障革命的成功？辛亥革命成功后没有几月，便被袁世凯破坏了；匈牙利的革命，也成功不久即为敌人抢去了；所以如何保障革命的成功，也是我们应行研究的问题。否则空流血，白牺牲，于革命何补？

保障革命成功的方法有二：

1. 不单打倒敌人并且消灭敌人。敌人打倒了还能爬起；必定消灭了他，才不致死灰复燃。苏俄之能渡过十月革命成功后内忧外患的关头而日趋健康，就是因为他毫不慈悲地消灭敌人。吴孙二军阀虽然被我们打倒了，而军阀的基础——封建势力，还存在。所以我们要彻底铲除了封建势力，将来新军阀才不致产生。

2. 党应有建设的理想且须立即实现一部分。破坏是为建设而破坏，所以当应有建设的理想。没有建设的理想，纵然侥幸成功了，紊乱无序，毫无建设，定如朝阳之露。有理想而不能立即实现，也是不行。因为这种不兑现的支票，是很容易破坏信用的，是很容易失掉民众的同情与拥护而倒店的。所以我们在革命成功后，便应在可能范围内尽量的与民众以应得的利益。否则民众不知为何而革命，为谁革命！先总理的《建国大纲》《建国方略》及第三次代表大会所决定之政纲，都是我党建设的理想。现在革命势力，奄有中国大半了，应将建设的理想在可能的范围内立即实现，方能保障已得的成功。

讲者校阅后记

这篇东西是我在军校四次演讲的笔记。每次七十分钟的讲演，讲了四次，所说的内容当然不止于此，可惜我讲时说得太快，讲堂上人又多，因此记落了许多引例！但是我可以说：第三段"革命的方法"是比较笔记得好的，最坏的是第二段，大概是因为第二段太过于抽象的原故。我很希望我将来有时间能亲笔写一次，至少也希望能在别处再讲一次，使听者能根据这个笔记而加以修正，那就比较可满意了！

一六，四，六　于汉口。

革命的政治学①

一、什么是政治？

政治是人类生活的一种。生活是人类种种行为的集合。人类的生活可分五种：

（1）物质生活，（2）性欲生活，（3）宗教生活，（4）文化生活，（5）政治生活。

（1）物质生活——人类采取外界的物质，如渔猎，耕田，做工……以获衣食住的资料，而维持个体的生存，这样采取外界物质

---

① 陈启修在八军政治训练班讲授，赵迺宣等合记，选自《中央副刊》1927 年 4 月 18 日第 26 号，第 1～6 版。——编者

② 本文为其"导言"部分，后续部分因时局变动等未再连载。——编者

的种种行为集合起来，谓之物质生活，又谓之经济生活。（详细请看《革命的经济学》）人类是生物界之一种，设若不喝不食，则会饿死，不穿衣不住房子，则会冻死。所以无论何人，都有应用物质的必要，即是无论何人都不能离开物质生活。

（2）性欲生活——一切生物都有男女两性的分别，而必然的会结合；换言之，一切生物男女两性有结合起来以传种子的必要。人类是生物之一种，当然不能越出这必然的规律。如结婚，恋爱……都是人类在某种时期性欲要求的表现，这为性欲而表现的种种行为集合起来谓之性欲生活。

（3）宗教生活——在原始（科学未昌明）时代，人类对于自然界的现象不能了解，而加以勉强的解释，归之于"神"的作用，而信仰它，崇拜它；如古代的拜物教，以太阳、雷、电、木、石……认作奇特而伟大的"神"，因之信仰而崇拜。再如耶苏对于人的生前死后的问题不能解释，假设的说："上帝造出了人类之后，更依人生前的行为来判断，当一个人死了的时候，给天堂的快乐，或地狱的痛苦。"这种说法，无非使人去信仰与崇拜。此种信仰与崇拜"神"所表现的种种行为集合起来，即谓之宗教生活。

宗教是人类智识及科学未发达时的必然现象，但到了智识及科学昌明时代，宗教必然会消灭的，如天文学的发达知道了太阳、雷、电并不奇特而伟大，并不是不可思议的东西；因而太阳、雷……等神即渐被人类所不信仰，不崇拜而消灭。总之到了人类智识及科学昌明时期，宗教必然会消灭的。

（4）文化生活——要知道什么是文化生活，须先知道什么是文化。"文化"两字的正确意义是离开自然状况的距离。人类在自然状况中有两种情形：

（A）人与自然界的关系——人类在原始时代，是受天然的压迫与支配，换言之，人类的生存死亡完全以天然为转移的；如遇毒蛇猛兽，无法抵御，大山小岭，无法踰越，大海汪洋，无法过渡；再如，自然界中的物质不能应用，虽病而不能医救，生死只好听诸自然。这都足以证明那时的人类，与各种的动物是同样的愚昧，绝对地受天然的压迫与支配。但后来慢慢地由这种生活逐渐进化，如种植五谷，畜养鸡犬，架桥，造舟……因之一天一天地减少天然的压迫与支配；到了近代资本主义物质文明的时期，人类可以利用蒸汽、电力、汽油去做铁甲船、电信、飞机等文明利器。大体说来，人类已脱离自然的压迫与支配，而且还可以利用自然、征服自然的一部分了。这是人类离开自然状态的一点。

（B）人与人的关系——一切的生物（蚁、狼、蜂……）都有团结性、社会性。人类是动物的一种，当然也有团结性与社会性的，不过程度有高低罢了。人类在自然界中团结性、社会性特别强大。最初的时代，人类的结合范围狭小，目的简单，因之关系稀薄；后来因为种种需要渐渐复杂，于是人与人的关系亦渐渐密切，范围也渐渐扩大，除共同渔猎，牧畜外，又共同保护子女，行其血族的生活。再后，进而行部落生活。这个时代人与人不但有血统关系，而兼有地域与政治的关系。又慢慢地进步到封建社会。又由封建社会进步到现在资本主义社会。人与人的关系已很复杂，不像初时代的简单了。这也是离开自然界的一点。

文化之具体表现是科学、文学、艺术、哲学、教育等，人类之团结，是赖科学、文学、艺术、教育……之维系。人类对于科学、文学、艺术、哲学、教育……的研究、领略等行为集合起来谓之文化生活。

（5）政治生活——政治是人类的一种生活，也是人类生活中最重要的一种。自有了国家的组织，就有政治生活。

（A）政治是在压迫者与被压迫者关系上的一种斗争生活，自从人类生产发达以后，一部分年老的、聪明的人，便抢夺了过剩生产，占为私有；于是便发生剥削者与被剥削者，并且剥削者谋巩固与加大剥削，因之利用国家作为工具，统治一部份的人。政治便由此而产生了。同时更形成了压迫者与被压迫者对峙的局面，如古代地主与农奴，贵族与平民，资产阶级与无产阶级，又如中国现在的人民是受军阀、官僚……的压迫。在这一种压迫与被压迫之间，必然的会起斗争。在历史上各时代各国革命的事实告诉我们：这都是压迫者与被压迫者的斗争。在现代资本主义社会里，压迫者与被压迫者更不断地，更剧烈地斗争。综合压迫者与被压迫者中的压迫，反抗，防范等等的行为，就形成斗争生活；因之便可说，政治是压迫与被压迫者的斗争中所发生的一种生活，如普通之诉讼，纳税……是政治的行为，政府之告示及警察之监督人民等也是政治的行为。总结这种种行为谓之政治生活。在国家未消灭以前，任何人不能脱离政治生活，换句话说，只有做飘流孤岛的鲁滨荪脱离政治生活才可能，否则任何人不能不有政治行为，即不能不有政治生活。申言之，不论是压迫者或被压迫者，都不能脱离政治上的斗争生活。

（B）政治是人类为经济利益的缘故而站在压迫者与被压迫者关系上的斗争生活。

人类为什么不平等而发生压迫与被压迫的阶级来？要解答这个问题，须根据历史的与现在的事来观察与判明。国家之形成是由部落而来的，这有两个原因：

（甲）血统的关系——在一个血统之下，逐渐繁殖形成部落的雏形。

（乙）地域的关系——因为交通不便利，人在某一个地域内渐渐聚居，于是便亦形成部落的雏形。

在部落时代已有压迫者与被压迫者之分别了，人类一方面固然有平等的色彩，一方面又有强弱的表现，不过没有明显的分化罢了。这是原来在最初部落的战争，胜利的部落把被俘的人当作奴隶从事生产。同时牲畜耕种方法的进步，一人牧畜或种田所得的收获，可供一人以上的生活，因此遂有代人劳动以生产生活资料的事实发生。而授田与别人代种或令人牧畜的一部份人，便可不劳而食，于是便有剥削的事实发生了。进言之，因为种田等方法进步，遂有奴隶制度的产生，同时因此而压迫者与被压迫者逐渐形成与显明了。政治亦在压迫与被压迫的关系中而发生了。换言之，政治之发生为是一部份人要达到经济上利益的缘故，自有国家与政治以至现在，都是为压迫者谋巩固与扩大其经济利益的缘故：如纳税，征兵……都是为压迫者经济利益的缘故而产生的。

二、什么是国家？

国家与政治是有密切的关系。在战前的德国人说政治学即国家学。这是认为国家与政治是一样的缘故。但仔细分析起来，国家与政治是不同的，现在可以分三点来说：

（1）国家是人类斗争生活上的固定组织——在斗争中压迫者为经济利益的缘故，设法使斗争减少及所谓使斗争上轨道，便有固定组织的必要。同时，在被压迫者亦有相当的需要，就是因为没有这种组织，如纳税都没有定规，被压迫者就常有增加负担的恐慌，因而不能安居乐业；有组织就有一定的纳税，被压迫者可以在轨道中斗争；因之又可说国家是使斗争上轨道与减少斗争的一种固定组织——种种法律与依种种法律设定的机关，如大理院、海陆军部、监狱、警察厅……的固定组织是减少斗争，与使斗争上轨道的固定组织。但决不是如资产阶级的学者所说："国家是维持和平、秩序的东西。"更不是为整个人民谋利益的组织。由此我们可以知道国家的组织目的的一点了。

（2）国家是统治者（压迫者）的统治工具——我们看了上面一段的理论及事实，晓得国家的组织是根据统治者意旨而组成的；但在这里便发生一个问题；国家既是统治者的统治工具，被统治者又何必要爱国呢？我们又何必爱国而作打倒帝国主义等工作呢？要解答这个问题，须先知学问的两种分类：

（甲）当为的学问。这是研究应该做什么的，如伦理学、道德学，就是这种学问。

（乙）实是的学问。是研究实在是怎样的，如物理、化学，就是这种学问。但如研究怎样去应用物理、化学上的道理以行种种制造，则又是当为的学问了。

一切的问题，都可以分上述两方面来解答：我们研究政治的本身实在情状，这是实是的问题；至于我们应采用什么样的政治，这是当为的学问了。同时我们要知道：一切学问都有阶级性的。因之压迫者与被压迫者的政治学亦截然不同。何以说国家是统治者的工具？因为在任何时代，任何地方，从实际上观察起来，都是这样。至于当为方面说来，则我们希望的是人类应该绝对平等，而不应该有压迫阶级与被压迫阶级的发生；应该实现全民政治，使各个人都有统治与被统治的权，即废除政治，消灭政治。在这几句话说来，对于爱国而作打倒帝国主义之工作，无疑惑地应该停止了；因为国家不是为我们要求而产生的，是统治者为达到永久统治我们的目的而产生的，即是"国家"不但对我们被统治阶级没有点儿利益，而且是有害的。那么我们又何必蠢蠢的去爱她而帮助统治者永久地统治我们？这是错了。实是的方面虽然应该这样说，在当为方面却不许可这样去做。我们可以分着两点来说：第一，外来的统治者压迫我们的手段较国内统治者大抵还要毒辣些，在痛苦轻重取舍上我们应该爱国。从另一点来说，我们为要实现我们的理想，固然应该打倒国内的统治阶级，然而要知道国外的统治阶级是阻挠我们理想实现的桎梏，因之我们也不应把他放过。由这样说来，当为的方面是应该爱国的，不过我们应该仔细地去干，不要以词害意，即是不要因爱国，就误认国家是大家的国家，要知道国家不因我们一爱，就一变而为大家的国家。更应知道"国家是大家的国家"，"人人当爱国"……这一切鬼话是统治阶级的学者用来愚弄被统治阶级的，用来保持其固有特殊地位的。即是用这类的话以图隐藏国家是统治者的工具的真象。我们把这几点弄清楚了，才不是盲目的爱国。

（3）国家的要素是土地、人民、主权——如罗马教皇有人民、有主权，但没有土地，因之不得算为国家。再如单有土地而没人民的北冰洋亦不能算为国家。又如有人民，有土地而没有主权的菲律宾亦不能算为国家。所以三种要素缺少一种即不能算为国家。但是有些例外的国家，虽然有土地、人民而主权不完全，如从前的埃及于军事上、外交上均受英国的支配，这叫着半主权国家。又如中国对内、对外的主权均不完全，关税、财政……无不受各帝国主义者支配，这叫做半殖民地国家。

三、什么是政治学？

政治学普通有两种意义：

（1）狭义的——谓政治学是研究国家、政府、政策、政党的种种原理的学问。所为原理有两个意义。

（A）表示某种现象中的基础的大道理。

（B）此种大道理不是无论在什么时候、什么地方都可适用，而只是大体如是，还有许多例外。

如自然科学的法则——物理学的法则，在任何时间与空间，都是一样的，如重力下坠，光线反射，不论在什么时候、什么地方［都］是不变的；在社会科学就没有这样永久不变的法则，如经济学的"供求法"，在各时各地都不是相同的，因为货物价值的高低不一定，是依据这种原则为转移的，而还可以用法律的力量加以变动的。我们看看市场的情形就知道了。又如立宪政治，在欧美是能收一等的效的，但行之墨西哥、中国，则不适合了。诸如此类的例证很多，都无非证明社会科学的原理不能以一定的法则来相提并论的。盖社会科学的原理不是一定不变的，而是大同小异的。

"政府"是代表国家行事的机关，对内统治人民，对外办理外交，凡是站在代表国家地位执行事宜的机关，谓之政府，如国家政府、省政府等。

"政策"是统治阶级关于施政之大方针、大策略，被统治阶级及在野党也有政策和策略，不过，只是为各自利益而定的，不必像统治阶级的政策一样能见诸实行罢了。如各国的政党有他的政策，再如中国国民党也有对内、对外的政策。（关于政策的解释不一，此地姑且从略）

"政党"是对于政治上有同一见解、同一目的的人所组织的团体（集合体），而以夺取政权为达到目的的手段的（详见后段）。

（2）广义的——谓政治学研究是关于国家政治的学问，除包含前一种（狭义的）所谓原理之外，还要研究法律、财政、民族、社会等问题。我们要研究的是广义的，因为我们学政治学的目的是在实用，狭义的政治是抽象的，不能实用的，广义的政治学才是能实用的。

（3）对于旧有政治学的注意——无论欧美……各国的政治学，都是统治阶级的学者（资产阶级）掩蔽与欺骗被统治阶级（无产阶级），而不愿把政治的真面目暴露出来的东西。如一般政治学中"国民主权"说，这本是法人卢梭所主张，谓政府、国家是属于人民全体的，自一七八九年法国革命以迄现在，在资产阶级的政治学中都是同一论调。但是实际上法国、日本……是少数资产阶级操纵政治，大多数的无产阶级都没有政治地位，如所谓"国民"中的妇女更无政权可言。总之实际上是少数资产阶级专政，而表面上偏说是德谟克拉西。由此可知旧有的政治学是虚伪的，是欺骗的，而决不是站在大多数民众利益需要上而产生的政治学。

四、为什么要学政治学？

因为有下列的三种理由，所以要学政治学：

（1）补益政治生活——人类在现在的社会中，不能脱离政治生活，因之必须懂政治的组织系统，才不是盲目的、危险的，否则容易受统治者的欺骗与利用。

我们学生理学是要懂得身体的构造，好防御与补救疾病，以及使身心发达。学政治学亦在懂得政治组织之系统、防御与应付例外，以及使政治走上正轨（不为少数人操纵）。

（2）了解斗争方法与策略——斗争并不是人类的最高美德，而应为大家共同厌弃的，但在现在的社会制度之下，斗争是必然的，是不可免的事实，要减少斗争，非以斗争减少斗争不可能。政治是站在压迫与被压迫关系上的一种斗争生活，因此必须学政治学，研究斗争的方法与策略，使斗争减少以至于消灭。

（3）帮助其他社会科学之研究——社会科学是研究与解决人类社会的现象与问题的科学。政治学与社会科学有密切的关系，没有政治学的知识必不能了解社会科学。因为一切社会科学都带有阶级性的，换句话说，我们要明白社会的真相（统治阶级的压制），首先应该研究统治者对于社会科学的态度，即应知道统治阶级与被统治阶级的关系，申言之，就是非研究政治学不可。如以经济学而论，可分两大种：

（A）马克司派经济学。

（B）非马克司派经济学。

前者谓货物价值是劳动力的结晶，后者反对前说，议论纠纷，莫衷一是。这是因为马克司派是无产阶级的经济学，非马克司派是资产阶级的经济学，各站在本阶级利益上倡道，故截然不同。但我们知道非马克司派的错误，非研究政治学不可，就是要以政治学的知识，从客观上判明一切社会科学的真理。

五、怎样去研究政治学？

学政治学须注意下列三点：

（一）不可专靠书本——在现代资产阶级统治的社会中，一切关于政治学的书本是以资产阶级的利益为前提的，而大都是虚伪的。因之学政治学须从事实上观察与研究，以增加学习政治学的效能。对于全国政治、世界政治，以及历史上种种具体事实，用来证明理论；如全民政治在理论上固然是很好，但在事实上决不能施行。因为现代的社会中各阶级的利害根本不同，决不能调和而结合。换言之，主张全民政治，则军阀、官僚、买办阶级等不应该打倒，结果帮助敌人而加重压迫；诸如此类的事实很多，只要从客观地位去观察就可明了。

（二）应该注意两种基础科学——经济学、社会学——政治学、经济学、社会学是互相关连的，如不懂政治组织对于社会现象、经济制度决不能了解。因为这三种的对象，都是人类社会。人类社会是庞杂而密切的，故须从各方面研究，才能明了。如政治学上的德谟克拉西（Democracy），在过去本为人们所信仰，为实现德谟克拉西而有过许多战争，可是到了近代已不为人们所信奉了。这是由于经济制度的变更，少数的资产阶级攫夺了政权，作保护其经济利益的工具，即用政治的权力压迫多数的无产阶级为其从事生产，因之破坏了德谟克拉西的理想，而为少数资产阶级的专有与假冒。由此可以证明要明白政治制度，非研究经济学不可。再看社会方面，由渔猎社会，而封建社会，而资本主义社会，而将来的共产主义社会，是有一定的进化规律。如不知社会进化的规律，欲一步而入共产主义的社会，这是不可能的事实；但这却是政治学上所研究不了的，一定要社会学有研究才能了解政治上的理想。总之，研究政治学，同时必须研究经济学、社会学。

（三）应注重体验——学政治学者不但要研究理论，并且应实际参加政治斗争，才能真正认识政治；换句话说，就是要以理论应用于实际，以实际斗争的经验应用于理论。如中山先生、列宁先生一方面从事理论的研究，一方面又参加实际运动，才能成为伟大的实行者，实行的理论者。申言之，如中山先生的三大政策——联俄、联共、农工政策，是从数十年之实际运动中所得经验的结果。而有些政治学的学者，始终不了解这政策的必要，加以攻击。这即是没有参加实际运动的表现，也可说这是因空想的恐怖，而忘事实的呆子；所以研究政治学，须注重体验，才不会发生错误而走入歧途。